21 世纪公安高等教育系列教材 · 治安学

消防管理教程

（修订本）

公安部治安管理局　审定

主　　编　王精忠　马红梅　刘明洁
副 主 编　殷英华　宋春红　苏雅民
撰 稿 人　（以撰写章节先后为序）
王精忠　马红梅　万　红　宋春红
庄　力　苏雅民　俞秋明　李振宇
殷英华　刘明洁

中国人民公安大学出版社
· 北 京 ·

图书在版编目（CIP）数据

消防管理教程／王精忠等著. —2版（修订本）. —北京：中国人民公安大学出版社，2011.6

21世纪公安高等教育系列教材. 治安学

ISBN 978-7-5653-0409-5

Ⅰ. ①消… Ⅱ. ①王… Ⅲ. ①消防管理—中国—高等学校—教材 Ⅳ. ①D631.6

中国版本图书馆CIP数据核字（2011）第071981号

21世纪公安高等教育系列教材·治安学

消防管理教程

（修订本）

主编 王精忠 马红梅 刘明洁

出版发行：中国人民公安大学出版社
地　　址：北京市西城区木樨地南里
邮政编码：100038
经　　销：新华书店
印　　刷：香河利华文化发展有限公司

版　　次：2007年2月第1版
　　　　　2011年6月第2版
印　　次：2020年8月第18次
印　　张：12
开　　本：787毫米×1092毫米　1/16
字　　数：263千字

书　　号：ISBN 978-7-5653-0409-5
定　　价：43.00元

网　　址：www.cppsup.com.cn　www.porclub.com.cn
电子邮箱：zbs@cppsup.com　zbs@cppsu.edu.cn

营销中心电话：010-83903254
读者服务部电话（门市）：010-83903257
警官读者俱乐部电话（网购、邮购）：010-83903253
教材分社电话：010-83903259

21世纪公安高等教育系列教材·治安学

编委会名单

序　言

历史跨入新的纪元，公安改革的大潮风起云涌，加快公安高等教育工作的理论创新和制度创新，进一步完善公安高等教育体系，努力提高公安高等院校的教学水平和办学质量已成为提高公安队伍整体素质的迫切需要。特别是第二十次全国公安会议的召开，不仅吹响了公安改革的号角，同时也为我们指明了公安教育工作奋斗的目标和前进的方向。

发展是我国公安高等教育改革的第一要务，而教材建设是公安高等教育发展的一项重要内容，是实现公安高等教育现代化、提高教学质量的一项基本措施。各教育层次教学内容和课程体系改革要取得实质性的成果，首要的就是编写出版一批高水平、高质量的面向21世纪课程的教材。前些年我们相继组织编写了一批公安专业教材，对提高公安院校的教育水平，完善学科体系，起到了积极的推动作用。但随着公安工作实践的飞速发展和日益变化的社会环境，特别是我国法制建设和法学理论的日臻完善，公安教材建设的滞后已严重阻碍了公安高等教育的发展，成为制约公安高等教育水平提高的一个瓶颈。鉴于此，我们联合全国多家公安高等院校共同编写涉及公安专业的系列教材，为公安院校的教材建设乃至我国公安高等教育事业的发展尽绵薄之力。

目前全国有30多所公安高等院校，聚集着我国大部分公安专业的高级专门人才，将这些院校的专家、学者联合起来，组织一支强大的教材编写队伍，整合人才资源，实现智能优势的最大化，既有利于加快公安高等院校教材的更新速度，扩大所编教材的影响力和确立公安高等教育教学用书的精品意识，也有利于及时地将最新、最先进的科研成果凝聚于教材之中，并不失时机地用于教学实践。

在各有关部门的大力支持下，我们于2004年3月在江西南昌召开了21世纪全国公安高等院校治安学科教材建设研讨会，对当前治安学科体系的构成及治安学科主要课程进行了广泛的研讨，并确定了各本教材的书名和各书的主编、副主编。

本套教材在编写委员会的统一组织下，首先对各本教材的大纲进行了反复的研讨，然后将所编写的大纲送公安部治安管理局审定，编著者根据治安管理局的反馈意见进行了认真的修改，最后经过集体统稿才定稿成书。

本套教材的编写，我们特别注重“高水平”和“实践性”的有机结合，切实落实第二次全国公安高等教育工作会议提出的“公安专业教材要逐步向高质量、整体优化的方向发展”的要求。具体来说有以下特点：

1. 吸收最新成果，反映时代特色，适应当前公安工作的需要。为公安工作服务是公安高等教育工作的宗旨和灵魂，本套教材本着从实践中来，又高于实践的原则，针对公安工作的实践要求，吸纳本学科和相关学科的最新研究成果，以国家最新的方针政策、法律法规为依据，充分反映现行法律法规和主要规章的内容，实现理论和实践的统一。

2. 与时俱进，勇于创新，不因循守旧，开拓各门学科的新领域，力争在学科体系的建构上有所创造和突破，站在21世纪初的学术前沿，以最新的观念、知识和方法充实、丰富各门学科，不断推动整个学科体系的发展和完善。

3. 从注重知识传授向重视能力培养转化，适应警务实战的需要。在编写教材的过程中，特别注重知识、方法的实用性和可操作性，着眼于培养公安院校学员对治安学科理论的应用能力，以提高他们的实战本领，铸造高素质的复合型公安高级专门人才。

4. 注重学术性、新颖性和可读性的有机结合，适应时代要求。针对21世纪公安高等院校学生的特点和教学的新模式，运用生动的案例、简明活泼的语言阐释相关的理论。

5. 力求治安学科体系和学科内容的完整性、准确性。各本教材之间互为补充，力避内容重复或缺失。在编写和审稿过程中，作者和审读者对主要的法律法规和规章的条款以及操作程序，从概念到内容，逐条予以阐释，努力达到准确、有据。

由于这套教材是在较短的时间内组织全国各公安院校的专家、学者共同编写的，虽然编著者、出版者已尽了最大的努力，但时间仓促，材料浩繁，书中的一些观点或理论仍难免存在一些疏漏或不足，恳请专家、学者及广大读者提出宝贵意见，以便今后进一步修订完善。

21世纪公安高等教育系列教材编写委员会

修订说明

应中国人民公安出版社之邀，我们重新修订了这本《消防管理教程》，作为公安高等院校治安学科教材，也可用于在职培训公安民警和社会各界消防管理人员。

2009年5月实施的新修订的《中华人民共和国消防法》，内容上有很多重大变动，如消防设计审核由原来的公安消防机构交由专业中介机构、部分前置建审变为备案抽查、增加15条消防违法行为和1个处罚种类、限期整改不再是处罚前置条件等。此后，涉及火灾种类、建筑防火、消防监督检查、消防产品管理、火灾调查与统计等方面的法规和技术规范也陆续作了修订，如2009年4月1日起实施的《火灾分类》、2009年5月1日起施行的《建设工程消防监督管理规定》、2009年5月1日起施行的《消防监督检查规定》、2009年5月1日起施行的《火灾事故调查规定》、2009年6月1日起实施的《建筑火灾逃生避难器材》、2009年8月1日实施的《建设工程消防验收评定规则》、2009年10月1日实施的《消防产品身份信息管理》等。

《中华人民共和国消防法》和有关法规、规章的修订，直接影响到原《消防管理学教程》的章节内容的变化，有的章节内容几乎要全部调整。基于以上变化，我们组织专家、学者对《消防管理教程》进行了修订。

该教材全面阐述了火灾的规律和特点，以及有关防火与灭火的基本知识，着重叙述了消防管理的基本理论和基础知识，以及有关法律、法规和技术规范在消防管理工作中的具体应用。该教材力求知识的系统性、准确性、先进性和应用性，吸收了近几年有关消防管理研究的最新成果，并对消防管理工作改革的新举措进行了初步的理论探讨。它既是一本系统、严谨的教材，又有一定理论创新。

本教材在编写过程中，得到了中国人民公安出版社和部分公安院校的大力支持。同时，本教材还参考了有关教材、著作、论文和资料。在此，向上述单位、编著者，一并致以衷心的感谢。

参加本教材编写、修订的有山东警察学院王精忠（编写第一章、第十二章）、马红梅（编写第二章、第六章）、河南警察学院万红（编写第三章）、山西警官高等专科学校宋春红（修订第三章、编写第九章）、黑龙江公安警官职业学院庄力（编写第四章、第五章）、河北公安警察职业学院苏雅民（修订第四章、第五章）、浙江警察学院俞秋明（编写第七章）、重庆警官职业学院李振宇（修订第七章）、山西警官高等专科学校殷英华（编写第八章、第十一章）、江西警察学院刘明洁（编写第十章、修订第十二章）。

该教材由王精忠、马红梅、刘明洁担任主编，殷英华、宋春红、苏雅民担任副主编。由王精忠、马红梅、刘明洁提出修订提纲，经集体讨论，并征求有关专家意见后，分工修订。最后由王精忠、马红梅、刘明洁统一修改定稿。

由于水平所限，书中难免有疏漏和不妥之处，敬请读者批评指正。

编者

2011 年 3 月

目　　录

第一章　绪　　论 ………………………………………… 1
第一节　消防与消防管理的含义 ………………………………… 1
第二节　消防机构与消防组织 ………………………………… 3
第三节　消防管理的方针和原则 ………………………………… 8
第四节　消防管理的基本方法………………………………… 11
第二章　燃烧与火灾………………………………………… 15
第一节　燃　烧………………………………………… 15
第二节　火　灾………………………………………… 22
第三章　建筑防火………………………………………… 26
第一节　建筑防火概述………………………………………… 26
第二节　建筑防火设计的一般要求………………………………… 28
第三节　建筑安全疏散设施………………………………… 34
第四节　建筑内部装修防火………………………………… 41
第五节　建筑防排烟与通风空调系统防火………………………… 42
第六节　建筑消防系统………………………………………… 45
第七节　住宿与生产储存经营合用场所消防安全技术要求………… 49
第八节　建设工程消防监督管理………………………………… 50
第四章　电气防火………………………………………… 54
第一节　电气线路与设备防火………………………………… 54
第二节　静电及其防火措施………………………………… 62
第三节　雷电及其防火措施………………………………… 64
第五章　危险化学品防火………………………………… 68
第一节　危险化学品的火灾危险性………………………………… 68
第二节　危险化学品的防火措施………………………………… 72
第六章　机关、团体、企业、事业单位消防安全管理………………… 78
第一节　机关、团体、企业、事业单位的消防安全责任……………… 78
第二节　机关、团体、企业、事业单位的防火措施………………… 80
第三节　社会消防安全教育培训………………………………… 83

第七章　消防监督检查 …… 90
第一节　消防监督检查概述 …… 90
第二节　消防监督检查的实施 …… 91
第三节　消防监督检查的程序 …… 97
第四节　派出所日常消防监督检查 …… 103
第八章　消防产品监督管理 …… 105
第一节　消防产品监督管理概述 …… 105
第二节　消防产品市场准入 …… 107
第三节　消防产品身份信息管理 …… 110
第九章　消防器材、设施 …… 115
第一节　灭火剂 …… 115
第二节　灭火器 …… 122
第三节　城市公共消防设施 …… 132
第十章　火灾处置 …… 135
第一节　初起火灾扑救 …… 135
第二节　疏散、救助与自救 …… 144
第三节　火灾现场保护 …… 148
第十一章　火灾事故调查 …… 151
第一节　火灾事故调查概述 …… 151
第二节　火灾原因调查 …… 157
第三节　火灾统计 …… 166
第十二章　消防行政违法案件与刑事案件的办理 …… 171
第一节　消防行政违法案件的办理 …… 171
第二节　消防刑事案件的办理 …… 176

参考文献 …… 180

第一章　绪　　论

人类的用火及防火活动由来已久，消防管理工作历来是国家和政府的重要职责。我国公安机关作为政府负责消防管理工作的职能部门，主要对全国和地方的消防工作实施监督管理。消防管理工作是各级公安机关的重要职责之一，也是公安工作的重要业务内容。消防管理的任务主要是预防火灾和减少火灾危害，保护公民人身、公共财产和公民财产的安全，维护公共安全，保障社会主义现代化建设的顺利进行。

第一节　消防与消防管理的含义

一、消防的含义

火与水一样，对于人类是一把“双刃剑”。既可以利用来造福人间，又可能酿成灾祸，殃害人类。为此，人类与火灾、水患的斗争一直持续不断。我国在漫长的古代社会，虽然消除与防止火灾、水患的活动波澜壮阔，创造了许许多多的人间奇迹。但是，“消防”一词却是清朝光绪年间，从日本引进的。消防曾泛指消灭与预防火灾、水灾等灾害。20 世纪 20 年代前后仍称为“消防火灾水患”或“消防水火灾害”。后来，“消防”一词逐渐演变为专指同火灾作斗争，称为“消防火灾”，并省略火灾二字，简称“消防”。所以，我们把对用火的管理和预防、消灭火灾的工作称为消防管理。

二、消防管理的含义

消防管理，是指国家针对火灾开展的预防、扑救火灾，调查和处理火灾，减少火灾危害，维护公共安全的一系列组织活动。消防管理直接关系到公共财产和公民生命、财产的安全，关系到社会的稳定，是国家行政管理的重要组成部分。

（一）消防管理的历史发展

消防管理作为国家行政管理活动，源远流长。人类对用火和火灾的管理活动，可以追溯到上古时代。在我国北京周口店“北京人”和“山顶洞人”遗址中发现的灰烬、烧骨、烧石等用火遗迹，证明人类早期不仅懂得了用火和保存火种，而且懂得了对用火的管理，并能控制火种，避免火灾。5000 年前的五帝时期，我国已有作为行政措施的用火管理活动，并专门设置了管火的火官。以后的历朝历代都把用火管理当做国家或地方行政管理的一项重要内容，设官吏、立法度，称之为“火政”、“火禁”等。

现代社会，消防管理与国民经济和社会发展关系更为密切，它是国家行政管理的重要组成部分。我国公安机关依法对消防工作实施监督管理。消防监督管理是公安行政管理的重要组成部分，是我国公安机关的重要职责。新中国成立初期，各级公安机关在党和政府的领导下，很快组建了各级公安消防机构和公安消防民警队伍，开展了群众性消防工作。第一个五年计划期间，随着一些工业企业的兴建，一些火灾危险性大、远离公安消防队的大中型企业、事业单位组建了专职消防队，我国消防力量由公安、专职、志愿消防队组成的格局初步形成。

为促进消防事业的发展，1957 年 9 月，周恩来总理签署公布了《国务院关于加强消防工作的指示》，这一指示是新中国消防工作的第一个纲领性文件。同年 11 月，国务院公布了经第一届全国人大常委会批准的《消防监督条例》，这是我国第一部消防法规。它在总结新中国成立几年来消防工作经验的基础上，确定了消防工作的性质、地位、任务、方针、指导思想，对加强消防管理的法制建设和组织、业务建设的若干重大问题作出了明确规定，对当代中国的消防管理起了奠基石的作用。1957 ~ 1965 年，我国公安消防管理工作全面发展，在消防法制、消防监督、队伍建设和科研、生产等方面都取得了显著进展。

“文化大革命”期间，消防管理工作遭到了很大破坏。党的十一届三中全会以后，消防管理工作经过整顿、恢复，逐步走向正轨。为适应改革开放的新形势，消防工作进一步明确了以经济建设为中心的指导思想，在消防法制、防火监督、消防队伍体制、消防宣传教育等方面进行了改革。1984 年，经全国人大常委会批准，国务院颁布了《中华人民共和国消防条例》，此后，公安部和有关部委先后制定颁布了 150 个有关消防的规章、规定和标准，近 20 个省、自治区、直辖市人大或政府制定了地方性消防法规。各级公安消防机构认真履行职责，不断加大消防监督的力度，对重要行业、公共场所、乡镇企业和高层建筑、地下工程等重点方面组织开展了一系列大规模的消防安全检查和专项治理。在此期间，消防科学技术研究与应用也取得了很大进步，消防产品的监督管理逐步加强，推动了消防现代化的进程。1984 年成立的中国消防协会积极开展了消防学术交流，继续教育和技术培训等工作，为促进我国消防事业的发展发挥了重要作用。公安消防部队贯彻从严治警方针，始终保持常备不懈的战斗状态，并根据新的火灾特点，加强了灭火战术、技术的研究和应用训练，实战能力有了明显增强。同时，消防部队全力参加水灾、旱灾、风灾、交通事故、空难等灾害事故的抢险救援，积极为人民群众提供救助服务，成为当地政府紧急处置各种灾害事故和维护社会安定的一支重要的战斗力量。

1995 年 2 月，国务院批转了公安部《消防改革与发展纲要》。该纲要围绕国民经济和社会发展的总体目标，从我国现阶段国情出发，考虑到今后市场经济体制的发展，又借鉴吸收国外通行的先进做法，遵循消防事业发展的规律，并按照积极、慎重、科学的方针，对消防改革和发展的总体目标和各相关方面的工作，都作了明确要求。

1998 年 4 月 29 日，第九届人大常委会通过了《中华人民共和国消防法》（以下简称《消防法》)。《消防法》在总结以往消防工作经验的基础上，针对近年来火灾事故中暴露的重点问题，继续贯彻“预防为主，防消结合”的方针，重点加强火灾预防工作，把进一步明确单位的防火安全责任，加大对违反消防法律、法规行为的处罚力度，作为新增加的主要措施；同时，对消防组织、灭火救援等作了必要的补充。《消防法》分为总则、火灾预防、消防组织、灭火救援、法律责任和附则，共 6 章 54 条。《消防法》是我国第一部消防法律，标志着我国消防工作进入了一个依法管理的新阶段。

《消防法》的颁布实施，对预防和减少火灾危害，保护公民人身财产安全，维护公共安全发挥了重要作用。但是，随着我国经济社会的发展和政府职能的转变，消防工作面临着一些新情况和新问题，《消防法》的一些规定已经难以适应新时期消防工作的需要。2008 年 10 月 28 日，《消防法》修订草案经第十一届全国人大常委会第五次会议审议通过。《消防法》的修订，从我国消防工作实际出发，认真总结了消防工作经验并借鉴国外成熟做法，深入贯彻落实科学发展观，坚持以人为本、安全发展的原则，以消防工作社会化为主线，进一步明确了消防安全责任制，加强和改革了消防监督管理制度，建立健全了防范火灾风险的市场调节和社会服务机制，进一步完善了消防执法和应急救援工作规定，健全和完善了消防执法监督机制，着力保障和改善民生，促进和谐社会建设。修订后的《消防法》共 7 章 74 条。

（二）公安消防管理的任务和范围

公安机关消防监督管理的任务是监督各部门、各单位和公民执行消防法规，落实消防安全措施，预防和扑救火灾，减少火灾危害，保护公共财产和公民人身、财产安全，维护公共安全，保障社会主义现代化建设的顺利进行。今后一个时期内，各级消防部门的主要目标和任务是：消防安全责任制有效落实，公民消防安全素质进一步提高，消防工作社会化水平显著提升；重大、特大尤其是群死群伤火灾得到有效遏制，火灾形势持续平稳，人民群众的消防安全感普遍增强；消防信息化建设快速推进，消防科技支撑能力进一步提高，消防部队专业化、职业化建设程度明显增强；消防执法监督更加规范，警民关系更加和谐，执法公信力明显增强；消防部队基层基础工作更加扎实，正规化建设水平进一步提高，部队战斗力明显提升。

《消防法》第 4 条的规定，明确了公安机关消防管理的业务范围。公安部对全国的消防工作实施监督管理，县以上各级公安机关对本行政区域内的消防工作实施监督管理，并由本级公安机关消防机构负责实施。军事设施的消防工作，由其主管单位监督管理，公安机关消防机构协助；矿井地下部分、核电厂、海上石油天然气设施的消防工作，由其主管单位监督管理。森林消防监督管理工作，依法由森林防火指挥部或林业主管部门负责。国务院农牧部门主管全国草原防火工作。县级以上地方各级人民政府可以根据实际情况确定草原防火主管部门，主管本行政区域内的草原防火工作。乡级人民政府负责本行政区域内的草原防火工作。

第二节 消防机构与消防组织

一、消防机构

消防机构，是指国家为领导、协调、组织、实施消防管理工作而设立的各级、各类，常设和非常设的机关、机构和组织。

（一）公安消防机构

1. 公安消防机构的设置。根据《消防法》的规定，公安机关对消防工作依法实施监督管理。县以上公安机关设消防管理机构，具体负责履行消防监督管理职责。公安派出所在消防机构的指导下，负责日常消防监督检查、开展消防宣传教育工作。

公安消防机构是各级公安机关的职能业务部门，接受主管公安机关的领导和上级公安机关消防机构的业务指导。公安部设消防局，省级公安机关设消防局，地、市公安机关设消防分局，县、市公安机关设消防科，分别承担各级公安机关的消防监督管理职能。省以下各级公安消防机构对外又称公安消防总队、支队和大队。为了切实保障公安消防机构履行消防监督管理职责，加强对公安消防机构和公安消防部队的管理，我国公安机关消防机构实行现役体制。

铁道、交通、民航、林业部门中设立的纳入各级人民政府公安机关序列的公安机关，设置相应的消防机构，依法履行消防管理职能。

根据防火、灭火任务的需要，地、市以上公安消防机构设立办公室、政治、后勤、防火监督四个部门，分别肩负部队管理、干部管理、后勤保障、防火监督等职能。办公室主要担负秘书、战训、警务等业务。政治部门主要负责干部管理、部队教育等工作。后勤部门主要负责财务、装备、卫生等保障工作。防火监督部门主要包括指导、法制、建审、技术、宣传等业务部门。县、市、区公安消防机构（大队），履行部队管理，后勤保障和防火监督职责。

2. 公安消防机构的职责。公安消防机构履行公安机关消防监督管理职责，其具体职责权限包括：

（1）依法实施消防监督检查，监督有关单位整改火灾隐患；

（2）开展消防宣传教育，提高全民消防安全意识；

（3）审查各部门、各单位的消防安全规定和技术标准，指导各部门、各单位的消防工作；

（4）对建筑工程的设计、施工进行消防审核监督，参加工程竣工验收；

（5）参加城镇消防规划的编制和审查，督促落实公共消防设施建设；

（6）管理公安消防队及其他消防组织，组织指挥扑救火灾，承担重大灾害事故和其他以抢救人员生命为主的应急救援工作；

（7）调查处理火灾事故，查处违反消防管理行为；

（8）对消防产品质量实施监督，指导消防科学技术研究；

（9）掌握火灾情况，进行火灾统计。

（二）防火安全委员会

1. 防火安全委员会的组建。在各级政府和企事业单位行政机构建立各级防火安全委员会，是领导、推动各部门、各单位开展消防工作的一种有效的组织形式，也是公安消防机构直接依靠政府或企事业单位行政机构进行消防监督管理工作的领导和协调机构。省、市、县、市辖区、街道办事处、乡镇政府建立防火安全委员会。城市的企业、事业单位根据其规模大小建立防火安全委员会或防火安全领导小组。防火安全委员会由政府的一名领导人兼任主任。吸收经委、财政、工交、贸易、农林、政法等有关部门的领导参加，并可吸收一定数量的专家参加委员会的工作。企业、事业单位的防火安全委员会或领导小组由单位行政领导兼主任，吸收生产、动力设备、安全技术、劳动工资、工会、保卫等处（科）室负责人参加。各级公安消防机构是同级政府防火安全委员会的办事机构。街道办事处、乡镇的防火安全委员会的办事机构是公安派出所。企事业单位的防火安全委员会或领导小组的办事机构是该单位的保卫或安全技术门。

2. 防火安全委员会的性质。由于防火安全委员会是由政府各部门有决策权的领导成员组成，在企事业单位由各职能部门领导成员组成的，因而决策是有效的，并能组织领导各方面力量推行它的决策。所以，防火安全委员会是一个有领导职能，处理和解决消防工作重大问题的领导集体。防火安全委员会虽然不是正式列编的机构，但是它是政府或企业事业单位委托并授予其特殊职权的正式委员会，是政府、企事业单位的一个参谋、咨询、协调性质的机构。

3. 防火安全委员会的任务。防火安全委员会的根本任务是在政府、企事业单位行政机构领导下，组织和协调各方面力量，开展消防工作，为本地区、本单位生产、工作和人民生活创造安全环境，保障公共财产、公民的人身和财产安全。

（三）森林防火指挥部

1. 国家森林防火总指挥部。经国务院和中央军委批准，1987 年 7 月，国家成立了中央森林防火总指挥部，后更名为国家森林防火总指挥部，负责加强对全国森林防火工作的领导，保护国家森林资源，防止和减少森林火灾的危害。国家森林防火总指挥部，由国务院副总理兼任总指挥；国务院副秘书长、林业部部长、总参作战部副部长任副总指挥。当时由国家计划委员会、公安部、财政部、建设部、铁道部、交通部、农业部、邮电部、民政部、卫生部、商业部、林业部、国家民航总局、物资局和国家气象局 15 个部局各一位副职为总指挥部成员。

国家森林防火总指挥部办公室设在林业部，由总指挥部成员、林业部副部长任秘书长兼办公室主任。

2. 地方森林防火指挥部。地方森林防火指挥部是各级人民政府领导下的森林防火工作领导机构。总指挥部一般由各级政府主管林业工作的负责同志兼任。办公室设在林业系统的公安机关。地方森林防火指挥部的主要职责是贯彻《消防法》、《中华人民共和国森林法》和国家森林防火总指挥部的指示，组织各有关部门开展护林防火工作，组织、指挥有关力量及时扑灭森林火灾，保护国家森林资源，防止和减少森林火灾。

二、消防组织

我国《消防法》规定的消防组织特指公安消防队、专职消防队和志愿消防队。

（一）公安消防队

1957 年 9 月 11 日，国务院《关于加强消防工作的指示》第三项中指出："……凡是需要建立而现在没有建立公安消防队的城市（尤其是新兴的工业城市），应当随着城市建设的发展相应地建立起来……同时，应加强消防队的训练和教育，以不断提高灭火战斗能力……"公安消防队组建以来，在党中央、国务院、中央军委的正确领导和关怀下，几经改革，不断发展。1965 年，公安消防队由职业招募制改为志愿兵制，成为一支具有高度组织性、纪律性的战斗队伍。从 1983 年开始，全国公安消防队纳入了中国人民武装警察部队的序列，执行中国人民解放军条令、条例和供应标准，实行志愿兵和志愿兵相结合的服役制度。1988 年 12 月实行警衔制。

公安消防队是一支同火灾作斗争的军事化专业队伍，是实施抢险救援的重要力量。公安消防队是中国人民武装警察部队的一个组成部分，同时又是公安机关领导的一支专业灭火战斗队伍，在业务上受公安消防机构的指导和指挥。公安消防队主要担负扑救火灾的任务，还依法承担重大灾害事故和其他以抢救人员生命为主的应急救援工作。其具体任务如下：

1. 执勤备战。公安消防队作为专业化扑救火灾的战斗队伍，必须昼夜值班，常备不懈，接到报警迅速出动。为确保灭火战斗的胜利，必须按规定的要求严格教育训练，应当熟悉责任区有关情况，制订和掌握重点单位的灭火作战计划，搞好器材装备的维修、保养和供应，建立正规的执勤秩序和制度。

2. 扑救火灾。公安消防队接到火警后，必须迅速赶往火场，救助遇险人员，排除险情，扑灭火灾。在灭火战斗中，要贯彻救人第一和准确、迅速，集中全力打歼灭战的指导思想，及时扑灭火灾。

3. 应急救援工作。根据经济社会发展对保障和改善民生、完善应急救援机制的需要，修订后的《消防法》在总则中明确消防法立法目的之一是“加强应急救援工作”，并进一步强化了公安消防队和专职消防队应急救援建设和保障措施，明确了地方人民政府应当针对本行政区域内的特点制订应急预案，建立应急反应和处置机制，并为火灾扑救和应急救援工作提供人员、装备等保障；规定了公安消防队、专职消防队依照国家规定组织实施专业技能训练，配备并维护保养装备器材，提高火灾扑救和应急救援的能力，承担重大灾害事故和其他以抢救人员生命为主的应急救援工作。

我国公安消防部队在省、市（地）、县分别设置武警消防总队、支队、大队、中队等序列编制。这种军事化的部队管理体制有利于统一指挥和管理公安消防部队。支队或大队根据总辖区具体情况和特点，将部队划分为若干中队（基层战斗单位），分驻在适当的区域，以构成国家公安消防灭火保护网。

根据《消防法》的规定，县级以上地方人民政府应当按照国家规定建立公安消防队。城市应当按国家规定的消防站建立标准建立公安消防队，承担火灾扑救工作。公安消防队（消防站）的布局应以消防队尽快到达火场，即从接到报警五分钟内到达责任区边缘为一般原则，从责任区的火灾危险程度出发，根据重点单位、工商企业、人口密度、建筑状况以及交通道路、水源、地形等情况设置。

近年来，为缓和消防警力不足的矛盾，有些地方组建了职业制公安消防队伍。职业制公安消防队伍由地方政府出编制、经费，人员纳入公安行政编制，授予警衔，享受公安机关人民警察待遇。

（二）专职消防队

专职消防队，是指乡镇人民政府、县级以上地方人民政府专职消防队和单位专职消防队，它是负责本地区、本单位预防、扑救火灾工作的灭火队伍，是公安消防部队的有力助手。

我国从20世纪50年代开始在企业、事业单位和企业集中的乡镇所在地设专职消防队。实践证明，专职消防队的建立有利于贯彻落实“预防为主，防消结合”的消防管理方针，有利于发挥社会各方面的积极性和优势，更好地做好消防工作。公安消防机构应对专职消防队进行业务指导，并有权指挥调动专职消防队参加火灾扑救工作。

专职消防队的主要任务是贯彻“预防为主，防消结合”的方针，切实做好本辖区、本单位的防火、灭火工作，同时还要协助公安消防部队扑救其他辖区、单位的火灾。其具体任务有以下几个方面：

1. 开展消防安全宣传教育活动，普及消防知识，并负责训练本辖区、本单位的志愿消防员。

2. 进行防火检查，及时向各级领导和有关部门提出改进消防安全措施的意见和建议，监督整改火灾隐患。

3. 参照《公安消防部队执勤条令》，搞好执勤备战，实施灭火战斗。

4. 制定本辖区、本单位重点部位灭火作战方案，进行实地演练。

5. 加强灭火战术、技术训练，不断提高业务素质和灭火战斗能力，随时做好灭火战斗准备。

6. 接受公安消防机构指挥调动，协助公安消防部队扑救外辖区、外单位火灾，参加各种应急救援工作。

根据《消防法》的规定，乡镇人民政府、县级以上地方人民政府可以根据当地经济发展和消防工作的需要，建立专职消防队，承担火灾扑救和应急救援工作。下列单位应当建立专职消防队，承担本单位的火灾扑救工作：

（1）大型核设施单位、大型发电厂，民用机场，主要港口；

（2）生产、储存易燃易爆危险品的大型企业；

（3）储备可燃的重要物资的大型仓库、基地；

（4）第（1）（2）（3）项规定以外的火灾危险性较大，距离公安消防队较远的其他大型企业；

（5）距离公安消防队较远、被列为全国重点文物保护单位的古建筑群的管理单位。

专职消防队的建立，应当符合国家有关规定，并报当地公安消防机构验收。专职消防队的队员依法享受社会保险和福利待遇。公安机关消防机构应当对专职消防队进行业务指导；根据扑救火灾的需要，可以调动指挥专职消防队参加火灾扑救工作。

（三）志愿消防队

志愿消防队是人民群众同火灾作斗争的自防自救组织。它是各级公安消防机构依靠群众，专门工作与群众路线相结合的一种好形式，是人民群众同火灾作斗争的骨干力量，是我国消防组织的重要组成部分。

根据《消防法》的规定，机关、团体、企业、事业等单位以及村民委员会、居民委员会根据需要，建立志愿消防队等多种形式的消防组织，开展群众性自防自救工作。

志愿消防队可以结合工作、生产组织或民兵、预备役组织等进行组建。近年来，有些地方还发展了兼职、多功能的消防队，建立由不脱产的志愿人员轮流到消防站执勤的志愿消防队。志愿消防队由单位防火安全委员会（防火安全领导小组）或防火负责人领导，由保卫部门进行具体业务指导。公安消防机构应当对志愿消防队进行业务指导。

根据扑救初起火灾的需要，应给志愿消防队配备一定数量的灭火器材和工具。

第三节　消防管理的方针和原则

一、消防管理的方针

从20世纪50年代初起，我国就明确提出了“以防为主，以消为辅”的消防工作方针。为了更加准确地、科学地揭示“防”和“消”的辩证关系，正确地反映消防工作的客观规律，1984年，国务院发布的《消防条例》，将“预防为主，防消结合”确定为我国消防管理的方针。1998年，全国人大常委会发布的《消防法》进一步明确规定“消防工作贯彻预防为主、防消结合的方针”，以法律的形式确认了消防管理的指导方针。

（一）消防管理方针的含义

消防管理的指导方针，科学、准确地揭示了“防”与“消”的辩证关系，反映了人们同火灾作斗争的客观规律，也体现了我国消防管理的特色。其基本含义是：在消防工作的指导思想上，要把预防火灾工作放在首位，积极贯彻落实各项防火措施，力求防止火灾的发生；同时，要切实做好各项灭火准备工作，一旦发生火灾，能够及时有效地加以扑灭，最大限度地减少火灾所造成的人身伤亡和财产损失。积极预防和成功扑救，是有效地同火灾作斗争的两个基本手段。“防”是“消”的先决条件，“消”必须与“防”紧密结合，“防”与“消”是实现消防安全的两种必要手段，互相联系，互相渗透，相辅相成，缺一不可。在消防工作中，必须坚持“防”“消”并举、“防”“消”并重的思想，将火灾预防和火灾扑救有机地结合起来，最大限度地保护人身、财产安全，维护公共安全，促进社会和谐。

（二）消防管理方针的要求

“预防为主，防消结合”这一方针，要求我们要正确处理好“防”与“消”的辩证关系，并以此作为消防管理工作的指导思想，这样才能取得同火灾作斗争的主动权，最大限度地减少火灾危害。

防火是消防工作的治本措施。通过行政的、法律的、科技的、宣传教育的等多种手段和措施，普遍增强社会防火意识，推动防火工作的开展，能有效地预防火灾的发生，赢得消防工作的主动权。因此，消防工作应把火灾预防工作放在首位，坚持“预防为主”的方针。但是，这不等于说忽视灭火工作或“灭火为次”。当发生火灾时，及时有效地将火灾扑灭，最大限度地减少火灾损失，也是同火灾作斗争的重要手段，因此，应“防消结合”。这就要求我们不断加强消防队伍建设，改善城镇消防设施和消防器材设备，提高灭火作战能力，常备不懈，一旦火起，即能迅速出击，在火灾未造成重大损失之前将其扑灭。

“防”与“消”互相补充，相互促进，两者应有机结合起来，“两手抓，两手都要硬”。多年来的实践证明，“预防为主，防消结合”的方针，是当前我国消防工作的一个切实可行的指导方针。正确理解处理“防”与“消”的关系，全面贯彻实施该方针将是我国消防工作立于不败之地的重要法宝。

二、消防管理的原则

（一）政府统一领导、部门依法监管、单位全面负责、公民积极参与的原则

消防工作涉及社会管理的各个领域，渗透到社会生活的各个方面。各级政府及各个部门、各行各业以及每一个公民在消防安全方面各尽其责，是我国做好消防工作的经验总结。实践证明，实行“政府统一领导、部门依法监管、单位全面负责、公民积极参与”的原则，有利于增强全社会的消防安全意识，有利于调动各部门、各单位和广大人民群众参与消防安全工作的积极性；有利于转变消防工作就是公安消防机构的事，公安消防机构唱“独角戏”的局面，形成全社会齐抓共管的局面，真正提高全社会整体抗御火灾的能力。

消防安全是政府社会管理和公共服务的重要内容，是社会稳定经济发展的重要保障。各级人民政府必须加强对消防工作的领导，这是贯彻落实科学发展观、建设现代服务型政府、构建社会主义和谐社会的基本要求。政府有关部门对消防工作齐抓共管，这是由消防工作的社会化属性决定的。各级公安、建设、工商、质监、教育、人力资源和社会保障等部门应当依据有关法律、法规和政策规定，依法履行相应的消防安全监管职责。单位是社会的基本单元，是消防安全管理的核心主体。公民是消防工作的基础，没有广大人民群众的参与，消防工作就不会发展进步，全社会抗御火灾的基础就不会牢固。“政府”、“部门”、“单位”、“公民”四者都是消防工作的主体，政府统一领导、部门依法监管、单位全面负责、公民积极参与，共同构筑消防安全工作的大格局，任何一方都不可偏废。

（二）实行防火安全责任制，建立健全社会化的消防工作网络的原则

“实行消防安全责任制，建立健全社会化的消防工作网络”，这是我国做好消防工作的经验总结，也是从无数火灾中得出的教训。消防安全渗透到人们生产、生活的各个方面，实践证明，各级政府、政府各部门、各行各业以及每个人在消防安全方面各尽其责，实行防火安全责任制，建立健全社会化的消防工作网络，有利于增强全社会的消防安全意识，有利于调动各部门、各单位和广大群众做好消防安全工作的积极性，有利于进一步提高全社会整体抗御火灾的能力。

实行防火安全责任制，首先是各级政府要对本行政区域内的消防工作负责。《消防法》第 3 条第 1 款规定：“国务院领导全国的消防工作，地方各级人民政府负责本行政区域内的消防工作。”一是明确和完善了各级人民政府在消防规划及公共消防设施、消防装备建设，消防宣传教育，消除重大火灾隐患，发展多种形式的消防力量，建立火灾应急救援体系等方面的法定职责。二是明确了政府有关部门在各自的职责范围内，

及时督促整改火灾隐患、做好消防工作的职责。各级人民政府特别是地方各级人民政府要把消防工作作为政府的一项重要的行政管理工作，切实加强领导，落实责任重于泰山的消防责任。地方各级人民政府在日常行政管理工作中应当确定一名领导分管消防工作，其他领导也要对分管范围内的消防安全负责。各级人民政府应当将消防工作纳入国民经济和社会发展计划，保障消防工作与经济建设和社会发展相适应。

实行防火安全责任制，还应在所有单位落实防火安全责任制。对于一个单位来说，首先是单位的法定代表人或者主要负责人应当对本单位的消防安全工作全面负责，并在单位内部实行和落实逐级防火责任制、岗位防火责任制。其次是每位分管领导应当对自己分管工作范围的消防安全工作负责，各部门、各班组负责人及每个岗位的人员应当对自己管辖的工作范围内的消防安全负责，真正做到“谁主管，谁负责；谁在岗，谁负责”。机关、团体、企业、事业等单位的主要负责人是本单位的消防安全责任人，建设、设计、施工、工程监理等单位依法对建设工程的消防设计、施工质量负责，产品质量监督部门、工商行政管理部门和公安机关消防机构对消防产品的质量监管负责，保障消防法律、法规和规章的贯彻执行，保证消防安全措施落实。

实行防火安全责任制，公安消防机构也应落实各种管理责任制，切实履行好消防监督管理职责。

（三）依法行政科学管理原则

消防管理要依法治火，贯彻依法管理的原则。依法管理，是指严格依照消防法律、法规实施消防监督管理工作，即依法组织实施火灾预防工作，依法组织各种消防组织，及时扑救各种火灾，依法调查处理火灾事故，依法追究火灾事故责任者的法律责任。依法管理不仅是依法治国的要求，也是做好消防工作的迫切需要。消防管理涉及社会的各个领域、方方面面，关系每一个人的生命、财产安全，是一项社会性很强的工作。消防管理工作要调整、协调各方面的关系，必须要依法管理。只有依法管理才能落实各种防火措施，完善消防设施，健全消防组织，预防火灾和及时扑救火灾；才能及时调查处理火灾事故，追究火灾事故责任者的法律责任。贯彻依法管理原则，各级公安消防机构要严格执法，依法监督社会各界的防火工作，依法纠正查处违反消防管理行为，依法处理各种消防关系、消防问题，做到有法必依、执法必严、违法必究。

管理活动必须以科学的理论为指导，运用科学的手段和方法。这是管理活动普遍遵循的原则，即科学管理原则。消防工作不仅要正确处理消与防的关系，还要科学协调消防管理中涉及的各方面社会关系，更需要大量运用科学技术手段直接处理防火和灭火中的问题。例如，利用计算机统计处理火灾信息，做一系列预测、管理工作；利用运筹学、控制论等科学的方法，合理配备和调度防火、灭火力量；将电子、化学、物理等领域里的成果吸收运用到消防装备中去，提高灭火战斗能力，等等。只有充分发挥了科学技术的作用，才能取得消防管理的主动权。因此，公安消防机构应遵循科学管理的原则，不断提高消防管理工作的科学水平。

第四节 消防管理的基本方法

管理方法是管理主体对客体施加作用的方式，是管理部门和管理人员协调被管理对象共同活动的各种途径、措施、活动的总和。消防管理基本方法，是指公安消防机构为实现消防管理的目的而采用的实施消防管理的各种途径、措施、活动的总和。它是公安消防管理活动的基本表现形式。消防管理的基本方法具有目的性、权威性、强制性和互补性。公安消防机构，为实现消防管理的目的，采用行政的、法律的、教育的、经济的等多种手段和方法实施消防管理。这些手段和方法的综合运用，逐渐形成了有专业特色的消防管理的基本方法。

一、完善消防法律、法规，健全消防机构和组织

依法治国的基本方略要求国家的各项行政管理工作均应做到有法可依，有法必依，执法必严，违法必究。消防管理工作涉及千家万户、方方面面，必须要有完善的法律、法规作依据，依法调整各种社会关系，依法处理各种社会矛盾。我国《消防法》颁布之后，有关部门和地方先后制定了大量的相应配套法规和规章，消防管理工作无法可依的局面得到了根本转变。但是，随着我国经济和社会的飞速发展，对消防工作的要求越来越高，消防管理工作中的新问题、新情况不断出现，急需法律、法规的调整。因此，不断完善消防法律、法规是消防管理工作适应社会发展、完成管理任务的基本方法之一。

健全的机构和组织是组织实施任何一项社会管理工作的前提和基础。健全的消防管理机构和组织是消防管理工作实施的必要前提和基本方法之一。我国《消防法》明确规定了公安消防管理机构的职责、权限，为公安消防机构消防管理工作的开展提供了法律依据和组织保障。同时，《消防法》还规定了公安消防队、专职消防队和志愿消防队等消防组织的职责、义务和组织形式等，为我国各类消防组织的建设和发展奠定了基础。健全的消防管理机构和组织，不仅是消防管理工作的组织保障，也是不断发展、提高我国消防管理工作水平的基本方法。

二、制定消防发展规划，加强消防基础设施建设

人类社会历史发展证明，消防事业的发展及其水平必须适应社会发展的要求。特别是消防基础设施的建设必须与社会发展同步，不断满足经济与社会发展对消防工作的需求。在现代社会，消防事业的发达不仅表现在人类灭火技术水平的提高和先进科学技术在灭火中的应用，而更重要的是在防火方面人类自觉地预防各种火灾，运用各种先进的科学技术手段有计划地预防火灾，并在各项建设中不断加强基础设施的投入和建设。基础设施不仅是预防火灾的必要手段和措施，而且是及时扑救火灾，减少火灾危害的重要物质保障。将消防事业纳入经济和社会发展之中，统一规划，同步发展，是保证消防事业发展的关键性环节。

消防基础设施的建设，特别是城市消防基础设施的建设，涉及城市发展规划，必须与各项公共设施统一规划，同步建设。

三、严格消防审核、验收，确保建筑消防措施到位

公安消防机构依法对建筑工程的消防设计审核和消防验收，是消防管理的基本方法。根据《消防法》的规定，建筑工程的消防设计未经公安消防机构审核，或者经审核不合格的，建设行政主管部门不得发给施工许可证；建筑工程消防验收不合格的，施工单位不得交工，建筑物的所有者不得接收使用。也就是说，经公安消防机构消防设计审核、消防验收并许可，建筑工程的设计方、施工方、所有者，才能依法行使其建设和使用的权利。

对建筑工程的消防设计审核和消防验收是预防火灾和减少火灾损失的关键与基础。建筑设计是工程建设的源头，就建筑的消防安全而言，防火间距、防火分区、建筑结构耐火性能、建筑内部安全疏散、各类固定消防设施等只有在建筑设计时一并考虑，才可能在施工预算、施工安装中得到落实，因此，设计阶段是保证建筑物消防安全的关键。消防设计审核则是对这一关键关口的把关。通过消防设计审核，监督国家建筑工程消防技术标准的执行情况，保证各项防火措施落实到位，从根本上消除先天性火灾隐患。消防验收，主要是针对消防设计审核内容进行检查和必要的系统性能测试，是对消防设计的再把关，也是对建筑工程整体消防性能的把关。

四、加强消防监督检查，确保重点单位安全

消防监督检查，是指公安消防机构依法对机关、团体、企业、事业单位遵守消防法律、法规情况进行的监督检查；对违反消防法律、法规的行为，责令改正，并依法实施处罚的执法活动。消防监督检查是《消防法》赋予公安消防机构的一项主要职责，也是消防监督管理的基本方法。

消防监督检查是公安消防机构及管理人员依法对单位和个人是否遵守消防法律、法规和执行有关消防安全管理规定、技术标准情况所进行的强制性调查了解，是消防管理的基本方法之一，也是一项经常性执法活动。通过消防监督检查可以及时发现、纠正各种火灾隐患和违反消防管理的行为，消除各种火灾隐患，制裁各种违反消防管理的行为，切实预防火灾发生，保护公共财产和人民生命、财产安全。

消防监督检查主要是对建筑物或者场所在施工、使用或者开业前有关法律手续的履行情况，已经通过消防设计审核和消防验收合格的建筑工程项目的使用情况与消防安全管理情况的检查。其包括对消防安全重点单位的定期监督检查和对非消防安全重点单位的抽样监督检查；对公众聚集场所使用或者开业前和具有火灾危险的大型群众性活动举办前的消防监督检查；对举报、投诉的违反消防法律、法规行为的监督检查；针对重大节日、重大活动和火灾多发季节的消防监督检查等多种形式的监督检查。消防监督检查人员进行消防监督检查，对发现有违反消防管理的行为，应当责令其当场改正，或限期改正，情节严重的，还应当依法予以行政处罚。

五、提高灭火作战水平，减少火灾危害

火灾给人类造成的危害是巨大的。及时扑救火灾，减少火灾危害是消防管理工作的重要任务之一。因此，加强灭火队伍建设和灭火战术研究，提高灭火作战水平，及时扑救各种火灾，减少火灾危害，是消防管理工作的基本方法之一。公安消防机构要加强对各种形式的消防队伍的领导和指挥，不断提高消防队伍的灭火作战能力。扑救火灾不仅是公安消防机构和消防组织的一项重要业务，也是一门科学。因此，要大力加强消防科学的研究，积极推进国际消防技术交流与合作，不断提高灭火作战的水平。提高灭火作战水平离不开先进的技术装备，各级政府应逐步加大财政投入，尽快改善消防队（站）的技术装备，以适应现代灭火作战的要求，最大限度地减少火灾危害。

六、广泛宣传消防安全知识，普遍提高公民消防意识

消防宣传教育，是指以普遍提高全社会的消防意识和消防能力为目的，以宣传消防工作的方针、原则、法律和消防基础知识、基本技能为内容的宣传教育活动。它是公安消防管理的基础性工作，也是公安消防管理的基本方法。广泛开展消防宣传教育，对于普遍提高全民消防法制观念，消防安全意识和素质，落实各种消防安全措施，全面推进消防管理工作，具有重要的现实意义。

消防宣传教育，不仅是公安消防机构的重要职责，也是社会各界的志愿。《消防法》第6条规定："各级人民政府应当组织开展经常性的消防宣传教育，提高公民的消防安全意识……教育、人力资源等行政主管部门和学校、有关培训机构应当将消防知识纳入教育、教学、培训内容。新闻、广播、电视等有关单位，应当有针对性地面向社会进行消防宣传教育……"公安消防机构应当积极参加政府组织的各种消防宣传教育活动，大力支持各部门的消防宣传教育工作，并充分发挥专门机构的参谋、指导和协调作用。

消防宣传教育内容的确定，应有针对性，即针对不同的对象，不同的消防工作形势来确定。一般内容应包括：第一，消防法律、法规和消防技术规范。消防法律、法规包括消防法律、消防行政法规、地方性消防法规、部门和地方消防规章等。消防技术规范包括建筑工程消防技术标准和消防产品技术标准等。第二，消防知识和消防技能。主要是消防基础知识和消防基本技能。例如燃烧知识，电气防火、建筑防火、家庭防火以及灭火等基础知识，火场逃生与自救技能，建筑自动消防系统维护保养操作及各种消防器材使用方法，等等。

消防宣传教育的形式应当多种多样，为群众喜闻乐见。首先，要充分利用新闻、出版、广播、电影、电视、网络等公众传播媒介，广泛传播消防安全知识，具体方法有消防公益宣传，举办消防知识讲座和消防知识竞赛，定期公布火灾情况，对典型火灾进行公开报道，公布对火灾事故责任者的处理情况等。其次，要抓好对特殊群体的消防宣传教育。各行各业和各有关单位要把消防知识纳入职工培训之中。消防设备操作控制人员、企业专职和兼职防火人员与易燃易爆等特定岗位的人员，必须经过消防专项培训，学习掌握相应的防火灭火知识，经考试合格取得证书后方可上岗。各高等、中等院校要结合各专业的特点，适当安排消防教学内容。中小学校也要适当进行一些消防教育，并制定紧急情况下保护学生的安全措施，经常举办各种消防演练活动。最后，公安消防机构除开展经常性消防宣传教育外，还要结合实际工作，针对消防安全重点单位、火灾隐患和不同季节等开展专项消防宣传教育。可采取上门宣讲、专题讲座、推荐音像教材、组织学习班等多种形式，广泛深入地开展消防宣传教育。

七、及时调查处理火灾事故，严厉制裁消防违法行为

火灾发生后，公安消防机构要及时查明火灾原因，分清火灾事故责任，并依法追究火灾事故责任者的法律责任。这样，不仅使违法者依法受到处理，同时，还可以教育广大群众自觉遵守消防法规，认真执行消防法规，落实防火安全责任制。及时调查处理火灾事故，对于掌握火灾发生、发展规律，不断改进和加强消防工作也具有十分重要的意义。因此，及时调查处理火灾事故是公安消防管理的基本方法之一。

依法严厉制裁各种消防违法、犯罪行为，这是消防管理工作依法管理原则的必然要求。各种消防违法、犯罪行为严重扰乱消防管理秩序，危害公共安全，有的造成重大火灾，给公共财产和人民生命财产带来巨大损失。因此，公安消防机构必须严厉依法制裁各种消防违法、犯罪行为。为切实保障《消防法》的顺利实施，新修订的《消防法》取消了一些行政处罚限期改正的前置条件，完善了应予行政处罚的违反消防法规行为，调整了处罚种类，明确了罚款数额，对一些严重违反消防法规的行为特别是危害公共安全的行为设定了拘留处罚，增强了法律威慑力；并规定了对消防产品质量认证、消防设施检测等消防技术服务机构，出具虚假、失实文件，情节严重的，由原许可机关依法责令停止执业或者吊销相应资质、资格。

思考题：

1. 消防的含义是什么？
2. 公安消防机构的职责有哪些？
3. 如何正确理解我国消防管理的方针？
4. 消防管理的原则有哪些？
5. 消防管理的基本方法有哪些？

第二章　燃烧与火灾

第一节　燃　烧

一、燃烧的本质

燃烧是一种发光、放热的化学反应。在燃烧的过程中，可燃物与氧或氧化剂相互作用，有的物质被氧化，有的物质被还原，使参与作用的物质变成了与原来物质不同的新物质。在氧化过程中，由于氧化速度很快，或者说是反应剧烈，因而放出大量的热，这些热又把燃烧产物加热到发光的程度，火焰即为燃烧放热发光的物理表现。所以说，燃烧的本质是一种化学反应，其特征是有热产生，有发光现象。

近代燃烧理论认为，可燃烧物质的多数氧化反应不是直接进行的，而是经过一系列的中间阶段；不是氧化整个分子，而是氧化反应中间物——游离基和原子，这就是链锁反应。链锁反应理论认为，燃烧是一种游离基的链锁反应。链锁反应，即在瞬间进行的循环连续反应。游离基又叫自由基，是化合物或单质分子中含有不成对价电子的原子或原子团，它们的活动能力非常强，很不稳定，容易自行结合成稳定的分子或与其他物质分子进行反应而生成新的游离基。当反应物产生少量的活化中心——游离基时，链锁反应即可发生；反应一经开始，就可经过许多链锁步骤自动发展下去，直至反应物全部反应完毕为止。当活化中心即游离基全部消失时，链锁反应就会中断，燃烧亦即停止。

由此可见，燃烧是一种复杂的物理化学现象。游离基的链锁反应是燃烧过程中化学反应的实质，光和热则是燃烧过程中的物理现象。

二、燃烧的条件

燃烧并不是随便发生的，而是有一定条件的。要发生燃烧，必须同时具备三个条件，一要有可燃物，二要有助燃物，三要有火源。这三个条件缺一不可。因此，可燃物、助燃物、着火源又称为燃烧的三要素。

（一）可燃物

凡能与空气中的氧或其他氧化剂剧烈反应的物质，或者说能在常温常压状态下的空气中发生燃烧的物质，都叫可燃物，如氢气、液化气、乙炔、酒精、汽油、木材、棉花、钾、钠等。

（二）助燃物

助燃物实际上是氧化剂，是指与可燃物作用能支持和导致燃烧的物质，如氧气、氯气、氯酸钾、高锰酸钾、过氧化钠等。最常见的是空气，大多数燃烧都是发生在空气中，这是由于空气中含有21%的氧气。

（三）着火源

着火源，是指能引起可燃物燃烧的热能源。常见的着火源主要有明火、赤热体、火星、电火花或电弧、高温或化学反应热等。

上述三个条件仅是燃烧的必要条件，即要发生燃烧，上述三个条件缺一不可；但是，具备了上述三个条件，燃烧却不一定能发生。这是因为燃烧的发生，还必须满足以下条件。

首先，可燃物要有一定的数量。如果在空气中可燃气体或蒸气的数量不足，虽有助燃物和着火源，燃烧也不一定发生。例如，在室温20℃的相同条件下，用火柴去点燃汽油和煤油时，汽油能立刻燃烧，而煤油却不燃。这是因为汽油易挥发，在20℃时就能挥发出足够燃烧的可燃蒸气来。达到发生燃烧的浓度，因而发生燃烧；而煤油相对汽油来说，挥发性差一些，在20℃时挥发出的可燃蒸气太少，达不到燃烧的浓度，因而不能发生燃烧。

其次，助燃物要达到一定的比例。可燃物燃烧都有最低含氧量的要求，当其最低含氧量超过21%时，空气的含氧量即不能满足其燃烧所需要的助燃条件，这类物质在空气中就无法燃烧（见表2－1）。

表2－1　常见物质燃烧的最低含氧量

名称	最低含氧量%	名称	最低含氧量%
汽油	14.4	乙醚	12.0
煤油	15.0	乙炔	3.7
乙醇	15.0	橡胶屑	13.0
丙酮	13.0	多量棉花	8.0
氢气	5.9	黄磷	10.0

再次，着火源必须有一定的温度和足够的热量。用一根燃烧着的火柴，可以点燃香烟、织物和纸张，但却点不燃煤块。这是因为火柴的火焰所具有的温度和热量已经达到了使香烟、织物和纸张燃烧的温度和热量，但却没有达到煤块燃烧的温度和热量。从烟囱冒出来的碳火星，温度高达600℃，已经超过一般可燃物的燃点，如果落在草垛和棉垛上，有可能引起燃烧；如果落在木材上，火星就会很快熄灭，引不起燃烧。这是因为火星的温度虽然很高，达到了木材燃点（250℃～450℃），但由于其热量不够，因此仍然不能引起燃烧（见表2－2）。

表2－2　常见着火源温度

着火源	温度℃	着火源	温度℃
火柴焰	500～650	气体灯焰	1600～2100
烟头（中心）	700～800	酒精灯焰	1180
烟头（表面）	250	煤油灯焰	700～900
机械火星	1200	蜡烛焰	640～940

续表

着火源	温度℃	着火源	温度℃
煤炉火	1000	打火机焰	1000
烟囱火星	600	焊割火花	2000～3000
石灰遇水发热	600～700	汽车排气管火星	600～800

最后，燃烧的三个条件相互作用。例如，在我们的房间内，有桌椅家具等可燃物，有充满空间的空气，有火源电源，燃烧的三个条件都具备，但是并没有发生燃烧现象，这是这些条件没有相互作用的缘故。

（四）燃烧条件在消防工作中的应用

1. 燃烧条件在防火工作中的应用。一切防火措施都是为了防止产生燃烧条件。在防火工作中，人们采取的基本措施主要有以下几点：

（1）控制可燃物。在建筑中尽量减少可燃物的使用。例如，用难燃或不燃材料代替易燃材料；将可燃材料浸泡或涂刷防火涂料，提高材料的耐火性能；对于具有火灾爆炸危险性的场所，采取强制通风的方法，以降低易燃易爆气体、蒸气或粉尘在空气中的浓度，使之达不到燃烧浓度；将性质上能相互作用的物品分开存放等。

（2）隔绝空气。使用易燃易爆物质的生产应在密闭设备中进行；对于有异常危险的生产，充装惰性气体保护；隔绝空气储存活性较强的物质，如金属钠存于煤油中，黄磷存于水中，二硫化碳用水封闭存放，等等。

（3）消除着火源。例如，在易燃易爆场所禁止烟火、禁穿化纤衣服和带铁钉、铁掌的鞋，使用防爆电器，采取隔离控温、避雷、遮挡阳光、防止撞击等措施。

（4）阻止火势蔓延。通过在建筑物之间建筑防火墙，留防火间距；在可燃气体管道上安装阻火器和安全水封，在通风管道上安装防火阀等，不使新的燃烧条件形成，使火灾熄灭，防止蔓延。

2. 燃烧条件在灭火工作中的应用。一切灭火措施都是为了破坏已经形成的燃烧条件，或使燃烧反应中的游离基消失。灭火时，人们采取的基本方法主要是以下几种：

（1）隔离法。将火源处或其周围的可燃物隔离物隔离或移走，燃烧就会因失去可燃物而停止。

（2）窒息法。阻止空气进入燃烧区或用惰性气体冲淡空气，使燃烧物得不到足够的氧气而熄灭。

（3）冷却法。将灭火剂直接喷洒在燃烧物上，以降低燃烧物的温度于其燃点之下，使燃烧停止；或者将灭火剂喷洒在火源附近可燃物上，以避免火势蔓延。

（4）抑制法。使灭火剂参与到燃烧反应过程中去，使燃烧过程产生的游离基消失，使燃烧停止。

三、燃烧的类型

由于燃烧的物质及其形态不同，燃烧所处的环境不同，燃烧可分为闪燃、着火、自燃和爆炸四种类型。

（一）闪燃

1. 闪燃和闪点。在一定温度下，液体（含能蒸发的部分可燃固体，如石蜡、樟脑、萘等）产生的蒸气与空气混合后，达到一定浓度时遇火源产生一闪即灭的燃烧现象叫闪燃。燃烧液体在闪燃温度下蒸发速度还不太快，蒸发出来的蒸气仅能维持瞬间的燃烧，而来不及补充新的蒸气维持稳定燃烧，故一闪即灭。闪燃虽然一闪即灭，引不起燃烧，但对消防工作却有重要的意义。从消防的观点来说，闪燃是火险的警告，是着火的前奏。液体发生闪燃的最低温度叫该液体的闪点（见表2－3）。

表2－3　常见燃烧液体的闪点

液体	闪点（℃）	液体	闪点（℃）
汽油	－58～10	乙醇	－45
煤油	28～45	丙酮	－20
柴油	50～90	醋酸	40
酒精	11	松节油	35
苯	－14	二甲苯	2.5
甲苯	5.5	二硫化碳	－45

2. 闪点在消防工作中的意义。

（1）闪点是评定液体火灾危险性大小的依据。液体的闪点越低，其火灾危险性就越大。例如，从汽油、煤油到柴油，闪点越来越高，因而相对来说，其火灾危险性相应降低，即汽油的火灾危险性大于煤油，而煤油的火灾危险性相对大于柴油。一般来说，液体的闪点高于环境温度时，其火灾危险就相对小了一些；否则，火灾危险就相对大一些，必须采取相应的安全措施，防止发生火灾。

（2）闪点是确定液体生产、储存火灾危险类别的依据。《建筑设计防火规范》（GB 50016－2006）将生产、储存的火灾危险性分为五类，其中将燃烧液体分在甲、乙、丙三类中。

闪点小于28℃的燃烧液体，其生产、储存的火灾危险性为甲类，如甲醇、丙酮、苯等合成或精制厂房，植物油加工厂浸出车间，苯、甲苯、乙醇、乙醚及60度的白酒仓库。

闪点大于等于28℃而小于60℃的燃烧液体，其生产、储存的火灾危险为乙类，如樟脑油提取部位、煤油灌桶间及其仓库等。

闪点为60℃及以上的燃烧液体，其生产、储存的火灾危险性为丙类，如香料厂的松油醇部位、油浸变压器室、沥青加工厂房和润滑油、机油、重油仓库等。

（二）着火

1. 着火和燃点。可燃物受火源的直接作用而发生持续燃烧的现象叫着火。物质着火需要一定的温度，如果达不到这个温度，着火就不能发生，或者仅能发生闪燃（液体）。可燃物开始持续燃烧所需要的最低温度叫该物质的燃点（见表2－4）。

表 2－4　部分可燃物质燃点

可燃物	燃点（℃）	可燃物	燃点（℃）
纸张	130	布匹	200
棉花	210	松木	250
麻绒	150	橡胶	120
蜡烛	190	赛璐珞	100
烟叶	220	樟脑	70
麦草	200	松节油	53
豆油	220		

可燃物质都有燃点。液体的燃点都高于闪点，一般来说，易燃液体的燃点比闪点高 1℃～5℃，而且液体的闪点越低，其燃点与闪点的差数越小，如汽油、二硫化碳、丙酮等闪点低于零度的液体，其燃点与闪点仅差 1℃；而闪点在 100℃以上的液体，其燃点要高出闪点 30℃以上。因此，燃点仅对可燃固体和高闪点的液体有实际意义，而对易燃液体，燃点就没有意义，因为易燃液体闪点就代表了其危险性。

2. 燃点在消防工作中的应用。

（1）控制温度，使其在可燃物燃点以下，以防止起火。例如，在熬炼、烘烤和其他高温作业中，其温度控制即以加工物的燃点为依据。

（2）根据燃点，确定燃烧固体类别。易燃固体是指燃点小于或等于 300℃的固体（天然纤维、农副产品除外），如赛璐珞、樟脑等；可燃固体是指燃点高于 300℃的固体。

（3）根据燃点，决定火场抢救物资的先后。在火场上，如果燃点不同的可燃物处在相同条件下，受到火源作用时，燃点低的先着火、易蔓延。因此，在灭火抢救时，要先抢救或冷却燃点低的物质。

（三）自燃

1. 自燃与自燃点。可燃物在没有明火作用的情况下，由于受热或自身发热所产生的自动燃烧现象叫自燃。可燃物发生自燃的最低温度叫自燃点。可燃物的自燃点受一些因素的影响而不固定，尤其是受环境、压力、可燃物浓度及氧化面、含氧量的影响较大（见表 2－5）。一般来说，压力越高、可燃物浓度越大、环境氧浓度越高，可燃物的自燃点就越低，就越易发生自燃。

表 2－5　部分可燃物的自燃点（常温常压下）

可燃物	自燃点℃	可燃物	自燃点℃	可燃物	自燃点℃
黄磷	34～35	籽棉	407	乙醇	414
松香	240	稻草	333	桐油	410
汽油	255～530	木材	250～350	棉籽油	370
煤油	240～290	赛璐珞	150～180	铁粉	316
柴油	350～380	乙醚	180	铝粉	470

根据热源的不同，自燃分为受热自燃与自热自燃。受热自燃是指物质受到外来热源的作用而发生的自动燃烧现象，如加热、烘烤、摩擦、辐射等非直接火源作用引起的燃烧。自热自燃是指由于物质内部自行发热而引起的自动燃烧现象。受热自燃和自热自燃两种现象的本质是一样的，只是热的来源不同，前者是外部加热的作用，而后者是物质本身的热效应。

2. 自燃点在消防工作中的应用。

（1）根据自燃点确定物质的安全存储方法和防火安全措施。例如，在常温下易发生自燃的物质，在贮存中就应采取冷却、密封或通风等特殊方法。

（2）根据自燃点确定工艺控温极限。例如，在加热、蒸馏、熬炼、合成或分解反应中，应控制物质的温度在自燃点以下。

（3）根据自燃点确定选用防爆电器型号。自燃点是防爆电器设备制造和爆炸危险场所防爆电器选型的重要参数之一。根据物质的自燃点，可以选择确定适合爆炸危险场所的防爆电器设备的类型。

3. 常见自热自燃物质。从消防的观点来看，具有自热自燃性质的物质是危险的，因为其不需要外来火源和热源，自热就能发生自动燃烧，其防火措施也不同于一般物质。常见的具有自热自燃特性的物质，主要有以下几类：

（1）化学品。例如，黄磷、二硫化碳、赛璐珞等。

（2）金属类。例如，钾、钠、镁等轻金属及铝粉、镁粉、锌粉、铝镁合剂等。

（3）矿物类。例如，硫化铁、烟煤等。

（4）植物类。例如，稻草、麦草、烟叶、籽棉等。

（5）油脂及制品。主要是植物油，如桐油、亚麻油、葵花子油及其制品，如油布、油纸、油棉纱等。

（四）爆炸

1. 爆炸及其分类。广义的爆炸，是指物质由一种状态迅速转变成另一种状态，并在瞬间以机械功的形式放出巨大能量，或是气体、蒸气在瞬间气化发生剧烈膨胀等现象。广义的爆炸有三种类型，即核爆炸、物理爆炸和化学爆炸。消防涉及的爆炸，一般是化学爆炸。实际上，化学爆炸就是可燃物与氧化剂（助燃物）的混合物（或者本身含氧的炸药），遇到火源而发生的瞬间燃烧。这种燃烧同时产生大量的热和气态产物，因而形成高温和产生巨大的压力向四周扩散，扩散时与空气发生剧烈摩擦而产生巨大声响。一般燃烧时，可燃物与氧化剂不是混合好了的，而是在燃烧中逐渐混合的，所以燃烧速度慢，没有或较少产生压力，因而既没有声响，也没有冲击力。

按照爆炸的变化传播速度，化学爆炸分为爆燃、爆炸和爆震三种，其特征如下：

（1）爆燃。爆炸变化传播速度为每秒十几米至百米，爆炸时压力不大，无爆炸声响，无破坏力。例如，露天状态下少量汽油的燃烧。

（2）爆炸。爆炸变化传播速度为每秒数百米至千米，爆炸时压力剧增，有震耳声响，有破坏力。例如，封闭状态下化学物质的爆炸。

（3）爆震。爆炸变化传播速度可达每秒数千米，爆炸时压力剧增，形成冲击波。

这种冲波能远离爆震发源地而独立存在，破坏力很大，破坏范围很广。爆炸声震四方，有的能传几十里。例如，封闭状态下炸药的爆炸。

2. 爆炸性气体混合物的爆炸。

（1）爆炸性气体混合物。可燃气体、液体蒸气与空气混合，形成遇火源即能爆炸的混合物，这种混合物称为爆炸性气体混合物。

（2）爆炸浓度极限。可燃气体和液体蒸气与空气的混合物，必须在一定浓度范围内，遇火源才能爆炸，这个"一定的浓度范围"，即遇火源能够发生爆炸的最低浓度和最高浓度，叫做爆炸浓度极限，通常用体积百分比（%）表示。爆炸浓度极限说明，不是所有的可燃气体和液体蒸气与空气混合都有爆炸危险，而是有一个能发生爆炸的浓度范围，即有一个最低的爆炸浓度和一个最高的爆炸浓度，只有在这两个浓度之间才有爆炸危险（见表2-6）。爆炸性气体混合物的最低浓度，即可燃物质与空气的混合物遇火源能够发生爆炸的最低浓度叫爆炸浓度下限。爆炸性气体混合物的最高浓度叫爆炸浓度上限。爆炸浓度下限至爆炸浓度上限，即爆炸性气体混合物的范围，即是可燃物质与空气混合能够发生爆炸的范围。

表2-6　部分可燃气体、蒸气的爆炸浓度极限

可燃气体、蒸气	爆炸浓度下限%	爆炸浓度上限%	可燃气体、蒸气	爆炸浓度下限%	爆炸浓度上限%
氢气	4.0	75.0	汽油	1.7	7.2
一氧化碳	12.5	74.0	甲烷	5.0	15
乙炔	2.5	82.0	氨	15.7	27.4
乙醚	1.9	48.0	苯	1.5	9.5
乙醇	3.3	18.0	丙酮	2.5	12.8
甲苯	1.5	7.0	硫化氢	4.0	44
松节油	0.8	62.0	二硫化碳	1.3	50

爆炸性气体混合物是可燃物浓度在其爆炸浓度下限和上限之间的混合物。当可燃物在空气中的浓度低于爆炸浓度下限或高于爆炸浓度上限时，遇火源不爆炸，不燃烧。但是，可燃物质的浓度高于爆炸上限时，如遇空气稀释，仍有能燃烧和爆炸的危险。爆炸性气体混合物在其化学计量浓度时，爆炸能量最大。

不同可燃物质的爆炸浓度极限各不相同。同一可燃物质的爆炸浓度极限，也会因温度、压力、含氧量、容器和火源性质的不同而改变。

3. 可燃粉尘与空气混合物的爆炸。

（1）可燃粉尘。所谓可燃粉尘，是指颗粒极微小的，遇火源能发生燃烧和爆炸的固体物质。在加工麻、烟、糖、谷物、硫、锌、烟煤、铝等物质的过程中，由于粉碎、研磨、过筛等工艺操作，会产生粉尘，这些粉尘都是可燃粉尘。

（2）粉尘爆炸的条件。粉尘应具备下述四个条件才能发生爆炸，即粉尘本身可燃；粉尘必须悬浮在空气中并与空气混合到爆炸浓度；有足以引燃粉尘爆炸的热能源；

粉尘具有相当大的比表面积。

能够爆炸的悬浮粉尘，像可燃气体、蒸气与空气的混合物一样，也有一定的浓度极限，即爆炸浓度下限和上限，通常以 g/m^3 表示。可燃粉尘达到爆炸下限浓度的，一般是在设备中或接近粉尘发源地周围才能形成，所以大多是局部的，有时也有在生产厂房内形成的。至于浓度上限，因为太大，一般不会形成，因而无实际意义（见表 2 – 7）。

表 2 – 7　部分可燃粉尘的爆炸浓度下限

可燃粉尘	爆炸浓度下限（g/m^3）	可燃粉尘	爆炸浓度下限（g/m^3）
镁粉	20	硫粉	35
铝粉	35 ~ 40	木粉	12.6 ~ 25
镁铝合金粉	50	面粉	9.7 ~ 60
铁粉	120	糖粉	15 ~ 19
锌粉	500	环氧树脂粉	20
煤粉	35 ~ 45	聚乙烯树脂粉	30

（3）粉尘爆炸的特点。粉尘爆炸的破坏性很强。往往是第一爆炸发生后，冲击波使沉积粉尘（沉积或堆积在地面、物体、设备上的粉尘）成为悬浮粉尘，发生连续性爆炸。有时在扑救火灾时，因方法不当，如扑打或用水冲击时，也易使可燃粉尘悬浮成为爆炸性粉尘而引起粉尘爆炸。

第二节　火　灾

一、火灾的本质

火灾，顾名思义就是由火造成的灾害。1996 年 11 月 11 日由公安部、劳动和社会保障部、国家统计局联合颁发的《火灾统计管理规定》明确指出，凡在时间或空间上失去控制的燃烧所造成的灾害，都为火灾。可见火灾的本质也是燃烧，火灾具备燃烧的一切现象，燃烧条件对火灾也同样具有限制作用。可控性是区分燃烧与火灾的关键因素。

二、火灾的规律

（一）火灾具有社会性

实践证明，社会环境对火灾的影响很大，甚至不同的社会发展水平、不同的社会意识形态、不同的社会环境对火灾都具有一定的影响。

1. 社会发展程度高的地方火灾少。社会发展程度高的地方，其生产、生活社会化程度高，人们的安全意识及素质一般也较高，安全设施及防范能力强，引发火灾的概率低。

2. 经济发达的地方火灾损失大。经济发达的地方物资集中，生产、使用、经营的物品贵重，火、电、油、气的使用普遍，一旦发生火灾，不易扑救，易造成大的损失。而经济欠发达的地区物资匮乏，火灾相对易于扑救，损失相对较小。

3. 社会稳定的地方火灾少。社会稳定的地方安全制度及法律健全，人们安居乐业，安全防范意识高，火灾不易发生。相反，社会动乱的地方，人心惶惶，往往有法不依，无章可循，且易发生纵火案件，火灾事故较多。

4. 文化教育落后的地方火灾多。文化教育虽然对火灾没有直接影响，但文化教育水平却与人们的生活方式、处世方法及信仰有直接关系，这些方面都影响人们的消防安全意识和素质，影响火灾事故的多寡。例如，在文化教育落后的地区，人们刀耕火种、大量使用明火而不加防范，迷信严重，烧纸请神等引起的火灾很多。

（二）火灾具有地域性

一是环境不同的地方，火灾数量与损失也不同。例如，城市和农村相比，城市的火灾相对损失、伤亡大，而农村的火灾发生数量多。二是气候不同的地方，火灾的多少也不同。气候炎热干燥的地方火灾多，而气候湿润多雨的地方火灾相对较少。三是生活习惯不同的地方，火灾的多少也不同。南方有些少数民族居住地，多用竹、木和茅草建房，且多在房中设火塘，用柴草烧火做饭；东北林区民宅多为木房，且周围堆满了晒干的劈柴，俗称“拌子城”，这些地方常发生民宅火灾且易火烧连营。

（三）火灾具有行业性

火灾离不开可燃物，离不开着火源，而在生产、生活中，有些行业可燃物集中，如可燃物品加工厂、仓库；有的可燃物就较少或没有，如机械加工厂；有的虽有可燃物但能禁绝明火、电源，有的则禁绝不了火源、电源。因而可燃物集中的行业火灾多，火灾损失也大，如石油化工企业、棉麻生产、储存企业、商店、商场等。

（四）火灾具有季节性

一年四季，春夏秋冬，气候随季节变化很大，而人们的生活、生产习惯也不同，这都影响到火灾的发生。冬春季节，风干物燥，多数可燃物见火就着，极易蔓延成灾，易发生山林、仓库、可燃物品堆垛及民宅火灾；新年春节期间，人们欢度节日，常因燃放烟花爆竹、吸烟及儿童玩火引发火灾；春夏之交，尤其清明节前后，风大草干，人们登山野炊及扫墓时烧纸焚香，常引发山林火灾；初夏的六月，高温炎热，正是北方麦收大忙季节，也必然是麦收火灾的频发季节；而夏季炎热多雨，易发生易燃易爆化学物品火灾，特别是自燃物品火灾常发生于此季，更是雷击火灾的多发季节。冬季，天气寒冷，人们多活动于室内，取暖及其他方面用火电增多，引发火灾因素也多，且多发生建筑火灾。

（五）火灾具有时间性

从起火次数上说，白天多，尤以 10 时至 22 时期间为火灾高发时间；夜间少，尤以凌晨 4 时至 8 时为火灾低发时间。而从经济损失或成灾率上说，20 时至次日凌晨 6 时发生的火灾成灾率较高，其他时间较低。这一规律与人们的工作时间密切相关。各行各业一般将工作时间安排在白天，工作中涉及用火、用电等火灾因素也集中在白天，因而火灾次数在白天较多。夜间火灾次数虽然下降了，但由于夜深人静、关门闭户，一旦发生火灾，容易出现发现迟、报警迟等不利现象，致使小火酿成大火，往往经济损失较大，成灾率较高。

三、火灾的分类

（一）按燃烧物质的特性分类

依据可燃物的类型和燃烧特性，GB/T 4968－2008《火灾分类》规定如下：

A 类火灾：固体物质火灾。这种物质通常具有有机物性质，一般在燃烧时能产生灼热的余烬，如棉、毛、麻、纸张、木材火灾等。灭火时可使用水、泡沫、磷酸铵盐干粉、卤代烷、二氧化碳等灭火剂。

B 类火灾：液体或可熔化的固体物质火灾，如汽油、柴油、原油、甲醇、乙醇、沥青、石蜡等火灾等。这类火灾易随燃烧液体流动，燃烧猛烈，易发生爆燃、爆炸或喷溅，不易扑救。灭火时可使用喷雾水、泡沫、干粉等灭火剂。

C 类火灾：气体火灾，如煤气、天然气、甲烷、乙炔、氢气火灾等。这类火灾常引起爆炸，破坏性很大，且难以扑救。灭火时应先将气体输送阀门和管道关死，截断气源，再冷却灭火。

D 类火灾：金属火灾，如钾、钠、镁、钛、锆、锂、铝镁合金等火灾。这类火灾多因遇湿、遇高温自燃引起，灭火时忌用水、泡沫及含水性物质，也不能用卤代烷、二氧化碳及常用的干粉灭火剂，一般用干沙掩埋的方式。

E 类火灾：带电火灾。物体带电燃烧的火灾，如火灾时需坚持供电或断电扑救会造成更大损失的火灾。一般使用干粉、卤代烷、二氧化碳等不导电的灭火剂进行扑救。

F 类火灾：烹饪器具内的烹饪物（如动植物油脂）火灾。此类火灾在日常生活中较常见，一般用干粉扑救，不用灭火剂，直接采用湿毛巾覆盖、锅盖覆盖等窒息的方法也能起到灭火的效果。

（二）按火灾损失分类

根据国务院颁布的《生产安全事故报告和调查处理条例》（国务院令第 493 号，2007 年 6 月 1 日起施行）的要求，可将火灾分为特别重大火灾、重大火灾、较大火灾、一般火灾四类。

特别重大火灾，是指造成 30 人以上死亡，或者 100 人以上重伤，或者 1 亿元以上直接财产损失的火灾；

重大火灾，是指造成 10 人以上 30 人以下死亡，或者 50 人以上 100 人以下重伤，或者 5000 万元以上 1 亿元以下直接财产损失的火灾；

较大火灾，是指造成 3 人以上 10 人以下死亡，或者 10 人以上 50 人以下重伤，或者 1000 万元以上 5000 万元以下直接财产损失的火灾；

一般火灾，是指造成 3 人以下死亡，或者 10 人以下重伤，或者 1000 万元以下直接财产损失的火灾。

（“以上”包括本数，“以下”不包括本数。）

思考题：

1. 燃烧的本质是什么？
2. 闪点在消防工作中有什么意义？
3. 什么是火灾？
4. 火灾是如何分类的？

第三章　建筑防火

第一节　建筑防火概述

一、建筑物的分类

建筑物，是指供人们进行生产、生活或其他活动的房屋或场所，也称“建筑”。建筑物是人造的、相对于地面固定的、有一定存在时间的固定人造物。

按不同的标准，建筑物可作如下分类：

（一）按使用性质分类

1. 工业建筑——厂房和库房。

2. 民用建筑——居住和公共建筑。

（二）按建筑结构形式分类

1. 木结构——主要承重构件是木材。

2. 砖木结构——主要承重构件用砖石和木材做成。

3. 砖混结构——竖向承重构件采用砖墙或砖柱，水平承重构件采用钢筋混凝土楼板、屋面板。

4. 钢筋混凝土结构——钢筋混凝土做柱、梁、楼板及屋顶等承重构件，砖或其他轻质材料做墙体等围护构件。

5. 钢与钢筋混凝土混合结构——屋顶采用钢结构，其他主要承重构件采用钢筋混凝土结构。

6. 钢结构——主要承重构件全部采用钢材。

（三）按建筑高度或层数分类

1. 超高层建筑——建筑高度超过 100m 以上的建筑。

2. 高层建筑——10 层及 10 层以上的居住建筑和建筑高度超过 24m 且为两层以上的公共建筑和工业建筑。

3. 单层、多层建筑——9 层及 9 层以下的居住建筑、建筑高度不超过 24m（或已超过 24m 但为单层）的公共建筑和工业建筑。

4. 地下、半地下建筑——房间地平面低于室外地平面高度超过该房间净高 1/2 的为地下建筑；房间地平面低于室外地平面高度超过该房间净高 1/3 且不超过 1/2 的为半地下建筑。

（四）按建筑物的重要程度分类

高层民用建筑根据使用性质、火灾危险性、疏散和扑救难度等分为两类。

1. 一类高层民用建筑。

（1）居住建筑——高级住宅和 19 层及 19 层以上的普通住宅；

（2）公共建筑——医院，高级旅馆，建筑高度超过50m或每层的建筑面积超过1000m^{2}的商业楼、展览楼、综合楼、电信楼、财贸金融楼，建筑高度超过50m或每层建筑面积超过1500m^{2}的商住楼，藏书超过100万册的图书馆、书库，建筑高度超过50m的教学楼和普通的旅馆、办公楼、科研楼、档案楼等。

2. 二类高层民用建筑。

（1）居住建筑——10～18层的普通住宅；

（2）公共建筑——除一类建筑以外的商业楼、展览楼、综合楼、电信楼、财贸金融楼、商住楼、图书馆、书库，省级以下的邮政楼、防灾指挥调度楼、广播电视楼、电力调度楼，建筑高度不超过50m的教学楼和普通的旅馆、办公楼、科研楼、档案楼，等等。

二、建筑火灾蔓延的途径和方式

（一）建筑火灾蔓延的途径

1. 火灾通过水平方向蔓延。由于未设防火分区或洞口分隔不完善，造成火灾水平方向蔓延；装设吊顶的建筑，吊顶上部仍为连通空间，一旦起火极易在吊顶内部蔓延；可燃构件与装饰物在火灾时发生燃烧而导致火灾扩大。

2. 火灾通过竖井蔓延。在现代建筑物内，有大量的电梯、楼梯、设备、垃圾等竖井，这些竖井往往贯穿整个建筑，若未作周密完善的防火设计，一旦发生火灾，就可以蔓延到建筑物的其他楼层。

3. 火灾通过空调系统管道蔓延。建筑空调系统如未按规定设置，容易造成火灾蔓延。通风管道蔓延火灾，一是通风管道本身起火并向连通的空间蔓延；二是它可以吸进火灾房间的烟气，而在远离火场的其他空间再喷冒出来。

4. 火灾由窗口向上层蔓延。从起火房间窗口喷出烟气和火焰，往往会沿窗间墙及上层窗口向上逐层蔓延。

（二）建筑火灾蔓延的方式

1. 火焰蔓延。初始燃烧的表面火焰，在使可燃物燃烧的同时，也将火灾蔓延开来。火焰蔓延的速度主要取决于火焰传热的速度。

2. 热传导。火灾区域燃烧产生的热量，经导热性好的建筑构件或建筑设备传导，能够使火灾蔓延到相邻或上下层房间。例如，薄壁隔墙、楼板、金属管壁，都可以把火灾区域的燃烧热传导至另一侧的表面。此方式有两个特点：一是必须具有导热性好的媒介，如金属构件、薄壁构件或金属设备等；二是蔓延的距离较近，一般只能是相邻的建筑空间。

3. 热对流。热对流是依靠微粒的流动来传播热量的现象，是建筑物室内火灾蔓延的主要形式。热对流作用可以使火灾区域的高温燃烧产物与火灾区域外的冷空气发生强烈流动，将高温燃烧产物流传到较远处，造成火势扩大。热对流不仅可以使火灾通过走道、房间在水平方向上蔓延，它还可借助楼梯间、电梯井等进行垂直蔓延，甚至还可通过外墙的开口向上一层蔓延。

4. 热辐射。热辐射是热源以电磁波的形式向外传递热能的方式。热辐射可以向各个方向传播热量，以垂直方向的辐射强度为最大。建筑物发生火灾时，火场的温度高达上千度，通过外墙开口部位向外辐射热量，对邻近建筑构成火灾威胁。同时，也会加速火灾在室内的蔓延。

三、建筑设计防火措施的基本内容

（一）建筑防火

建筑防火的主要内容有：总平面防火、建筑物耐火等级、防火分区和防火分隔、防烟分区、室内装修防火、安全疏散。

（二）消防给水、灭火系统

消防给水、灭火系统的主要内容包括：室外消防给水系统、室内消火栓给水系统、闭式自动喷水灭火系统、雨淋喷水灭火系统、水幕系统、水喷雾消防系统以及二氧化碳灭火系统等。要求根据建筑的性质、具体情况，合理设置系统，做好各个系统的设计计算，合理选用系统的设备、配件等。

（三）采暖、通风和空调系统防火，防排烟系统

采暖、通风和空调系统防火设计应按规范要求选好设备的类型，布置好各种设备和配件，做好防火构造处理等。在设计防排烟系统时要根据建筑物性质、使用功能、规模等确定好设置范围，合理采用防排烟方式，划分防烟分区，做好系统设计计算，合理选用设备类型，等等。

（四）电气防火，火灾自动报警控制系统

设计要求根据建筑物的性质，合理确定消防供电级别，做好消防电源、配电线路、设备的防火设计，做好火灾事故照明和疏散指示标志设计，采用先进可靠的火灾报警控制系统。此外，对建筑物还要设计安全可靠的防雷与接地装置。

第二节　建筑防火设计的一般要求

一、建筑物的耐火等级

建筑物耐火等级的划分和选定，是建筑设计防火规范中规定的防火技术措施中最基本的措施之一。它要求建筑物在火灾高温的持续作用下，墙、梁、柱、楼板、屋顶、楼梯、吊顶等基本建筑构件能在一定的时间内，不破坏、不传播火焰，起到延缓和阻止火势蔓延的作用。建筑物的耐火等级取决于组成该建筑物的建筑构件的燃烧性能和耐火极限，而建筑构件的燃烧性能又取决于建筑材料的燃烧性能。

（一）建筑材料及构件的燃烧性能

1. 相关概念。

（1）建筑材料。建筑材料指所有在建筑中使用的材料。从防火角度讲，建筑材料分为一般材料和防火材料。从用途角度讲，建筑材料在建筑物中有的用做结构材料，承受各种荷载的作用；有的用做室内装修材料，美化室内环境；有的用做功能材料，满足保温、隔热、防水等方面的要求。

（2）建筑构件。建筑构件指组成建筑物某一结构的单元，如墙壁、柱、梁、楼

板、屋顶、楼梯等。按照所起的作用，可将建筑构件分为分隔构件、承重构件及具有承重和分隔双重作用的承重分隔构件。

（3）燃烧性能。燃烧性能指建筑材料和（或）制品置于规定的火源中，所发生的一切物理、化学变化，即材料对火的反应特性，包括着火性、火焰传播性、燃烧速度和发热量等。

2. 建筑材料燃烧性能分级。建筑材料的燃烧性能在很大程度上取决于材料的化学成分及其生成热，同时还与材料的形状、密度及表面积等特征有密切关系。我国建筑材料燃烧性能分级是按照 GB 8624 – 2006《建筑材料及制品燃烧性能分级》分为 A_1、A_2、B、C、D、E6 个级别。

3. 建筑构件的燃烧性能。建筑构件的燃烧性能，反映了建筑构件遇火烧或高温作用时的燃烧特点，它由制成建筑构件的材料的燃烧性能而定。不同燃烧性能建筑材料制成的建筑构件，其燃烧性能可分为三类。

（1）非燃烧体。用非燃材料制成的构件。这类构件在空气中受到火烧或高温作用时不起火、不微燃、不炭化。例如，砖墙、钢屋架、钢筋混凝土制成的梁、楼板、柱等。

（2）难燃烧体。用难燃烧材料制成的构件或用可燃材料制成而用不燃性材料作阻燃处理的构件。这类构件在空气中受到火烧或高温作用时难起火、难微燃、难碳化，且当火源移开后燃烧和微燃立即停止。例如，阻燃胶合板吊顶、经阻燃处理的木质防火门、木龙骨板条抹灰隔墙等。

（3）燃烧体。用可燃材料制成的建筑构件。这类构件在空气中受到火烧或高温作用时会立即起火或发生微燃，而且当火源移开后，仍继续保持燃烧或微燃。例如，木柱、木屋架、木梁、木楼板等。

（二）建筑构件的耐火极限

耐火极限是建筑构件耐火性能的重要指标，是划分建筑耐火等级的基础数据。建筑构件的耐火极限，是指对建筑构件按照标准时间—温度曲线进行耐火试验，从受到火的作用时起到失去承载能力或完整性被破坏或失去隔火作用时止所经历的一段时间，以小时表示。

判断构件达到耐火极限的条件有三个，即失去完整性、失去绝热性、失去稳定性。不同构件达到耐火极限的条件不同。对于承重构件，如梁、柱、屋架等，此类构件不具备隔断火焰和隔绝过量热传导的功能，所以由失去稳定性单一条件来控制是否达到其耐火极限。对于分隔构件，如隔墙、吊顶、门窗等，当构件失去完整性或绝热性时，构件达到其耐火极限。对于承重分隔构件，如承重墙、楼板、屋面板等，兼具承重分隔双重功能，当其达到失去稳定性、完整性、绝热性任何一条件时，构件即达到其耐火极限。

（三）建筑物的耐火等级

耐火等级是衡量建筑物耐火程度的分级标准。我国的建筑设计防火规范把建筑物的耐火等级划分为一、二、三、四级。一级最高，耐火能力最强；四级最低，耐火能力最差。对于不同类型、性质的建筑提出不同的耐火等级要求，可做到既有利于消防安全，又有利于节约基本建设投资。

建筑物耐火等级的划分是以楼板的耐火极限为基准的，因为在建筑结构中，楼板是最基本的承重构件，并把重量传给梁、柱、墙等构件。楼板的耐火极限确定以后，将其他建筑构件与楼板相比较，在建筑结构中比楼板重要的，如承重墙、梁、柱，其耐火极限高于楼板，比楼板次要者，如隔墙、吊顶等的耐火极限低于楼板。

根据我国火灾发生的实际情况和建筑构件的特点，一级耐火等级建筑楼板的耐火极限为1.5h，其主要建筑构件全部为非燃烧体。二级耐火等级建筑楼板耐火极限为1.0h，主要建筑构件除吊顶为难燃烧体外，其余为非燃烧体。一般来说钢筋混凝土结构，钢筋混凝土砖石结构为一、二级耐火等级建筑。三级耐火等级建筑物楼板的耐火极限为0.5h，其屋顶承重构件可为燃烧体，砖木结构建筑一般都为三级耐火等级建筑。四级耐火等级建筑的楼板耐火极限为0.25h，除防火墙为非燃烧体外，其余构件均为难燃烧体和燃烧体。例如，木柱、木屋架承重，以砖石等非燃烧体或难燃烧体材料为墙的建筑都为四级耐火等级建筑。

工业建筑主要依据建筑物中生产和贮存物品的火灾危险性来确定耐火等级。工业建筑一般要求甲、乙类物品的厂房和库房宜采用一、二级耐火等级建筑。民用建筑中重要的公共建筑应用一、二级耐火等级建筑。一类高层民用建筑的耐火等级为一级，二类高层民用建筑的耐火等级不应低于二级。裙房的耐火等级不应低于二级，高层民用建筑地下室的耐火等级也应为一级。

二、建筑防火平面布局

建筑物的平面布局应服从城市的总体规划和城市消防规划要求，根据建筑物的使用性质、规模、地形、地势和建筑物所在地区常年主导风向等因素，合理确定建筑物的位置、建筑间的防火间距、室外消防车道和消防水源等。

（一）合理选址

一般民用建筑地址的选择应注意相邻建筑间的间距，以及重要公共建筑与具有较大危险性场所的距离，并应考虑到城市的消防能力。高层民用建筑地址的选择应注意要受到城市消防站的有效保护；不宜建在易燃易爆建筑物、构筑物附近，以及火灾危险性较大的厂区或库区附近，若必须在此处建设，则应严格遵守规范要求，选择有足够安全距离的地点。

工业建筑的选址应注意建筑物的火灾危险性、地形、周围环境以及常年主导风向等因素。

（二）民用建筑防火间距

建筑物发生火灾，由于强烈的热辐射作用会使邻近的建筑物起火。为了防止建筑物间的火势蔓延，在建筑物之间留出一定的安全距离，这个距离称为防火间距。防火间距也为扑救火灾、疏散人员、抢救物资提供场地条件。

影响建筑物间防火间距的因素很多，主要有热辐射、热对流、建筑物外墙开口面积、可燃物的数量和种类、风速、相邻建筑物高度、建筑物内消防设施的水平及灭火时间等。《建筑设计防火规范》（GB 50016－2006）、《高层民用建筑设计防火规范》（GB 50045－95）等消防技术规范提供了确定防火间距的参考数值。在确定防火间距时应综合考虑以上因素的影响，依照有关技术规范，选取适当的防火间距。

设置建筑防火间距时，要注意以下问题：

1. 要区别建筑类型和火灾危险性类别。例如，所要确定的建筑防火间距类型是工业建筑还是民用建筑；是高层建筑还是普通建筑。建筑类型不同，其防火间距要求也不相同。

2. 建筑防火间距内不得搭建房屋或堆放可燃物，不得以任何方式占用防火间距。

3. 对防火间距不足的建筑，可改变该建筑的生产、贮存火灾危险性类别等级；还可以限制和减少可燃物的储量等，以减少相应火灾危险性。

4. 对防火间距不足，又不能改变生产、贮存火灾危险性类别等级的建筑，可加砌防火墙或封堵门窗孔洞，隔离火灾危险性较大的设备或物资，加设防火门窗、防火卷帘和设置水幕保护等措施弥补防火间距的不足。

（三）消防车道

消防车道是供消防车灭火时通行的道路。设置消防车道的目的就在于一旦发生火灾后，使消防车顺利到达火场，消防人员迅速展开灭火战斗，及时扑灭火灾，最大限度地减少人员伤亡和火灾损失。因此，在进行单层、多层民用建筑和高层建筑的总平面布置时，必须合理设置消防车道，为消防扑救工作创造方便条件。

在实际建筑中，消防车道一般可与交通道路、桥梁等结合布置，但应保证消防车道路面、扑救作业场地及其下面的管道和暗沟等应能承受大型消防车的压力，同时应满足消防车通行与停靠的要求。

（四）消防水源

在选址和布局时应充分考虑消防水源的取用，这是及时灭火的前提和保障。

三、建筑物的防火、防烟分区

（一）建筑物的防火分区

所谓防火分区，是指采用防火分隔构件划分出的、能在一定时间内防止火灾向同一建筑的其余部分蔓延的局部区域（空间单元）。

1. 防火分区的划分。划分防火分区就是在建筑物中采用耐火性较好的防火分隔物将建筑物空间分隔成若干区域，以便把火势控制在起火单元，阻止火势进一步蔓延并将其扑灭，从而有利于消防扑救和减少火灾损失。

按照防止火灾蔓延的方向不同，防火分区分为水平防火分区和竖向防火分区。

（1）水平防火分区。水平防火分区，是指利用防火分隔物将建筑在同一水平面内分隔出一定的区域或防火单元，以阻止火灾在楼层水平方向的蔓延。水平防火分区用防火墙、防火卷帘或防火门将各楼层在水平方向划分成若干防火分区。

在考虑防火分区的面积时，有许多影响因素。例如，建筑物的类型、使用用途、建筑物的耐火等级、可燃物的种类及数量、排烟设备以及报警、灭火设备的配备情况等。依据以上因素，并参考国外同类标准，我国制定了单、多层建筑及高层民用建筑防火分区的标准（见表3－1、表3－2）。

表3－1　民用建筑耐火等级、最多允许层数和防火分区最大允许建筑面积

耐火等级	最多允许层数	防火分区最大允许建筑面积（m^2）	备　注
一、二级	按《建筑设计防火规范》第1.0.2条规定	2500	1. 体育馆、剧院的观众厅，展览建筑的展厅，其防火分区最大允许建筑面积可适当放宽。 2. 托儿所、幼儿园的儿童用房和儿童游乐厅等儿童活动场所不应超过3层或设置在4层及4层以上楼层或地下、半地下建筑（室）内。
三级	5层	1200	1. 托儿所、幼儿园的儿童用房和儿童游乐厅等儿童活动场所、老年人建筑和医院、疗养院的住院部分不应超过2层或设置在3层及3层以上楼层或地下、半地下建筑（室）内。 2. 商店、学校、电影院、剧院、礼堂、食堂、菜市场不应超过2层或设置在3层及3层以上楼层。
四级	2层	600	学校、食堂、菜市场、托儿所、幼儿园、老年人建筑、医院等不应设置在2层。
地下、半地下建筑（室）		500	

注：1. 建筑内设置自动灭火系统时，该防火分区的最大允许建筑面积可按本表的规定增加1倍。局部设置时，增加面积可按该局部面积的1倍计算。

2. 当住宅建筑构件的耐火极限和燃烧性能符合现行国家标准《住宅建筑规范》GB 50368的规定时，其最多允许层数执行该标准的规定。

表3－2　高层民用建筑防火分区最大允许建筑面积

建筑类别	每个防火分区建筑面积（m^2）
一类建筑	1000
二类建筑	1500
地下室	500

注：1. 设有自动灭火系统的防火分区，其允许最大建筑面积可按本表增加1倍；当局部设置自动灭火系统时，增加面积可按该局部面积的1倍计算。

2. 一类建筑的电信楼，其防火分区允许最大建筑面积可按本表增加50%。

在实际设计中，一般高层民用建筑的分户墙、单元墙大多为非燃烧体的墙板、框架轻板等，其耐火等级一般为一级或二级，足以满足一般的阻火要求，无须再考虑另设防火墙。

例如，有些建筑的使用空间要求较大时，可采用防火卷帘加水幕的方式来满足使用要求；也可增设自动报警、自动灭火设备，这样可在规定的防火分区面积的基础上，将面积增大到50%～100%，这样既可满足使用要求，又利于防火安全。

（2）竖向防火分区。火灾不仅在起火平面上蔓延，而且常常沿着建筑物各种竖向通道向上部楼层延烧。为了避免火灾上延的可能性，应从建筑物的垂直方向，划分其防火区域，即采用竖向防火分区。

竖向防火分区，是指用耐火性能较好的楼板及窗间墙等防火分隔物在建筑物的垂直方向划分出的防火空间，用以阻止多层或高层建筑物层与层之间发生火灾蔓延。

一般来说，竖向防火以每一楼层为一个防火分区，也可以 2 ~ 3 层为一个防火分区。用耐火楼板和窗间墙（上下窗之间的距离不小于1.2m）将上下层隔开。对设有敞开式自动扶梯、跨层窗、走廊等各种开口的公共建筑或其他建筑，应按实际情况考虑，允许留有开口，但不宜超过2 ~3 层，并应将相连通的各层作为一个防火分区考虑，即连通部分各层面积之和不应超过允许的水平防火分区的面积。

2. 防火分隔物。防火分隔物，是指能在一定时间内阻止火势蔓延，且能把建筑内部空间分隔成若干较小防火空间的物体。常用的防火分隔物有防火墙、防火门、防火窗，防火卷帘，防火水幕、耐火楼板、上下楼层之间的窗间墙、防火阀等。

（1）防火墙。防火墙是水平分区的主要防火分隔物，由不燃性材料构成。根据防火墙在建筑物中所处的位置和构造形式，分为横向防火墙（与平面纵轴垂直）、纵向防火墙（与平面纵轴平行）、内墙防火墙、外墙防火墙和室外独立防火墙等几种类型。

防火墙的耐火极限、燃烧性能、设置部位和构造应符合下列要求：

①防火墙的耐火极限不应低于4h（高层民用建筑为3h），应直接设置在基础上或钢筋混凝土框架、梁等承重构件上。

②防火墙应截断燃烧体或难燃烧体的屋顶结构，且应高出燃烧体或难燃烧体屋面不小于50cm，高出不燃烧体屋面不小于40cm。

③防火墙一般不宜在U形、L形建筑的转角处。

④为阻止火势蔓延，防火墙内不宜开设门窗洞口及设置管道。例如，必须开设门窗时，应设置固定的或火灾时能自动关闭的甲级防火门窗，如必须设置管道（高层民用建筑严禁穿过），应做到两侧的墙身截面厚度均不应小于12cm，且必须采用防火封堵材料将墙与管道之间的空隙填塞密实；可燃气体和甲、乙、丙类液体的管道严禁穿过防火墙；防火墙内不应设置排气道。

（2）防火门。防火门是设置在防火分区间、疏散楼梯间、垂直竖井等部位且具有一定耐火性能的活动的防火分隔物。防火门除具有普通门的作用外，更重要的是还具有阻火、隔烟的特殊功能。建筑物一旦发生火灾时，它能在一定程度上阻止或延缓火灾蔓延，确保人员安全疏散。

防火门由门框、门扇、控制设备和附件等组成。它的构造和质量对其防火和隔烟性能都有直接影响。

按耐火极限大小，防火门分为甲级防火门、乙级防火门和丙级防火门，其耐火极限分别为1.2h、0.9h、0.6h。通常甲级防火门用于防火墙及防火分隔等部位，乙级防火门用于疏散楼梯间、消防控制室及空调机房等部位，丙级防火门用于电缆井、管道井、排烟道等部位；按所用的材料不同，有木质防火门、钢质防火门、钢木质防火门和其他材质防火门；按门扇数量多少，有单扇防火门、双扇防火门、多扇防火门。

防火门不仅应具有可靠的耐火性能和合理的适用场所，还应做到关闭紧密，不窜烟火；启闭性能好；木质防火门和含有木构件的难燃烧体防火门应设泄气孔；安装位置要合适，等等。

（3）防火卷帘。当采用防火墙确有困难时，可采用防火卷帘进行防火分隔。防火卷帘是一种活动的防火分隔物，一般由钢板或铝合金等金属材料或不燃无机布等，以扣环或铰接的方法组成可以卷绕的链状平面，平时卷起放在门窗上部的转轴箱中，起火时将其放下展开，用以阻止火势从该部位蔓延。

防火卷帘有适用于门窗洞口、室内分隔的上下开启和横向开启式，亦有适于楼板孔道等的水平开启。设置防火卷帘的部位一般有消防电梯前室，自动扶梯周围，敞开式楼梯间、中庭与走道、过厅、房间相通的开口部位，代替防火墙需设置防火分隔设施的部位，等等。

（二）建筑物的防烟分区

火灾发生时，除了火焰直接蔓延、燃烧外，火灾产生的烟气也是导致火灾蔓延和人员伤亡的重要因素。统计资料表明，80%以上火灾现场人员死亡的直接原因是火灾烟气所致。设置防烟分区的作用是在一定时间内，使火场上产生的高温烟气不至于随意扩散，进而加以排出，从而达到有利人员安全疏散，控制火势蔓延和减小火灾损失的目的。

1. 防烟分区的概念。防烟分区，是指采用挡烟垂壁、隔墙或从顶棚下突出不小于50cm的梁而划分的防烟空间。

在建筑物中，墙壁、隔板、楼板和其他阻挡物都可作为防烟分隔物，而常用的隔烟设施主要包括挡烟垂壁和挡烟梁。挡烟垂壁是采用不燃烧材料制成的，从顶棚下垂不小于50cm的固定或活动的挡烟设施。

2. 防烟分区的设计原则。

（1）防烟分区不应跨越防火分区。每个防烟分区的面积，一般不超过500m^2。

（2）凡需要设置排烟设施的走道、房间，均应划分防烟分区。

（3）疏散楼梯间及其前室和消防电梯间及其前室是疏散和扑救火灾的主要通道，应单独划分防烟分区，并设独立的防排烟设施；避难层或避难间，不论面积大小，均应单独划分防烟分区，并设独立的防排烟设施。

（4）净高大于6m和使用面积较大的房间可以不划分防烟分区；不设排烟设施的房间（包括地下室）和走道，不划分防烟分区。

第三节　建筑安全疏散设施

一、建筑安全疏散要素

从国内外大量火灾案例来看，由于建筑安全疏散的设计缺陷及管理不善，导致发生火灾时，人员不能及时疏散，是造成人员重大伤亡的主要原因。

建筑物发生火灾时，为避免建筑内人员因火烧、烟熏中毒和房屋倒塌造成伤亡，尽快抢救室内物资。同时，为消防人员迅速接近起火部位、扑救火灾创造良好的条件，必须对建筑物进行完善的安全疏散设计。

建筑安全疏散设计是建筑防火设计的一项重要内容。应根据建筑物的规模、使用性质、重要性、耐火等级、容纳人数以及火灾时人的心理状态等情况，科学进行安全疏散设计，合理设置安全疏散设施，为人员安全疏散提供有利条件。

（一）建筑安全疏散设计原则

人员的疏散路线一般是由从着火房间内到房间门，从房间门口到楼梯间，从楼梯间入口到楼梯间出口，再从楼梯间出口到室外安全区域的顺序组成。安全疏散路线及设施的设计要满足人员在火灾状态下的疏散要求，在设计时应遵照下列原则：

1. 在建筑物内的任一房间或部位，宜同时有两个或两个以上的疏散方向可供疏散。

2. 疏散路线应力求简捷明了，便于寻找、辨别。

3. 疏散路线要做到安全可靠，避免出现各种人流、物流相互交叉，杜绝出现“逆流”。

4. 疏散路线设计要符合人们的习惯要求。例如，疏散楼梯，应靠近经常使用的电梯间布置，有利于迅速而安全地疏散人员。此外，要利用明显的标志引导人们走向安全的疏散路线。

5. 疏散走道不要布置成不甚畅通的“S”形或“U”形，也不要有变化宽度的平面及高低不一的地面。

6. 合理设置各种安全疏散设施，做好其构造等设计。例如，疏散楼梯，要确定好其数量、布置位置、形式等；疏散通道上的防火门，在发生火灾时，必须保持自动关闭状态。

（二）建筑安全疏散的一般要求

1. 安全疏散允许时间。安全疏散允许时间，是指建筑物发生火灾时，人员离开着火建筑物到达安全区域的时间。它是确定安全疏散距离、安全通道宽度、安全出口数量的重要依据。在进行安全疏散设计时，实际疏散时间应小于或等于允许疏散时间。

在设计中，高层民用建筑可按 5 ~ 7min 考虑；对一、二级耐火等级的民用建筑，允许疏散时间可定为6min；对三、四级耐火等级的民用建筑可定为 2 ~ 4min；人员密集的公共建筑，一、二级耐火等级应为 5min，三级耐火等级的建筑物不应超过 3min，其中疏散出观众厅的时间，一、二级耐火等级的建筑物不应超过 2min，二级耐火等级不应超过 1.5min。

2. 安全疏散距离。根据安全疏散允许时间，可以确定安全疏散距离。民用建筑的安全疏散距离，是指从房间门或住宅房门至最近的外部出口或楼梯间的最大距离。

影响安全疏散距离的因素很多，如建筑物的使用性质、人员密集程度、人员本身活动的能力等。例如，对于医院、幼儿园、学校等病人、幼儿、学生等集中的场所，应充分考虑人群特点进行设计；宾馆、商场等人员密集公共场所，宾客对建筑内疏散路线不熟，疏散时容易走错，在设计疏散距离时也应充分考虑此特点。另外，袋形走道两侧或尽端的房间，因只有一个方向的出口，如果走道很长，火灾时被烟火封堵的可能性大。

为保证人们能在允许疏散时间内安全撤离，必须对安全疏散距离给予限制。对于高层及单、多层民用建筑，直接通向公共走道的房间门至最近的外部出口的最大距离为 40m。

3. 安全疏散宽度指标。为了尽快地进行安全疏散，除了要设置足够的安全出口和适当限制安全疏散距离以外，安全出口（包括楼梯、走道和门）的宽度必须有一定的要求。如果安全出口宽度不足，势必延长疏散时间，影响安全疏散。因此，必须根据安全疏散宽度指标，合理设置疏散总宽度和最小宽度。单、多层民用建筑疏散走道和楼梯的最小宽度不应小于 1.1m；人员密集公共场所，其疏散门的最小宽度应不小于 1.4m；高层建筑医院病房楼疏散楼梯的最小净宽度不应小于 1.3m。

二、建筑安全疏散设施

（一）水平疏散设施

水平疏散路线，是指从房间进入走廊，继而抵达楼梯或前室的这一段疏散过程。水平疏散设施包括安全出口及疏散走道。

1. 安全出口。安全出口，是指供人员安全疏散用的门、楼梯或直通室外地平面的门。建筑内的电梯及自动扶梯不能作为安全出口。

（1）安全出口的数量。

①无论单、多层还是高层民用建筑，建筑物内每个防火分区的安全出口一般应设置 2 个或 2 个以上。

②对于层数不多、使用面积不大及使用人数较少的公共建筑，其安全出口可设 1 个。

③地下、半地下建筑，面积不超过 $50m^2$ 且人数不超过 10 人时，可设 1 个疏散门。

④有两个或两个以上防火分区时，每个防火分区可利用防火墙上一个通向相邻分区防火门作为第二安全出口，但每个防火分区必须有一个直通室外的安全出口。

（2）安全出口的布置要求。安全出口应分散布置，且易于寻找，并应有明显标志。

①疏散门应向疏散方向开启；不应采用悬吊门、侧拉门，严禁采用旋转门；自动启闭的门应有手动开启装置。当门开启后，门扇不应影响疏散走道和平台的宽度。

②人员密集的公共场所、观众厅的入场门、太平门不应设置门槛，门内外 1.4m 范围内不应设置踏步。

③安全出口应分散不同方向布置，两个安全出口之间的距离不应小于 5m。

④安全出口的宽度应满足人员疏散的总宽度要求，且应按规范由计算确定。

⑤房间内最远点到安全出口的距离不宜大于 30m。

2. 疏散走道。疏散走道是疏散时人员从房间内至房间门，再从房间门至疏散楼梯或外部出口等安全出口的室内走道。

火灾情况下，人员要从房间等部位向外疏散，首先要通过疏散走道，所以，疏散走道是疏散的必经之路，被称为第一安全区。

（1）一般要求。

①为避免对疏散路线造成阻力和产生不安全感，走道要简明直接，尽量避免弯曲，尤其不要往返转折。

②疏散走道内不应设置阶梯、门槛、门垛、管道等突出物，以免影响疏散。

③走道的耐火性能要达到一定要求。

（2）疏散走道的宽度。单、多层建筑疏散走道的最小净宽不应小于1.1m，不超过6层的单元式住宅中一边设有栏杆的疏散楼梯，其最小净宽应不小于1m。

高层建筑走道的净宽，应按通过人数不小于1m/100人计算；其走道的最小净宽为医院病房楼1.3m、居住建筑1.1m、其他建筑1.1m。

高层建筑内设有固定座位的观众厅、会议厅等人员密集场所，厅内的疏散走道的净宽应按通过人数不小于0.8m/100人计算，且不宜小于1m，走道的最小净宽为0.8m。

（3）疏散走道的长度。疏散人员的密度决定人员水平行动的速度。据实测，人员在浓烟中停留超过30s则可能受害。对性质重要或人员众多的高层建筑而言，位于两个安全出口之间的房间至较近出口（楼梯间）的距离不应超过30m；一般高层建筑可放宽到40m。而对于单、多层民用建筑，也有不同的疏散距离的要求，原则是：耐火等级低的建筑，允许的疏散长度短；用于幼儿、老人和病人的建筑，允许的疏散长度也短，其规定值在15～40m。

（二）垂直疏散设施

垂直疏散通路设计的好坏关系到整栋建筑物中人员生命是否最终得到保障。垂直疏散设施包括安全疏散楼梯和消防电梯。

1. 安全疏散楼梯。安全疏散楼梯既是人员避难和救助的路线，又是消防队员灭火的辅助通道。

疏散楼梯是安全疏散线路中一个主要组成部分，应设明显指示标志并宜布置在易于寻找的位置。疏散楼梯的多少，可按宽度指标结合疏散路线的距离、安全出口的数量确定。

从防烟火的角度，疏散楼梯间可分为封闭楼梯间、防烟楼梯间、室外疏散楼梯和敞开楼梯，其中防烟楼梯间防烟火作用强、安全疏散程度最好，而敞开楼梯最差。

（1）封闭楼梯间。封闭楼梯间为采用一道防火墙和门，将楼梯与走道分隔开来的楼梯间，设有能阻挡烟气的双向弹簧门（单、多层建筑）或乙级防火门（高层建筑）。该类楼梯适用于11层及11层以下的通廊式住宅，12～18层的单元式住宅，高度不超过32m的二类高层建筑。

（2）防烟楼梯间。防烟楼梯间，是指具有防烟前室和防排烟设施并与建筑物内使用空间分隔的楼梯间。它是在封闭楼梯间的基础上增设一个前室和一道防火门，提高楼梯阻截烟火的能力，以形成防烟楼梯间。由于前室空间和两道防火门的分隔，能有效地防止烟气袭入楼梯间。

一类高层民用建筑、超过32m的二类高层民用建筑和塔式住宅、19层及以上的单元式住宅应采用。通向楼梯间和前室的门均应为向疏散方向开启的乙级防火门。

（3）室外疏散楼梯。室外疏散楼梯，是指用耐火结构与建筑物分隔设在建筑外墙上的楼梯。室外疏散楼梯主要用于应急疏散，也可作为辅助防烟楼梯使用。对已建成又需要增设疏散楼梯的建筑，可作为一种补救措施。室外疏散楼梯的最小净宽不应小于0.9m；楼梯周围2米以内的墙面上，除疏散门外，不应设其他门窗洞口。

（4）敞开楼梯。敞开楼梯，是指建筑物内由墙体等围护构件构成的无封闭和无防烟功能，且与其他使用空间相通的楼梯。敞开楼梯在1～5层普通建筑中广泛采用。由于楼梯与走道之间无任何防火分隔措施，一旦发生火灾就会成为烟火蔓延的通道，因此，在6层及6层以上建筑及高层建筑、地下建筑中不应采用。

为了保证疏散安全，疏散楼梯和楼梯间的布置应满足以下安全要求：

（1）楼梯间的布置，应满足安全疏散距离的要求。

（2）楼梯间应靠近标准层或防火分区的两端布置，以便于双向疏散。要靠外墙设置，便于自然采光、通风和消防人员的救援行动。

（3）居住建筑内，可燃气体管道不应穿过楼梯间，如必须穿过时，应采取可靠的保护措施。

（4）楼梯间在各层的位置不应改变。但是，地上层与地下层楼梯不应共用，楼梯在一层应设直通室外的出口。

（5）楼梯间内不应有影响疏散的突出物。

2. 消防电梯。消防电梯是在火灾时供消防人员专用的电梯，具有耐火封闭结构、防烟前室和专用消防电源。消防电梯是高层建筑中特有的消防设施，火灾时运送消防人员，为扑救火灾、减少损失提供条件。

（1）消防电梯的设置范围。下列高层建筑应设消防电梯：一类公共建筑，高度超过32m的其他二类公共建筑，塔式住宅，12层及12层以上的单元式住宅或通廊式住宅。

（2）消防电梯的设置数量。当每层建筑面积不大于1500m^{2}时，应设1台；当大于1500m^{2}但不大于4500m^{2}时，应设2台；当大于4500m^{2}时，应设3台。

（3）消防电梯的设置要求。

①消防电梯宜分别设在不同的防火分区内。

②消防电梯间应设前室，其面积为：居住建筑不应小于4.5m^2；公共建筑不应小于6m^2。当与防烟楼梯间合用前室时，其面积为：居住建筑不应小于6m^2；公共建筑不应小于10m^2。

③消防电梯间前室宜靠外墙设置，在首层应设直通室外的出口或经过长度不超过30m的通道通向室外。其前室的门应采用乙级防火门或具有停滞功能的防火卷帘。

④消防电梯井、机房与相邻其他电梯井、机房之间，应采用耐火极限不低于2h的隔墙隔开，当在隔墙上开门时，应设甲级防火门。

⑤消防电梯轿厢的内装修应采用不燃烧材料。动力与控制电缆、电线应采取防水措施。消防电梯轿厢内应设专用电话，并应在首层设供消防队员专用的操作按钮。

（三）超高层建筑安全疏散设施

避难层和屋顶直升机停机坪是超高层建筑中特别设置的安全疏散设施，是保障超高层建筑内人员在火灾紧急情况下安全脱险的有效措施。

1. 避难层（间）。超高层建筑发生火灾时，人员往往来不及疏散至地面安全地带，为使人员临近疏散或避难，应设置地面以上的疏散和避难空间。

避难层就是超高层建筑中供发生火灾时人员临时避难使用的楼层。如果作为避难使用的只有几个房间，则这几个房间称为避难间。

避难层可分为敞开式避难层、半敞开式避难层和封闭式避难层。

避难层的设置要求为：

（1）避难层的设置，自建筑物首层至第一个避难层或两个避难层之间，不宜超过15层。避难层应至少有两个不同的疏散方向可供疏散。

（2）避难层的净面积应能满足设计避难人员避难的要求，并按5人/m^2计算。某避难层应容纳的避难人员数量为两避难层之间楼层的总避难人数。

（3）通向避难层的防烟楼梯应在避难层分隔、同层错位或上下层断开，但人员必须经避难层方能上下。同时，避难层可兼作设备层，但设备和管道宜集中布置。

（4）避难层应设消防电梯出口、消防专线电话、消火栓和消防卷盘；应设有应急广播和应急照明，其供电时间不应小于1h，照度不应低于1lx。

（5）封闭式避难层应设独立的防烟设施。

2. 直升机停机坪。直升机停机坪是发生火灾时供直升机救援屋顶平台上的避难人员时停靠的设施。根据规定，建筑高度超过100m且标准层建筑面积超过1000m^2的公共建筑宜设置屋顶直升机停机坪或供直升机救助的设施。

直升机不仅能解救受困人员，而且在特殊情况下，为空运消防人员和必要的消防器材提供条件，以便尽快扑灭火灾。其设置应符合下列规定：

（1）直接设在屋顶平台的停机坪，必须避开凸出屋顶的机房、楼梯间、水箱、避雷针、共用电视线以及其他障碍物，与其应保持不小于5m的间距，保证不影响直升机升降。

（2）停机坪区域内结构应具有足够的强度，以满足直升机起落时所产生的强大的冲击力。

（3）为了保证夜间的正常使用，停机坪应设置各种照明灯具。停机坪四周应设置航空障碍灯，并应设置应急照明。

（4）停机坪应有明显标志，且须配备灭火抢险的工具和固定灭火设施。

三、建筑火灾避难逃生器材

建筑火灾避难逃生器材是在发生建筑火灾的情况下，遇险人员逃离火场时所使用的辅助逃生器材。人员密集的公共建筑发生火灾时疏散难度较大，易发生群死群伤事故。在建筑内配备逃生避难器材，为人员提供了利用室外空间疏散逃生的新途径，可大幅提升建筑的消防疏散能力。另外，也可解决医院、托儿所、养老院等特殊场所内行动不便人员的消防疏散难题。

（一）避难逃生器材的分类

1. 按器材结构分：

（1）绳索类，如逃生缓降器、应急逃生器、逃生绳；

（2）滑道类，如逃生滑道；

（3）梯类，如固定式逃生梯、悬挂式逃生梯；

（4）呼吸器类，如消防过滤式自救呼吸器、化学氧消防自救呼吸器。

2. 按器材工作方式分：

（1）单人逃生类，如逃生缓降器、应急逃生器、逃生绳、悬挂式逃生梯、消防过滤式自救呼吸器、化学氧消防自救呼吸器等；

（2）多人逃生类，如逃生滑道、固定式逃生梯等。

（二）避难逃生器材的配备

1. 适用场所。绳索类、滑道类或梯类等避难逃生器材适用于人员密集的公共建筑的2层及2层以上楼层；呼吸器类避难逃生器材适用于人员密集的公共建筑的3层及3层以上楼层和地下公共建筑。

2. 适用高度。逃生滑道、固定式逃生梯应配备在不高于60m的楼层内；逃生缓降器应配备在不高于30m的楼层内；悬挂式逃生梯、应急逃生器应配备在不高于15m的楼层内；逃生绳应配备在不高于6m的楼层内。地上建筑可配备过滤式自救呼吸器或化学氧自救呼吸器，高于30m的楼层内应配备防护时间不少于20min的自救呼吸器。地下建筑应配备化学氧自救呼吸器。

（三）避难逃生器材的数量配置原则

避难逃生器材的配备数量应满足器材可救助人数之和不小于逃生避难人数的要求。当建筑物的设计符合《建筑设计防火规范》或《高层民用建筑设计防火规范》的要求，并且按《人员密集场所消防安全管理》的要求进行管理时，其配备数量可相应减少。

（四）避难逃生器材的安装、检查、更换及报废

1. 逃生缓降器、逃生梯、逃生滑道、应急逃生器、逃生绳应安装在建筑物袋形走道尽头或室内的窗边、阳台凹廊及公共走道、房屋平台等处。室外安装应有防雨、防晒措施。

2. 自救呼吸器应放置在室内显眼且便于取用的位置。

3. 器材安装后应按规范要求定期检查。检查周期不应超出一个月。

4. 出现任何异常现象的逃生避难器材均应立即停用并整修。整修期间应设置可救助人数不低于原有器材的逃生避难器材。

5. 逃生避难器材中的绳索、编织物、橡胶制品等易损及易老化件应定期更换。当金属件出现严重腐蚀、变形或达到器材使用年限时，逃生避难器材必须报废。

第四节 建筑内部装修防火

一、概述

（一）建筑内部装修的定义

为满足建筑物使用要求，在结构工程完成以后，必须进行装修工程。装修工程是建筑工程必不可少的有机组成部分。

建筑内部装修除包括建筑内部顶棚、墙面、地面、隔断的装修外，还包括固定家具、窗饰、帷幕等织物和材料的装饰。

（二）建筑内部装修的火灾危险性

建筑内部装修材料的燃烧性能是决定火灾危险性大小的根本因素。其火灾危险性表现在以下几方面：使建筑发生火灾的概率增大；传播火焰，使火势迅速蔓延扩大；造成室内轰燃提前发生；增大了建筑内的火灾荷载；影响人员安全疏散，增加了火灾扑救的难度。

二、装修材料的分类和分级

（一）装修材料的分类

为了便于对材料的燃烧性能进行测试和分级，按装修材料的使用部位和功能，将其划分为七类，即顶棚装修材料、墙面装修材料、地面装修材料、隔断装修材料、固定家具、装饰织物（窗帘、帷幕、床置、家具包布等）及其他装饰材料（楼梯扶手、挂镜线、踢脚板、窗帘盒、暖气罩等）。

其中隔断系指不到顶的隔断，到顶的固定隔断装修应与墙面的规定相同。柱面的装修应与墙面相同。兼有空间分隔功能的到顶橱柜应认定为固定家具。

（二）装修材料的分级

根据 GB 5022 – 92（2001 修订版）《建筑内部设计防火规范》的规定，装修材料按其燃烧性能分为四级：A 级——不燃性材料，B_1——难燃性材料，B_2——可燃性材料，B_3——易燃性材料。

三、建筑内部装修防火要求

建筑内部装修材料的燃烧性能等级，应符合《建筑内部装修设计防火规范》的要求，一般顶棚应采用 A 级或 B_1 级材料，墙面、地面、隔断等部位视建筑情况可采用 A、B_1、B_2 级材料，不论何部位装修，不应采用 B_3 级材料。

（一）单、多层民用建筑装修的放宽条件

1. 单、多层民用建筑内面积小于 $100m^2$ 的房间，当采用防火墙和耐火极限不低于 1.2h 的防火门窗与其他部位分隔时，其装修材料的燃烧性能等级可在规范规定基础上降低一级。

2. 当单、多层民用建筑内装有自动灭火系统时，除顶棚外，其内部装修材料的燃烧性能等级可规范规定基础上降低一级；当同时装有火灾自动报警装置和自动灭火系统时，其顶棚装修材料的燃烧性能等级可在规范规定基础上降低一级，其他装修材料

的燃烧性能等级可不限制。

（二）高层民用建筑装修的放宽条件

除100m以上的超高层民用建筑及大于800座位的观众厅、会议厅、顶层餐厅外，当设有火灾自动报警装置和自动灭火系统时，除顶棚外，其内部装修材料的燃烧性能等级可在规范规定的基础上降低一级。

第五节　建筑防排烟与通风空调系统防火

一、建筑防排烟

建筑防排烟系统设计的目的是将火灾时产生的大量烟气和火灾产生的大部分热量及时予以排除，以及阻止烟气从着火区向非着火区蔓延扩散，特别是防止烟气侵入作为疏散通道的走廊、楼梯间及其前室，以确保建筑物内人员顺利疏散、安全避难和为消防队员扑救创造有利条件。

（一）建筑排烟系统

一类高层建筑和建筑高度超过32m的二类高层建筑的下列部位，应设置排烟系统：长度超过20m的走道；面积超过100m^2，且经常有人停留或可燃物较多的房间；高层建筑的中庭和经常有人停留或可燃物较多的地下室。

建筑排烟系统分为机械排烟和自然排烟两种方式。

1. 机械排烟。

（1）基本原理。通过排烟风机的机械作用，把着火房间中所产生的烟气通过排烟口强制地排出室外。一个设计优良的机械排烟系统在发生火灾时能排出80%的热量，使火灾温度大大降低，从而对人员安全疏散和火灾扑救起重要的作用。机械排烟系统由挡烟垂壁、防火排烟阀、排烟口、排烟管道、排烟机以及电气控制等设备组成。

这种方式排烟效果稳定，特别是火灾初期能有效地保证非着火层或区域的人员疏散和物资转移的安全。但缺点是，为了使建筑物的任何一个房间或部位发生火灾时都能有效地进行排烟，排烟机的容量大，耐高温性能要求高。

（2）设置部位。一类建筑和建筑高度超过32m的二类高层民用建筑的下列走道或房间部位应设机械排烟设施：

①无直接采光和自然通风，且长度超过20m的内走道，或虽然有直接采光和自然通风但长度超过60m的内走道；

②面积超过100m^2，且经常有人停留或可燃物较多的无窗房间或设固定窗扇的房间；

③不具备自然排烟条件或净空高度超过12m的中庭；

④除利用窗井等开窗进行自然排烟的房间外，各房间总面积超过200m^{2}或一个房间面积超过50m^2，且经常有人停留或可燃物较多的地下室。

对于在多层建筑中设置的公众娱乐场所，当其设置在建筑物地下一层或地上三层以上时，对于地下房间、无窗房间或设固定窗扇的地上房间，以及超过20m且无自然排烟的内走道，或虽然有直接通风但长度超过 40m 的内走道，应设机械排烟设施。

（3）设置要求。

①排烟口应设在顶棚上或靠近顶棚的墙上，排烟口平时关闭，并应设置有手动和自动开启装置。

②排烟风机应设置在建筑物的顶部，烟气出口朝上，且应高于加压送风机的进出口。当任一排烟口或排烟阀开启时，排烟风机应能自行启动；排烟区域所需的补风系统也应与排烟系统联动开启。

③排烟管道必须采用不燃材料制作；并不应穿越防火分区。

④担负一个防烟分区或净空高度大于 6m 而不划防烟分区的房间排烟时，应按每平方米不小于 $60m^3/h$ 计算，且单台排烟风机的最小排烟量不小于 $7200m^3/h$；担负两个或两个以上防烟分区排烟时，应按最大防烟分区面积每平方米不小于 $120m^3/h$ 计算。

⑤设置机械排烟的地下室，应同时设置送风系统，且送风量不宜小于排烟量的 50%。

2. 自然排烟。

（1）基本原理。利用火灾产生的热烟气流的浮力和外部风力作用，通过建筑物的对外开口（阳台或设置在外墙上便于开启的排烟窗）把烟气排至室外的排烟方式。

这种方式构造简单、经济、易操作，平时可兼做通风换气使用。但是，受室外气温、风向、风速和建筑本身的密封性或热作用的影响，排烟效果不稳定。

自然排烟方式适合于房间、走道、前室和楼梯间等一般场所。

（2）设置部位。除建筑高度超过 50m 的一类公共建筑和建筑高度超过 100m 的居住建筑外，靠外墙的防烟楼梯间及其前室、消防电梯间前室和合用前室，宜采用自然排烟方式。

（3）开窗面积要求。

①长度不超过 60m 的内走道可开启外窗面积不应小于走道面积的 2%；长度超过 20m，但不超过 60m 的内走道，其可开启外窗面积或排烟口面积不应小于走道面积的 2%。

②面积超过 $100m^2$ 且经常有人停留或可燃物较多的地上房间及地下室，可开启外窗面积或排烟口面积不应小于该房间面积的 2%。

③净空高度小于 12m 的中庭可开启的天窗或高侧窗的面积不应小于该中庭地面积的 5%。

（4）设置要求。

①排烟窗应尽量设置在上方，并应有方便开启的装置。

②排烟窗应尽量设两个或两个以上，且要朝向不同。以保证其排烟效果受风力、风向、热压等因素的影响小一些，达到排烟目的。

③为了减少室外风压对自然排烟的影响，排烟口部位宜尽量设置与建筑物型体一致的挡风措施。

（二）建筑防烟系统

建筑防烟系统分机械加压送风防烟和自然通风防烟两种方式。

1. 机械加压送风防烟。

（1）基本原理。利用送风机供给走道、楼梯间前室和楼梯间等部位以空气，使其维持高于建筑物其他部位的压力，从而把其他部位中因着火产生的火灾烟气或因扩散侵入的火灾烟气堵截于被加压的部位之外。设置机械加压送风系统的目的，是在建筑物发生火灾时疏散路线和避难场所不受烟气干扰，有效地阻止烟气的入侵，保证人员安全疏散与避难。机械加压送风系统由送风口、风道、送风机、新风入口组成。

（2）设置部位。

①不具备自然排烟条件的防烟楼梯间，消防电梯间前室或合用前室。

②采用自然排烟措施的防烟楼梯间，其不具备自然排烟条件的前室。

③封闭避难层（间）。

（3）设置要求。

①机械加压送风的防烟楼梯间和合用前室，宜分别独立设置送风系统。

②楼梯间宜每隔 2 ~ 3 层设 1 个加压送风口，前室应每层设 1 个加压送风口。

③超过 32 层或建筑高度超过 100m 的高层建筑，其送风系统和送风量应分段设计和计算。

2. 自然通风防烟。

（1）基本原理。利用建筑物自身的结构条件，通过建筑物外墙可开启的外窗进行自然对流通风，以此实现建筑物的自然防烟目的。这种方式不需要专门的排烟及动力设备，构造简单、经济、易操作，但是防烟效果有一定的局限性。

在实际应用中，为了满足其防烟效果，应提倡在建筑物内采用机械防烟与自然防烟（如带凹廊形式的自然防烟前室）相结合的防烟方式，真正提高防烟楼梯的安全度。

（2）设置部位要求。

①建筑高度不超过 50m 的公共建筑防烟楼梯间及其前室、消防电梯间前室和合用前室。

②建筑高度低于 100m 的居住建筑，其防烟楼梯间及其前室、消防电梯前室及两者合用前室的防烟系统。

③高层建筑的封闭楼梯间应靠外墙，并采用自然通风防烟方式。

（3）设置要求。

①防烟楼梯间前室或合用前室，利用敞开的阳台、凹廊或前室内有不同朝向的可开启外窗自然排烟时，该楼梯间可不设防烟设施。

②靠外墙的敞开楼梯间、封闭楼梯间、防烟楼梯间每 5 层内自然通风面积之和不应小于 $2m^2$，并应保证该楼梯间顶层设有不小于 $0.8m^2$ 的自然通风面积。

③防烟楼梯间前室、消防电梯前室自然通风面积不应小于 $2m^2$，合用前室不应小于 $3m^2$。

④避难层（间）应设有两个不同朝向的可开启外窗或百叶窗，且每个朝向的自然通风面积不应小于 $2m^2$。

二、通风、空调系统防火

建筑内的通风、空调系统不仅有可能引起火灾，而且由于这些设备的管道纵横交错贯穿于整个建筑物中，起火时成为火灾在建筑物内蔓延传播的重要途径。为避免因通风、空调系统引发火灾或蔓延火势，建筑工程中的通风、空调系统应采取以下防火技术措施：

1. 通风、空调系统的风管和保温材料应采用不燃性材料制作。

2. 通风管道不宜穿过防火墙和不燃烧体楼板等防火分隔物，如必须穿过时，应在穿过处设防火阀。穿过防火墙两侧各 2m 范围内的风管保温材料应采用不燃性材料，穿过处的空隙应用不燃性材料填塞。

3. 通风、空调系统的风管穿越通风、空调机房及重要的或火灾危险性大的房间隔墙和楼板的，应在垂直风管与每层水平风管交接处的水平管段上设防火阀，防火阀的动作温度宜为 70℃。

4. 通风、空调系统横向应按每个防火分区设置，竖向不宜超过 5 层，当排风管道设有防止回流设施且各层设有自动喷水灭火系统时，其进风和排风管道可不受此限制，垂直风管应设在管井内。

5. 厨房、浴室、厕所等的垂直排风管道，应采取防止回流的措施或在支管上设置防火阀。

6. 管道和设备的保温材料、消声材料和黏结剂应采用不燃性材料或难燃性材料。

第六节　建筑消防系统

一、火灾自动报警系统

火灾自动报警系统是以火灾为监控对象，对其发生进行早期报警，并根据火情位置及时输出联动控制信号，启动相应的消防设施，进行灭火的自动消防设施。火灾自动报警系统以传感器技术、计算机技术和电子通信技术为基础，是现代消防自动化工程的核心内容之一，是将火灾消灭在萌发状态，最大限度地减少火灾危害的有力工具。在各类高层建筑或其他重要场所设置安装火灾自动报警系统是保障建筑物消防安全的重要措施。

（一）火灾自动报警系统的构成

火灾自动报警系统一般由火灾探测报警系统、消防联动控制系统、可燃气体探测报警系统和电气火灾监控系统等构成。

火灾探测报警系统由火灾报警控制器、火灾探测器、手动火灾报警按钮、火灾显示盘、消防控制室图形显示装置、火灾声和（或）光警报器等全部或部分设备组成，完成火灾探测报警功能。火灾探测报警系统应设有自动和手动两种触发装置。

消防联动控制系统由消防联动控制器、模块、消防电气控制装置、消防电动装置等消防设备组成，完成消防联动控制功能；并能接收和显示消防应急广播系统、消防应急照明和疏散指示系统、防烟排烟系统、防火门及卷帘系统、消火栓系统、各类灭火系统、消防通信系统、电梯等消防系统或设备的动态信息。

可燃气体探测报警系统由可燃气体报警控制器、可燃气体探测器和火灾声警报器构成。可燃气体报警控制器的报警信息应能传输到消防控制室图形显示装置，并独立显示。在生产、使用可燃气体的场所和（或）有可燃气体产生的场所应设置可燃气体探测报警系统。

电气火灾监控系统由电气火灾监控设备、电气火灾监控探测器组成。电气火灾监控设备的报警信息应能传输到消防控制室图形显示装置，并独立显示。应根据建筑物的性质、发生电气火灾危险性、保护对象等级设置电气火灾监控系统。

（二）火灾自动报警系统保护对象分级

火灾自动报警系统的保护对象根据其使用性质、火灾危险性、疏散和扑救难度等分为特级、一级、二级和三级。

特级——建筑高度超过 100m 的高层建筑。

一级——建筑高度不超过 100m 的一类高层民用建筑，建筑高度不超过 24m 的公共建筑及建筑高度超过 24m 的单层公共建筑，工业建筑（甲、乙类厂房；甲、乙类库房等），地下公共建筑（长度超过 1000m 的城市地下通道等）。

二级——10～18 层的居住建筑，建筑高度不超过 100m 的二类高层公共建筑，建筑高度不超过 24m 的公共建筑，工业建筑（丙类厂房；建筑面积大于 $50m^2$ 但不超过 $1000m^2$ 的丙类库房；总建筑面积大于 $50m^2$ 但不超过 $1000m^2$ 的地下丙、丁类厂房及库房），地下公共建筑［长度超过 500m 的城市地下通道（隧道）；建筑面积超过 $500m^2$ 但不超过 $1000m^2$ 的地下或半地下商店、医院、旅馆、展厅及其他公共场所；地下或半地下歌舞娱乐放映游艺场所］。

三级——10 层以下的居住建筑，一级和二级保护以外的公共建筑建筑高度不超过 24m 的公共建筑。

（三）火灾探测报警系统的形式

1. 区域报警系统。由区域火灾报警控制器和火灾探测器等组成，或由火灾报警控制器和火灾探测器等组成，是功能简单的火灾自动报警系统。区域报警系统，宜用于二级和三级保护对象。

2. 集中报警系统。由集中火灾报警控制器、区域火灾报警控制器和火灾探测器等组成，或由火灾报警控制器、区域显示器和火灾探测器等组成，是功能较复杂的火灾自动报警系统。集中报警系统，宜用于一级和二级保护对象。

3. 控制中心报警系统。由消防控制室的消防控制设备、集中火灾报警控制器、区域火灾报警控制器和火灾探测器等组成，或由消防控制室的消防控制设备、火灾报警控制器、区域显示器和火灾探测器等组成，是功能复杂的火灾自动报警系统。控制中心报警系统，宜用于特级和一级保护对象。

二、水灭火系统

水是天然灭火剂，资源丰富，易于获取和储存，其自身和在灭火过程中对生态环境没有危害作用。水灭火系统，是指以水为主要灭火介质的灭火系统。水灭火系统主要是指室内消火栓和自动喷水灭火系统。

（一）室内消火栓

室内消火栓是安装在建筑内部直接连接水带、水枪进行灭火的设备，是建筑物内的一种固定消防供水设备，通常以消火栓箱的形式套装出现，消火栓箱内包含室内消火栓、水带、水枪以及火灾报警按钮等。

有的消火栓箱内配备消防水喉（又叫消防软管卷盘）。它由小口径消火栓、输水缠绕软管、小口径水枪等组成，具有操作简便、机动灵活等优点，供有关人员扑救室内初起火灾使用。

室内消火栓设置要求为：

1. 设置消防给水的建筑物，除无可燃物的设备层外，其余各层（包括高层建筑的裙房）均应设置消火栓。消防电梯前室应设室内消火栓。建筑物的屋顶应设置装有压力显示装置的检验用消火栓。

2. 消火栓的布置应保证同层任何部位有两个消火栓的水枪充实水柱同时达到，但建筑高度不大于24m且体积不大于5000m^3的仓库，可采用一支水枪充实水柱到达室内任何部位。

3. 消火栓应设在走道、楼梯附近等明显易于取用的地点，一般宜设在走道、楼梯附近。栓口离地面高度宜为1.1～1.2m，栓口出水方向宜向下或与设置消火栓的墙面相垂直。

4. 室内消火栓的间距，单、多层建筑不应大于50m，高层建筑不应大于30m，裙房不应大于50m。

（二）自动喷水灭火系统

自动喷水灭火系统是一种能自动启动喷水灭火，并能同时发出火警信号的灭火系统，可用于各种建筑物中允许用水灭火的保护对象和场所。

自动喷水灭火系统由洒水喷头、报警阀组、水流报警装置（水流指示器或压力开关）等组件以及管道、供水设施等组成。

1. 自动喷水灭火系统的类型。按系统所安装的喷头开闭形式不同，自动喷水灭火系统分为闭式系统和开式系统两大类。

闭式系统装有闭式喷头，平时处于密闭状态，发生火灾后，由于热力作用，闭式喷头打开喷水灭火。由于保护场所环境条件限定，要求闭式系统灭火管网内平时充有水或压缩空气，因此，又分为湿式系统、干式系统、预作用系统、重复启闭预作用系统等多种类型。

开式系统装有开式喷头，因此，灭火管网平时不会存水。当设置场所发生火灾时，由火灾探测控制装置启动系统，所有开式喷头同时喷水灭火或阻止火势蔓延。开式系统根据其作用不同，又有雨淋系统、水幕系统和水—泡沫联用系统。

2. 自动喷水灭火系统的适用范围。自动喷水灭火系统具有灭火效率较高，安全可靠，工作性能稳定，维护简便等优点，适用于在人员密集、不易疏散、外部增援灭火与救生较困难及性质重要或火灾危险性较大的场所。不同类型的系统，结构不同，适用范围不同。

（1）湿式系统适合于环境温度在4℃～70℃的场所；环境温度低于4℃，或高于70℃的场所应采用干式系统。

（2）预作用系统适合于严禁管道漏水和严禁系统误喷的场所。

（3）重复启闭预作用系统适合于灭火后必须及时停止喷水，要求减少不必要水渍损失的场所。

（4）雨淋系统适合于以下场所：

①火灾的水平蔓延速度快、闭式喷头的开放不能及时使喷头有效覆盖着火区域；

②室内净空高度超过采用闭式系统场所的最大净空高度，且必须迅速扑救的初起火灾；

③严重危险级Ⅱ级。

（5）水—泡沫联用系统适合于存在易燃液体并有以下情况场所：

①采用泡沫灭火剂强化闭式系统性能；

②雨淋系统前期喷水控火，后期喷泡沫强化灭火效能；

③雨淋系统前期喷泡沫灭火，后期喷水冷却防止复燃。

三、气体灭火系统

气体灭火系统是以某些气体作为灭火介质实施灭火的灭火系统。由于气体灭火剂对绝大多数物质没有破坏作用，灭火后无污染、无毒害，因而气体灭火系统适用于扑救电气火灾、各种可燃、易燃液体和固体物质火灾以及灭火前可切断气源的气体火灾。

（一）系统的类型

1. 按灭火剂不同，分为二氧化碳灭火系统、七氟丙烷灭火系统、IG541灭火系统和气溶胶灭火系统等。

2. 按灭火方式不同，分为全淹没气体灭火系统、局部应用气体灭火系统等。全淹没气体灭火系统，是指在规定时间内向防护区喷射一定浓度的灭火剂，并使其均匀地充满整个防护区的气体灭火系统。局部应用气体灭火系统，是指将灭火剂直接而集中地喷射到燃烧着的保护对象上，使其笼罩整个保护物外表面，在燃烧物周围局部范围内达到较高灭火剂气体浓度的系统形式。

3. 按管网布置形式不同，分为管网灭火系统、无管网灭火系统。管网灭火系统按使用方法不同又分为组合分配灭火系统和单元独立灭火系统。组合分配灭火系统，是指用一套灭火剂储存装置，通过选择阀等控制组件来保护多个防护区的气体灭火系统。单元独立灭火系统，是指只用于保护一个防护区的气体灭火系统。无管网灭火系统是单元独立型的特例，是按照一定的应用条件，将灭火剂贮存装置和喷嘴等部件预先组装起来的成套气体灭火系统，又称预制灭火装置。

（二）系统的设置部位

1. 省级或超过100万人口城市广播电视发射塔楼内的微波机房，分米波机房，米波机房，变、配电室和不间断电源（UPS）室。

2. 国际电信局、大区中心、省中心和一万路以上的地区中心的长途程控交换机房、控制室和信令转接点室。

3. 二万线以上的市话汇接局和六万门以上的市话端局程控交换机房、控制室和信令转接点室。

4. 中央及省级治安、防灾、网局级及以上的电力等调度指挥中心的通信机房和控制室。

5. 主机房的建筑面积不小于 $140m^2$ 的电子计算机房中的主机房和基本工作间的已记录磁（纸）介质库。

6. 其他特殊重要设备室。

第七节 住宿与生产储存经营合用场所消防安全技术要求

住宿与生产、储存、经营合用场（俗称“三合一”，以下简称“合用场所”），是指住宿与生产、储存、经营等一种或几种用途混合设置在同一连通空间内的场所。在设置员工宿舍的建筑或在居住民用建筑中从事生产、储存、经营等活动具有较高的火灾危险性。为预防和减少火灾，保障人身安全，应对这类场所提出消防安全技术要求。

一、合用场所的限定条件

合用场所不应设置在下列建筑内：

1. 有甲、乙类火灾危险性的生产、储存、经营的建筑；
2. 建筑耐火等级为三级及三级以下的建筑；
3. 厂房和仓库；
4. 建筑面积大于 $2500m^2$ 的商场市场等公共建筑；
5. 地下建筑。

二、合用场所的防火分隔措施

建筑高度大于 15m、建筑面积大于 $2000m^2$ 或住宿人数超过 20 人的合用场所，应采用不开门窗洞口的防火墙和耐火极限不低于 1. 5h 的楼板将住宿部分与非住宿部分完全分隔；当难以完全分隔时，不应设置人员住宿。

非以上情形的合用场所，应采用耐火极限不低于 2h 的不燃烧体墙和耐火极限不低于 1. 5h 的楼板，当墙上确需开门时，应为常闭乙级防火门。其封闭楼梯间首层应直通室外或采用扩大封闭楼梯间直通室外。

住宿内部隔墙应采用不燃烧体，并应砌筑至楼板底部。两个合用场所之间或者合用场所与其他场所之间应采用不开门窗洞口的防火墙和 1. 5h 楼板进行防火分隔。

三、合用场所的辅助疏散设施

住宿与非住宿部分应设置独立的疏散设施；当确有困难时，应设置独立的辅助疏散设施。室外金属梯、配备逃生避难设施的阳台和外窗，可作为合用场所的辅助疏散设施。

合用场所内的安全出口和辅助疏散出口的宽度应满足人员安全疏散的需要。合用场所的外窗或阳台不应设置金属栅栏，当必须设置时，应能从内部易于开启。用于辅助疏散的外窗，其窗口高度不宜小于1.0m，宽度不宜小于0.8m，窗台下沿距室内地面高度不应大于1.2m。

四、合用场所的消防设施

合用场所应按规定设置自动喷水灭火系统、自动喷水局部应用系统和火灾自动报警系统、独立式感烟火灾探测报警器。合用场所中应配置灭火器、消防应急照明，并宜配备轻便消防水龙。

层数不超过2层、建筑面积不超过300m^2，且住宿少于5人的小型合用场所，当按规定执行防火分隔措施和自动喷水灭火系统的规定确有困难时，宜设置独立式感烟火灾探测报警器；人员住宿宜设置在首层，并直通出口。

五、合用场所的火源控制

合用场所除厨房外，不应使用、存放液化石油气罐和甲、乙、丙类可燃液体。存放液化石油气罐的厨房应采取防火分隔措施，并设置自然排风窗。

合用场所的消防配电线路的敷设应符合《建筑设计防火规范》的要求。

合用场所电器设备使用管理及照明安装应符合规定要求。

合用场所内应有用火、用电、用油、用燃气等的消防安全管理制度。

第八节　建设工程消防监督管理

一、建设工程消防监督管理概述

建设工程消防监督管理是公安机关消防机构依法对新建、扩建、改建（含室内装修、用途变更）等建设工程实施的消防监督管理。

建设、设计、施工、工程监理等单位应当遵守消防法规、国家消防技术标准，对建设工程消防设计、施工质量和安全负责。

公安机关消防机构依法实施建设工程消防设计审核、消防验收和备案、抽查。为减少行政许可事项，适应便民利民要求，2009年5月1日实施的《消防法》改革了建设工程消防监督管理制度，明确规定只有国务院公安部门界定的大型的人员密集场所和其他特殊建设工程，才由公安机关消防机构进行消防设计审核验收；对于其他工程应实行备案抽查制度。

二、消防设计、施工的质量责任

（一）建设单位应当承担的质量责任

建设单位不得要求设计、施工、工程监理等有关单位和人员违反消防法规和国家工程建设消防技术标准，降低建设工程消防设计、施工质量，并承担下列消防设计、施工的质量责任：

1. 依法申请建设工程消防设计审核、消防验收，依法办理消防设计和竣工验收备案手续并接受抽查；建设工程内设置的公众聚集场所未经消防安全检查或者经检查不符合消防安全要求的，不得投入使用、营业。

2. 实行工程监理的建设工程，应当将消防施工质量一并委托监理。

3. 选用具有国家规定资质等级的消防设计、施工单位。

4. 选用合格的消防产品和满足防火性能要求的建筑构件、建筑材料及室内装修装饰材料。

5. 依法应当经消防设计审核、消防验收的建设工程，未经审核或者审核不合格的，不得组织施工；未经验收或者验收不合格的，不得交付使用。

（二）设计单位应当承担的质量责任

1. 根据消防法规和国家工程建设消防技术标准进行消防设计，编制符合要求的消防设计文件，不得违反国家工程建设消防技术标准强制性要求进行设计。

2. 在设计中选用的消防产品和有防火性能要求的建筑构件、建筑材料、室内装修装饰材料，应当注明规格、性能等技术指标，其质量要求必须符合国家标准或者行业标准。

3. 参加建设单位组织的建设工程竣工验收，对建设工程消防设计实施情况签字确认。

（三）施工单位应当承担的质量责任

1. 按照国家工程建设消防技术标准和经消防设计审核合格或者备案的消防设计文件组织施工，不得擅自改变消防设计进行施工，降低消防施工质量。

2. 查验消防产品和有防火性能要求的建筑构件、建筑材料及室内装修装饰材料的质量，使用合格产品，保证消防施工质量。

3. 建立施工现场消防安全责任制度，确定消防安全负责人。加强对施工人员的消防教育培训，落实动火、用电、易燃可燃材料等消防管理制度和操作规程。保证在建工程竣工验收前消防通道、消防水源、消防设施和器材、消防安全标志等完好有效。

（四）工程监理单位应当承担的质量监理责任

1. 按照国家工程建设消防技术标准和经消防设计审核合格或者备案的消防设计文件实施工程监理。

2. 在消防产品和有防火性能要求的建筑构件、建筑材料、室内装修装饰材料施工、安装前，核查产品质量证明文件，不得同意使用或者安装不合格的消防产品和防火性能不符合要求的建筑构件、建筑材料、室内装修装饰材料。

3. 参加建设单位组织的建设工程竣工验收，对建设工程消防施工质量签字确认。

三、消防设计审核和消防验收

（一）消防设计审核、验收范围

1. 具有下列情形之一的人员密集场所：

（1）建筑总面积大于 20000m^2 的体育场馆、会堂，公共展览馆、博物馆的展示厅；

（2）建筑总面积大于 15000m^2 平方米的民用机场航站楼、客运车站候车室、客运码头候船厅；

（3）建筑总面积大于 10000m^2 平方米的宾馆、饭店、商场、市场；

（4）建筑总面积大于 2500m^2 平方米的影剧院，公共图书馆的阅览室，营业性室内健身、休闲场馆，医院的门诊楼，大学的教学楼、图书馆、食堂，劳动密集型企业的生产加工车间，寺庙、教堂；

（5）建筑总面积大于 1000m^2 平方米的托儿所、幼儿园的儿童用房，儿童游乐厅等室内儿童活动场所，养老院、福利院，医院、疗养院的病房楼，中小学校的教学楼、图书馆、食堂，学校的集体宿舍，劳动密集型企业的员工集体宿舍；

（6）建筑总面积大于 500m^2 平方米的歌舞厅、录像厅、放映厅、卡拉 OK 厅、夜总会、游艺厅、桑拿浴室、网吧、酒吧，具有娱乐功能的餐馆、茶馆、咖啡厅。

2. 具有下列情形之一的特殊建设工程：

（1）国家机关办公楼、电力调度楼、电信楼、邮政楼、防灾指挥调度楼、广播电视楼、档案楼；

（2）第一项规定以外的单体建筑面积大于 40000m^2 或者建筑高度超过 50m 的其他公共建筑；

（3）城市轨道交通、隧道工程，大型发电、变配电工程；

（4）生产、储存、装卸易燃易爆危险物品的工厂、仓库和专用车站、码头，易燃易爆气体和液体的充装站、供应站、调压站。

（二）消防设计审核、验收要求

1. 建设单位应当向公安机关消防机构申请消防设计审核，并在建设工程竣工后向出具消防设计审核意见的公安机关消防机构申请消防验收。

2. 公安机关消防机构应当自受理消防设计审核申请之日起 20 日内出具书面审核意见。但是，依照规定需要组织专家评审的，专家评审时间不计算在审核时间内。

3. 对需要专家评审的建设工程，公安机关消防机构应当在受理消防设计审核申请之日起 5 日内将申请材料报送省级人民政府公安机关消防机构组织专家评审。

4. 建设、设计、施工单位不得擅自修改经公安机关消防机构审核合格的建设工程消防设计。确需修改的，建设单位应当向出具消防设计审核意见的公安机关消防机构重新申请消防设计审核。

5. 公安机关消防机构应当自受理消防验收申请之日起 20 日内组织消防验收，并应当依照建设工程消防验收评定标准对已经消防设计审核合格的内容组织消防验收。

对综合评定结论为合格的建设工程，公安机关消防机构应当出具消防验收合格意见；对综合评定结论为不合格的，应当出具消防验收不合格意见，并说明理由。

四、消防设计和竣工验收的备案抽查

（一）备案抽查范围

人员密集场所和特殊建设工程以外的建设工程。

（二）备案抽查程序

1. 建设单位应当在取得施工许可、工程竣工验收合格之日起 7 日内通过省级公安机关消防机构网站的消防设计和竣工验收备案受理系统进行消防设计、竣工验收备案。

2. 公安机关消防机构通过受理系统中预设的抽查程序，随机确定抽查对象；被抽查建设单位应当在收到备案凭证之日起 5 日内按照备案项目向公安机关消防机构提供审核、验收材料；公安机关消防机构应当在收到消防设计、竣工验收备案材料之日起 30 日内，完成图纸检查或工程检查，制作检查记录。

3. 公安机关消防机构发现消防设计不合格的，应当在 5 日内书面通知建设单位改正；已经开始施工的，同时责令停止施工。建设单位应停止施工、组织修改、申请复查。复查合格，方可恢复施工。

4. 公安机关消防机构实施竣工验收抽查时，发现有违反消防法规和国家工程建设消防技术标准强制性要求或者降低消防施工质量的，应当在 5 日内书面通知建设单位改正。建设单位应停止使用、组织整改、申请复查。复查合格，方可恢复使用。

5. 建设工程的消防设计、竣工验收未依法报公安机关消防机构备案的，公安机关消防机构应当依法处罚，责令建设单位在 5 日内备案，并纳入抽查范围；对逾期不备案的，公安机关消防机构应当在备案期限届满之日起 5 日内通知建设单位，责令其停止施工、使用。

思考题：

1. 什么叫建筑构件的耐火极限？建筑物的耐火等级是如何划分的？
2. 防火分区及防烟分区的划分要求是什么？
3. 疏散楼梯有哪几种类型？各适宜于哪些建筑？
4. 建筑火灾避难逃生器材的配备要求是什么？
5. 简答机械加压送风防烟的工作原理及设置要求是什么。
6. 简述建设工程消防监督管理的内容有哪些。

第四章　电气防火

电在人们的生产、生活中发挥着非常重要的作用。电气通常是指发电设备、输电线路、用电器具组成的供电、用电系统。人们把由于电气原因引起的火灾称为电气火灾。在城乡经济日益繁荣的形势下，电气火灾给人民的生命和财产造成的损失与日俱增。进入21世纪以来，电气火灾在全国火灾起数、火灾损失中所占的比例都呈上升的趋势。认真研究和掌握电气火灾的规律，对于预防火灾发生具有重要意义。

第一节　电气线路与设备防火

引发火灾的原因主要有：过载、短路、接触不良、电弧火花、漏电、雷电或静电等。同时，由于思想麻痹、疏忽大意、不遵守有关防火法规、违反操作规程等人为造成的电气火灾也时有发生。另外，由于使用质量低劣的电气设备，电气安装使用不当、保养不良等引发的电气火灾也不计其数。应当注意的是，一般造成电气火灾并非单一因素，而是多种原因共同作用的结果。

一、电气线路防火

电气线路是用来输送电力的，其特点是线路长，分支多，应用广泛，与人们的生产、生活密切相关，容易产生火灾隐患，而且不易被发现。

（一）短路的防火措施

电气线路中的导线由于各种原因造成相线与相线、相线与零线（地线）的连接，在回路中引起电流的瞬间骤然增大的现象叫短路。短路一般有相间短路和对地短路两种。相线之间相碰叫相间短路。相线与地线相碰，或相线与接地导体相碰，或相线与大地直接相碰叫做对地短路。短路时电流就不再按照规定的线路流动，而是在相碰的地方“走近路”。根据欧姆定律，短路时由于电阻突然减小则电流将突然增大，通常要超过正常工作电流的十几倍至几十倍，达到几万甚至十几万安，在极短的时间内会发出很大的热量，这个热量不仅能使绝缘层燃烧，而且能使金属熔化，引起邻近的易燃、可燃物质燃烧，从而造成火灾。短路时，在导线松弛的接头处也会产生电弧和火花。电弧温度很高，可达3000℃以上，不但可引燃它本身的绝缘材料，还可将它附近的一切可燃物引燃。电气线路短路起火在电气火灾中居多数，短路电流的热效应又是酿成火灾事故的主要原因。短路也是电气设备最严重的一种故障情况，因此，防短路起火是防电气火灾的重点。

1. 发生短路的主要原因。

（1）使用绝缘导线、电缆时，没有按具体环境选用，使导线的绝缘受高温、潮湿、腐蚀、机械损伤等作用失去绝缘能力。

（2）选用假冒、伪劣的电气产品。

（3）雷击过电压，线路空载时的电压升高等，使导线绝缘薄弱的地方造成绝缘被击穿。

（4）不按标准要求安装电气线路，设备疏于检查，维护不当，线路年久失修，绝缘陈旧老化或受损伤，使线芯裸露。

（5）安装修理人员接错线路，或带电作业时造成人为碰线短路。

（6）裸导线安装太低，搬运金属物件时不慎碰在电线上；金属构件搭落或小动物跨接在电线上。

（7）架空线路电线间距太小，挡距过大，电线松弛，有可能发生两线相碰；架空电线与建筑物、树木距离太近，使电线与建筑物或树木接触。

（8）电线机械强度不够，导致电线断落接触大地，或断落在另一根电线上。

（9）高压架空线路的绝缘子耐压程度过低，引起线路的对地短路。

2. 防止短路的主要措施。

（1）设计安装线路时，要按照使用电气设备的环境特点安装导线，应考虑潮湿、化学腐蚀、高温场所和额定电压的要求选用不同类型的导线，正确选择配电方式。有条件的单位在设置屋内电气线路时，宜尽量采用难燃电线和金属套管或阻燃塑料套管。

（2）布线时，导线与导线之间、导线的固定点之间，要保持合适的距离。绝缘导线切忌用铁丝捆扎和铁件搭挂。

（3）为防止机械损伤，绝缘导线穿过墙壁或可燃建筑构件时，应穿过砌在墙内的绝缘管，绝缘管（瓷管）两端的出线口伸出墙面的距离不小于10mm，这样可以防止导线与墙壁接触，以免墙壁潮湿而产生漏电等现象。沿烟囱、烟道等发热构件表面敷设导线时，应采用以石棉、玻璃丝、瓷珠、瓷管等作为绝缘的耐热线。

（4）定期对绝缘电阻进行测定，及时发现隐患。明敷绝缘导线要防止绝缘受损引起危险，在使用过程中要经常检查、维修。

（5）安装线路人员应持电工证上岗，必须严格执行电气装置安装规程和技术管理规程，坚决禁止非电工人员安装、修理。

（6）在线路上应按规定安装断路器或熔断器，以便在线路发生短路时能及时、可靠地切断电源。绝对不能用铜丝、铁丝代替熔断器。

（二）接触电阻过大的防火措施

凡电路都有接头，或是电线之间相接，或是电线与开关、保险器或用电器具相接。导体连接时，在接触面上形成的电阻称为接触电阻。连接不牢或其他原因，使接头接触不良，造成局部电阻过大，称为接触电阻过大。反之，接头处理良好，则接触电阻小。线路接通电源之后，电流通过电线、接头和设备就会发热，这是正常现象。接头做得好，接触电阻不大，连接点的发热量就小，可以保持正常温度。相当多的电气火灾是因导体间的连接不良引起的。设备端子和线路之间以及线路和线路之间的永久性连接为固定连接；开关两触头间和插座、插头间断续的连接为活动连接。如果这些接头接得不好，就会阻碍电流在导线中的流动，而且产生大量的热。当这些热足以熔化电线的绝缘层时，绝缘层便会起火，而引燃附近的可燃物。

1. 接触电阻过大的主要原因。

（1）安装质量差，造成导线与导线，导线与电气设备衔接点连接不牢。

（2）接线头受震动、拉扯、热胀冷缩等外力的作用下，使得导线之间的作用力减少，接头松动，造成接触电阻过大。

（3）在导线连接处有杂质，如锈蚀、产生氧化层（如铜导线出现“铜绿”）或渗入尘土、油污等。

（4）铜线和铝线连接的方法不当，在比较潮湿的条件下，铜铝混接的接触面之间会发生极化现象，产生达几伏的电势。在此电势长期作用下，接触部位就会发生电化学腐蚀，引起接触电阻过大。

（5）铝线连接不良。无论在我国还是在发达国家，铝线起火都是远多于铜线起火，其起火的原因不在铝线本身，而是因为铝线的连接处产生氧化层。铝线表面极易氧化，氧化层虽然厚度仅3～6μm，却具有很高的电阻，且能随时间的增长而增大，当大电流通过铝线接头时，所散发的热量易产生异常高温而引燃附近可燃物质起火。当线路绝缘损坏发生短路时，铝线接头的高电阻又能限制短路电流，使线路上的断路器、熔断器等过电流保护电器不能及时切断电源，这又增加了线路短路起火的危险性。

（6）插座、插头连接不良。插座板的接触面积和接触压力不足时，容易因接触电阻过大而产生异常高温或打火；插座板接线端子处的一段绝缘还会因接触不良高温而熔化短路。

2. 防止接触电阻过大的主要措施。

（1）在电气设计中应尽量减少不必要的固定的和活动的连接点，对于必不可少的接头，导线与导线、导线与电气设备的连接必须牢固可靠。

（2）铜、铝线相接，宜采用铜铝过渡接头。也可采用在铜铝接头处垫锡箔，并用压接法连接。

（3）通过较大电流的接头，不允许用本线做接头，应采用优质或氧焊接头，在连接时加弹力片后拧紧。

（4）要定期检查和检测接头，保证连接点的导电良好，接触电阻尽量小，即电气连接应具有足够的接触面和接触压力，并应具有光洁的接触面。

（5）铜芯导线采用铰接时，应尽量再进行锡焊处理，一般应采用焊接和压接。

（三）超负荷防火措施

电气线路中允许连续通过而不至于使电线过热的电流量，称为电线的安全载流量或安全电流。如电线中流过的电流量超过了安全电流值，就叫电线超负荷，也叫导线过载。电线超负荷，一般在不考虑电压的情况下，以温升为标准。过载使导体中的电能转换成热能，当导体与绝缘物局部过热而达到一定温度时，就会引发火灾。一般导线的最高允许工作温度为65℃。当过载时，导线的温度超过这个温度值，会使绝缘加速老化，甚至损坏。

1. 超负荷的主要原因。

（1）设计或选择导线截面不当，实际负载超过了导线的安全载流量。电缆长时间超负荷，线芯的温度不断升高，可能造成电缆的绝缘过分干枯，绝缘层受热逐步分解、炭化、燃烧，绝缘性能降低，甚至失去绝缘，发生绝缘击穿，而沿着电缆的走向，在较长一段的线路上，或在一段线路的几个地方同时发生电缆的绝缘燃烧。

（2）在线路中接入了过多或功率过大的电气设备，超过了电气线路的负载能力。在超负荷情况下使用的电线，绝缘层的老化速度会加快，如果电缆的保护层受到损伤，或在运行中电缆的绝缘受到机械破坏，可能引起电缆芯与电缆芯之间或电缆芯绝缘层被击穿，从而产生电弧，使电缆的绝缘材料和电缆外层的保护层等燃烧。

2. 防止超负荷的主要措施。

（1）应根据用电负荷合理进行规划，不准乱拉电线和接入过多负载，在电气线路设计或改建电气线路时要留出足够余量。

（2）定期用测量或计算的方法检查线路的实际负荷情况。

（3）定期检查线路的断路器、熔断器的运行情况，严禁使用铜丝、铁丝代替熔断器的熔丝，或更换大容量的保险丝，以保证过负荷时能及时切断电气线路。

（四）电火花和电弧的防火措施

电火花是两极间击穿放电的结果；电弧则是大量电火花的汇集。当带电体的两极在刚开始接触时，或在接触后又离开的一瞬间，电流突然增大，发生气体放电现象，产生高温，显示耀眼的弧光，称为电弧或电火花。电火花和电弧不仅能引起可燃物燃烧，还能使金属熔化、飞溅，构成危险的火源。

在生产和生活中，电火花和电弧是经常见到的。电火花大体包括工作火花和事故火花两类。工作火花，是指电气设备正常工作时或正常操作过程中产生的火花，如开关开合时的火花、插销拔出或插入时的火花等。事故火花包括线路或设备发生故障时出现的火花，如电路发生故障，保险丝熔断时产生的火花；导线过松导致短路或接地时产生的火花；导体连接松脱时也会产生火花，等等。事故火花还包括由外来原因产生的火花，如雷电火花、静电火花、高频感应电火花等。在一定条件下，事故火花或电弧都可能引起周围的易燃物燃烧，而酿成火灾。在有爆炸危险的场所，电火花和电弧更是一个十分危险的因素。

1. 电火花和电弧产生的主要原因。

（1）当电气开关接通或切断时；电气线路短路或裸线相碰时；电线接头或接点松动，时断时通时；灯头松动时；保险丝熔断时；以及带电检修、操作时；都可产生电火花。一般电火花的温度很高，特别是电弧，温度可高达3000℃ ~6000℃或以上。

（2）架空裸线遇风吹摆动，或遇树枝拍打，或遇车辆剐碰时，使两线相碰，就会发生放电而产生电火花、电弧。

（3）绝缘导线漏电处、导线断裂处、短路点、接地点及导线连接松动均会有电火花、电弧产生。这些电火花、电弧如果落在可燃、易燃物上，就可能引起火灾。

2. 防止电火花和电弧的主要措施。

（1）及时检查线路，特别是电线接头处有无松动，电线附近是否有可燃物、易燃物。

（2）架空线路与建筑物、树木之间的距离，架空导线与导线之间的距离，必须符合有关安全规定。

二、照明灯具防火

电气照明是利用电能发光的一种光源。按发光原理可分为热辐射光源和气体发光光源两种。按使用性质可分为工作照明、装饰照明和事故照明。随着科学技术的发展和人民生活水平的不断提高，各种电气照明和装饰灯具在生产、生活中得到广泛的应用。由于其使用的普遍性和多样性，人们对在日常生活中使用较多的白炽灯、荧光灯、高压汞灯、卤钨灯等照明灯具的火灾危险性应有足够的重视。

（一）照明灯具的火灾危险性

1. 白炽灯。白炽灯在工作时，其表面都会发热。且功率越大，连续使用时间越长，温度越高。白炽灯泡表面温度随灯泡大小和生产厂家不同而差异很大，在一般散热条件下，40W 白炽灯表面温度为 50℃～60℃，75W 白炽灯表面温度为 140℃～200℃，100W 白炽灯表面温度为 170℃～220℃，150W 白炽灯表面温度为 150℃～230℃，200W 白炽灯表面温度为 180℃～300℃。其表面与可燃物接触或靠近，在散热不良时，累积的热量能烤燃可燃物。例如，将 200W 的灯泡紧贴纸张时，几分钟即可将纸张点燃。另外，白炽灯的灯泡耐震性差，易破碎，而使高温灯丝外露，高温的灯泡碎片也易引起火灾。

2. 荧光灯。荧光灯的火险隐患主要在镇流器上。如果由于制造质量不合格、散热条件不好或额定功率与灯管的不配套等原因，镇流器内部温度会急剧上升，长期高温会破坏线圈的绝缘，形成匝间短路产生瞬间巨大热量，引燃周围可燃物。

3. 高压汞灯和钠灯。高压汞灯和钠灯的功率较大，一般在几百瓦以上，照明时灯具的表面温度很高。温升过高是这两种灯具的主要火险隐患。另外，高压汞灯的镇流器和高压钠灯的电子触发器则可能由于内部电容漏电等原因产生热量而引起燃烧。其镇流器也同样具有火险隐患。

4. 卤钨灯。卤钨灯处于正常工作状态时，石英玻璃管壁温度高达 500℃～800℃，不仅能在短时间内烤燃附着的可燃物，亦可能将一定距离内的可燃物烤燃，其火灾危险性较之其他一般照明电器更大。

5. 特效舞厅灯。特效舞厅灯主要包括峰巢灯、扫描灯、太阳灯、宇宙灯、双向飞碟灯及本身不发光的雪球灯等。其特点是灯具为装饰和渲染气氛往往带有驱动灯具旋转用的电动机。当旋转阻力增大或传动机构被卡住时，电动机便会迅速发热升温，加之舞台等场所的道具幕景多为可燃物，在电机高温作用下极易起火。

6. 霓虹灯。霓虹灯的引发电压在 1 万伏以上，需专门的变压器升压来取得。若变压器高压输出端的绝缘接线柱上积有尘垢，在潮湿天气下可能会发生漏电打火，引发火灾。同时，长时间通电亦会因温升过高融化变压器上封灌的沥青而发生意外。

7. 附件。电气照明和装饰过程中，除了各种照明和装饰灯具外，尚需大量的开关、保护器、导线、挂线盒、灯座、灯箱、支架等附件，这些设施如果由于容量选择不当、长期过载运行等原因都会导致绝缘损坏，短路起火等故障，亦会造成火灾事故。

（二）照明灯具的防火措施

1. 合理选用灯具类型。在爆炸危险场所使用的灯具和零件，应符合《中华人民共和国爆炸危险场所电气安全规程（试行）》规定的要求。有腐蚀性气体及特别潮湿的场所，应采用密封型或防潮型灯具，其部件还应进行防腐处理。在灼热多尘的场所（如炼钢、炼铁、轧钢等场所）可采用投光灯。户外照明可采用封闭型灯具或有防火灯座的开启型灯具。

2. 正确安装照明、装饰灯具及其附件。各种照明灯具安装前，应对灯座、挂线盒、开关等零件进行认真检查。发现松动、损坏的要及时修复或更换。特效舞厅灯安装前应进行通电试验，所有灯泡应无接触不良现象，电机运转平稳，温升正常，旋转部分无异常响声。灯具与可燃物间距不小于50cm，与地面高度不应低于2m，当低于此高度时，应加装防护设施。灯泡下方不宜堆放可燃物品。灯具的防护罩必须完好无损，严禁用纸、布或其他可燃物遮挡灯具。可燃吊顶上所有暗装、明装的灯具功率不宜过大，并应以白炽灯或荧光灯为主；各式灯具装在易燃结构部位或暗装灯具及其发热附件的周围应有良好的散热条件，在灯具周围应做好防火隔热处理。舞台暗装彩灯、舞池脚灯、可燃吊顶内灯具的导线均应穿钢管或阻燃硬塑套管敷设；卤钨灯灯管附近的导线应采用耐热绝缘护套；吊装彩灯的导线穿过龙骨处应有胶圈保护。选用质量可靠的低温镇流器，不准将升温高的镇流器直接固定在可燃天花板等物体上，其电容与容量必须与灯管一致。功率在150W以上的开启式和100W以上其他类型灯具，不准使用塑胶灯座，而必须采用瓷质灯座。开关应装在相线上，螺口灯座必须接地良好，设施的金属外壳应接地。开关、插座、灯座的外壳均应完整无损，带电部分不得裸露在外面。重量超过1kg的悬吊灯具应用金属吊链等将其固定，重量超过3kg时应固定在预埋的吊钩、螺栓或主龙骨上。在重要场所安装暗装灯具和安装特制大型吊装灯具时，应在全面安装前做出同类型试装样板，经核定无误后再组织专业人员全面安装。

3. 合理配置照明回路与负载量。照明电流应分别有各自的分支回路，而不应接在动力总开关之后。各分支回路都要设置短路保护设施。为避免过载发热引起事故，一些重要场所及易燃易爆物品集中地还必须加装过载保护装置。非防爆型的照明配电箱及控制开关严禁在0级、10级爆炸危险场所使用。配电盘后尽量减少接头，盘面应有良好的接地。

电器照明灯具数和负载量一般要求是：一个分支回路内灯具的个数不应超过20个，民用照明电流应小于15A，工业用应小于20A。由负载量确定导线规格（每一插座以2～3A负载计）。三相四线制照明电路还应做好三相负荷的平衡配置。

4. 照明电压应符合安全要求。照明电压一般采用220V。携带式照明灯具（俗称行灯）的供电电压不应超过36V。例如，在金属容器内及特别潮湿场所内作业，则行灯电压不得超过12V。36V以下和220V以上电源插座应有明显区别，低压插头应无法插入较高电压的插座内。

三、电热式家用电器防火

近年来，我国电热器具的发展很快，如电炉、电烙铁、烘箱、电饭煲、微波炉、电磁灶、电暖气等，已成为人民群众在日常生活中不可缺少的家庭用具。但是，这些电热器具的耗电量较大，由此引发的火灾也屡见不鲜。各种家用电热器具中主要有三类元件：电热元件、温度控制元件和定时元件。电热元件是电热器具中发热效应的核心元件。

（一）电热式家用电器火灾的主要原因

1. 停电后，忘记将电源切断，使用人便离开了场所。通电后，电热器具处在长时间通电而无人看管的状态，引起火灾。这是家庭用电引起火灾的主要原因。

2. 电热器具使用时，垫座隔热性能差，由于热传导引起火灾，如电熨斗。

3. 把未经完全冷却的电热器具放在可燃物上或把可燃物不慎放在了电热器具上，散热不良，局部热能累积升温引起火灾。

4. 电热器具机器故障引发火灾。

5. 电热器具的功率一般都比较大，如果选择导线截面不当，把它接在导线截面过小的电路上或随便替换成功率大的电阻丝，以及持续使用多次修理过的电阻丝，都能造成线路过负荷而发生火灾。

6. 接头、插头、插座受潮或接触不良致使通电后局部发热，温升过高而起火。

7. 电压波动或长期过载使用，绝缘强度降低，或击穿绝缘引起短路导致火灾。

（二）电热式家用电器的防火措施

1. 购买电热器具时，应买合格产品。

2. 电热器具在使用过程中，应有人看护。用完后必须拉断电源，停电时也要切断电源。

3. 电炉等器具在使用时，其下方的台面必须为不燃材料制作（如陶瓷、耐火砖、铁皮加石棉等）。附近不得有可燃物质存放。

4. 注意电热器具的功率和导线型号的匹配，防止由于导线过负荷而发热融化，引起火灾。

5. 防止过电压或低电压长期运行。接、插部分要保持接触良好，并保持干燥。

6. 防止电热炉具余热接触可燃物引起火灾。

7. 平时要经常检查，防止绝缘导线芯裸露或插头破损，以及绝缘长期受热老化引起短路。

8. 设置短路、漏电保护装置。

四、非电热式家用电器防火

非电热式家用电器主要包括收音机、电视机、录像机、录音机、电冰箱、洗衣机、空调机等，电热式家用电器发生火灾的频率较高，前面已谈到。对于非电热式家用电器的火灾危险性也要给予足够的重视。

（一）非电热式家用电器火灾的主要原因

1. 安装家用电器时，直接接入没有保险装置的电源电路；未考虑电路、电表的承载能力，严重超负荷。

2. 电器开关或电机线圈受潮、绝缘电阻降低，发生漏电受潮，产生漏电打火引燃内胆等易燃材料。

3. 家用电器因机械故障被卡住，电机停转时，线圈电流增大，电机温度上升，导致过热短路起火。

4. 在过电压下长时间工作使功耗猛增，变压器失去电压保护，在高压下发生剧烈升温而起火。

5. 家用电器内导线接头多，若接触不良，接触电阻过大，就会发生放热、打火现象。

6. 家用电器长期工作在通风条件不良的环境中，机内热量的积聚加速零件老化，进而引起故障而起火。

7. 短时间内频繁开关机器，增加压缩机负荷，使压缩机温升过大被烧毁而起火。

8. 电容器由于质量低劣或受潮绝缘性能降低，漏电电流逐渐增大，长时间工作后被击穿，工作温度迅速上升，电容器会发生爆燃，使周围物体被高温火花引燃。

9. 家用电器遭受雷击起火。

（二）防止非电热式家用电器火灾的主要措施

1. 注意防潮。放置家电的房间，环境相对湿度一般以 40% ~60% 为好。湿度过高容易使家电的电路和金属件锈蚀而失效，造成家电失常和漏电打火。

2. 避开热源。电视机、电脑等家电设备，日常使用的最佳室温应为 15℃ ~25℃。实践证明，机内温度每升高 5℃，电视机的可靠性将降低 20%，最易出现故障的电解电容失效率会上升 50%。因此，不可将电视机等放在距热源过近的地方，应注意通风散热。

3. 预防烟尘。家电使用日久，周围的灰尘和油烟会逐渐在机内聚集，不仅对元器件有腐蚀作用，还会使电路形成漏电打火。

4. 家电尤其是超龄家电要经常观察，出现异常征兆要及时检修。电视机运行中如遇图像变暗，无伴音以及机内有异味和冒烟等情况；电冰箱、空调器制冷效率下降，电机不转，并发出“嗡嗡”响时，应立即断电，停机进行检修。

5. 家电不宜长时间连续使用，以免机内热量积聚。高温季节尤应如此。超龄家电连续使用时间应缩短 1/3，以防机内元器件温升太高而烧坏，避免发生爆炸和火灾。

6. 不用时切断电源。对于电视机、收录机等家电使用完毕后不仅要将其本身开关关闭，同时还应将电源插头拔下，避免局部线路长期带电引发危险。

7. 使用前要检查接地和接零线。若发生漏电现象，漏电流会引入地下，并降低机壳对地电压。漏电电流大时，会烧断线路保险丝，保护人身安全。严禁在接地和接零线上安装开关或保险丝，或让其接触暖气、自来水、煤气及其他管道，以防因其漏电等引起触电或打出火花而引起火灾。机内导线接头要牢固，接好后还要进行良好的绝缘处理，最好采用胶封，以确保安全。

8. 雷雨天要切断电器电源以免遭受雷击。

第二节 静电及其防火措施

一、静电的火灾危险性

(一) 静电

静电是一种常见的带电现象。在一定条件下两种不同的物质相互接触、摩擦，一种物体的电子会越过界面，进入另一种物体内。如果物体对大地绝缘，电荷会留在物体上，呈现相对静止状态，产生静电。当带有不同电荷的两个物体分离或接触时出现电火花，这就是静电放电的现象。在工农业生产中，静电具有很大的作用，如静电植绒、静电喷漆、静电除虫等；同时，由于静电的存在，也往往会产生一些危害，如静电放电造成火灾、爆炸事故等。

(二) 易产生静电的工艺与场所

日常生产、生活中，易产生静电的工艺和场所很多。固体物质受到大面积摩擦和挤压，会造成静电荷聚集放电；粉尘在研磨、搅拌、筛分等工艺中高速运动，使粉尘与粉尘之间，粉尘与管道壁、容器壁或其他器具、物体间产生碰撞和摩擦而产生大量的静电；一般可燃液体都有较大的电阻，在灌装、输送、运输或生产过程中，由于相互碰撞、喷溅与管壁摩擦或受到冲击时，都能产生静电；压缩气体和液化气体，因其中含有液体或固体杂质，从管道口或破损处高速喷出时，都会在强烈摩擦下产生大量的静电；干燥气候下，人体行走、活动也会产生大量静电；设备正常运转中所产生的摩擦也会产生静电。

(三) 静电的火灾危险性

静电造成火灾或爆炸必须同时具备下列五个条件：具备产生静电电荷的条件；具备产生火花放电的电压；有能引起火花放电的合适间隙；产生的电火花要有足够的能量；在放电间隙及周围环境中有爆炸性混合物。

在易燃易爆气体或粉尘混合物存在的场所，静电造成火灾或爆炸的条件很容易同时满足。易产生静电的工艺和场所很多，如果接地或导除不良，静电荷会越积越多；当其与不带电或低电位的物体接触时，就会形成电位差，只要电位差达到300V 以上，就会发生放电现象。而易燃易爆气体或粉尘混合物所需的最小点燃能量通常较小，静电火花所能提供的能量足以将其引燃或引爆。可见，静电的火灾危险性是相当大的。

二、静电的防火措施

为预防静电火灾的发生，在生产过程中采取必要措施，减少或消除静电的危害。

(一) 导体接地

为管道、储罐、过滤器、机械设备、加油站等能产生静电的设备设置良好的接地装置，以保证所产生的静电能迅速导入地下。装设接地装置时应注意，接地装置与冒出液体蒸气的地点要保持一定距离，接地电阻不应大于10Ω。设备、管线接地是最简单、最常用，也是最基本的防静电措施，但它只能消除导体上的静电，而不能消除绝缘体上的静电。

（二）金属跨接

为防止设备与设备之间、设备与管道之间，管道与容器之间产生电位差，在其连接处，特别是在静电放电可引起燃烧的部位，用金属导体连接在一起，以消除电位差，达到安全的目的。对非导体管道，应在其连接处的内部或外部的表面缠绕金属导线，以消除部件之间的电位差。

（三）加静电添加剂

在不导电或低导电性能的物质中，掺入导电性能较好的填料和防静电剂，或在物质表层涂抹防静电剂等方法增加其导电性，降低其电阻，目的在于加速静电导出和泄放，避免静电积聚，从而消除生产过程中产生静电的火灾危险性。

（四）改良工艺

减少摩擦的部位和强度也是减少和抑制静电产生的有效方法。例如，在传动装置中，采用三角皮带或直接用轴传动，以减少或避免因平面皮带摩擦面积和强度过大产生过多静电。限制和降低易燃液体、可燃气体在管道中的流速，也可减少和预防静电的产生。检查盛装高压水蒸气和可燃气体容器的密封性，以防其喷射、泄漏引起爆炸，倾倒或灌注易燃液体时，应用导管沿容器壁伸至底部输出或注入，并需在净置一段时间后才可进行采样、测量、过滤、搅拌等处理。同时，要注意轻取轻放，不得使用未接地的金属器具操作。严禁用易燃液体作清洗剂。

（五）空气增湿

可采用旋转式风扇喷雾器向空气中喷射水雾等方法，增大空气相对湿度，当空气相对湿度 >70% 时，物体表面往往会形成一层极薄的水膜。水膜能溶解空气中的二氧化碳，使表面电阻率大大降低，加速静电逸散。增强空气导电性能，防止和减少静电的产生与积聚。在有易燃易爆蒸气存在的场所，喷射水雾应由房外向内喷射。

（六）防人体静电

为防止人体静电，应穿防静电（导电）服和防静电鞋帽。在易燃易爆危险性较高的场所工作的人员，应先以触摸接地金属器件等方法导除人体所带静电，方可进入。地面应配用导电地面。禁止在爆炸危险场所穿脱衣服、鞋帽或类似物。

（七）中和电荷法

在产生静电较多的场所安装放电针（静电荷消除器），使放电范围的空气游离，空气成为导体，中和静电荷而无法积聚。但是，在使用这种装置时应注意采取一定的安全措施，因它的电压较高，防止伤人。

以上方法是从防止或减少静电的产生和积累的角度预防静电危害。此外，预防和消除静电的火灾危害还应从破坏静电点燃、点爆易燃易爆的气体或粉尘的混合物的条件入手。例如，加强通风等措施，以降低可燃蒸气、气体、粉尘的浓度；采用惰性气体保护法避免与容易产生静电的设备（空间）与易燃易爆的气体（粉尘）的混合物相接触，等等。

第三节 雷电及其防火措施

一、雷电的形成与分类

（一）雷电的形成

雷电是由雷云（带电的云层）对地面建筑物及大地的自然放电引起的，它会对建筑物或设备产生严重破坏。

在天气闷热潮湿的时候，地面上的水受热变为蒸气，并且随地面的受热空气而上升，在空中与冷空气相遇，使上升的水蒸汽凝结成小水滴，形成积云。云中水滴受强烈气流吹袭，分裂为一些小水滴和大水滴，较大的水滴带正电荷，小水滴带负电荷。细微的水滴随风聚集形成了带负电的雷云；带正电的较大水滴常常向地面降落而形成雨，或悬浮在空中。由于静电感应，带负电的雷云，在大地表面感应有正电荷。这样雷云与大地间形成了一个大的电容器。当电场强度很大，超过大气的击穿强度时，即发生了雷云与大地间的放电，就是一般所说的雷击。

（二）雷电的种类

根据雷电的不同形状，大致可分为片状雷、线状雷和球状雷三种形式。片状雷是在云间发生，对人们影响不大，但能干扰通信。线状雷就是比较常见的闪电落雷现象，其中：雷电直接对建筑物或其他物体放电，产生破坏性很大的热效应和机械效应，叫做直击雷；如是落雷处邻近物体因受静电感应或电磁感应产生高电位所引起的放电，叫做感应雷。球状雷是一种特殊雷电现象，是一种紫色或红色的发光球体，直径从几毫米到几十米，存在的时间一般为3～5s，通常是沿着地面滚动或在空气中飘行，有时还会通过缝隙进入室内，碰到建筑物或其他物体时便会放电，往往引起燃烧，造成雷击火灾。

二、雷电的火灾危险性

“联合国国际减灾十年”即20世纪的最后十年，曾公布雷电火灾是最严重的自然灾害之一。雷电虽然放电作用时间短，一次雷电的放电时间只有0.01s左右，但所造成的危害性却很大。雷电可以通过以下效应带来巨大的火灾危险性。

（一）雷电流高压效应

当雷电放电时，会产生高达数万伏甚至数十万伏的冲击电压，一个中等程度的雷电功率有10万千伏，相当于一个小型核电站的输出功率。如此巨大的电压瞬间冲击电气设备，足以击穿绝缘使设备发生短路，导致燃烧、爆炸等直接灾害。

（二）雷电流高热效应

雷击发生时，会放出几十至上千安的强大电流，当电流通过导体时，在极短的时间内转换成大量的热能，虽然它持续的时间只有几十微秒，但雷电放电通道的温度可达数万度，钢铁亦能熔化。因此，在雷电通道中产生的高温，往往会酿成火灾。

（三）雷电流机械效应

由于热效应可使物体木质纤维缝隙和其他结构缝隙中的空气剧烈膨胀，水分蒸发，使被击物体内部出现巨大的机械压力，造成被雷击物体发生爆炸、扭曲、崩溃、撕裂等现象导致财产损失和人员伤亡。

（四）雷电流静电感应

当金属物处于雷云大地电场中时，金属物上会感生出大量的电荷。雷云放电后，云与大地间的电场虽然消失，但金属物上所感生积聚的电荷却来不及立即逸散，因而产生很高的对地电压。这种对地电压，称为静电感应电压，往往高达数万伏，可以击穿数十厘米的空气间隙，发生火花放电。因此，对于存放可燃物品及易燃、易爆物品的仓库仍是很危险的。

（五）雷电流电磁感应

雷电具有很高的电压和很大的电流，同时又是在极短暂的时间内发生的。因此，在它周围的空间里，将产生强大的交变电磁场。不仅会使处在这一电磁场中的导体感应出较大的电动势，还在构成闭合回路的金属物上也产生感应电流。这时如回路上有的地方接触电阻较大，就会局部发热或发生火花放电，这对于存放易燃、易爆物品的建筑物以及易燃、可燃材料的露天堆场是非常危险的，并易引起触电事故。

（六）雷电波的侵入

雷击在架空线路、金属管道上会产生冲击电压，使雷电波沿线路或管道迅速传播。若侵入建筑物内，可造成配电装置和电气线路绝缘层击穿产生短路，或使建筑物内的易燃易爆物品燃烧和爆炸。

（七）防雷装置上的高电压对建筑物的反击作用

当防雷装置接受雷击时，在接闪器、引下线的接地体上都具有很高的电压。如果防雷装置与建筑物内外的电气设备、电气线路或其他金属管道相隔距离很近，它们之间就会产生放电，这种现象称为反击。反击可能引起电气设备绝缘损坏，金属管道烧穿，甚至造成易燃易爆物品着火和爆炸。

三、防雷措施

按照我国现行国家规范，建筑物应根据其重要性、使用性质、发生雷电事故的可能性和后果分为第一类防雷建筑物、第二类防雷建筑物和第三类防雷建筑物。

建筑物的防雷措施包括防直击雷、防雷电感应和防雷电波侵入的措施。各类防雷建筑物均应采取防直击雷和防雷电波侵入的措施。第一类防雷建筑物和第二类防雷建筑物中部分建筑物尚应采取防雷电感应的措施。

（一）常规防雷措施

1. 防直击雷。目前，防止雷电火灾的最有效方法就是安装防雷装置。防雷装置由接闪器、引下线和接地体三部分组成。其作用是防止直接雷击或将雷电流引入大地，以保证人身及建筑物安全。

接闪器的形式有避雷针、避雷网、避雷带等，是直接接受雷击的金属部分。避雷针有独立避雷针或设在高层建筑物的顶端和烟囱上，是用来保护设备和建筑物免受直接雷击的防雷装置。避雷线常用来架设在高压架空输电线上，以保护架空线路免受雷击。避雷网和避雷带普遍用来保护建筑物免受直接雷击和感应雷。

引下线是避雷保护装置的中段部分。上接接闪器，下接接地装置。一般敷设在建筑物的外墙，并经最短线路接地。每座建筑物的引下线一般不少于两根。

接地装置包括埋设在地下的接地线和接地体，在腐蚀性较强的土壤中，应采取镀锌等防腐措施或加大截面。

2. 防感应雷。避雷器是防感应雷的主要装置，又称做电涌保护器。避雷器是防止雷电过电压侵袭配电和其他电气设备的保护装置。把因雷电感应而窜入电力线、信号传输线的高电压限制在一定范围内，保证用电设备不被击穿，起到保护设备的作用。避雷器安装在被保护设备的引入端，其上端接在架空输电线路上，下端接地。其中阀型避雷器是保护变、配电装置常用的一种避雷装置；管型避雷器一般是用于线路上；保护间隙是最简单、最经济的防雷装置，俗称简单避雷器，一般安装在线路的进户处，用来保护电度表等设备。

3. 综合性防雷电。综合性防雷电是相对于局部防雷电和单一措施防雷电的一种综合性防雷措施。设计时除针对被保护对象的具体情况外，还要了解其周围的天气环境条件和防护区域的雷电活动规律，确定直击雷和感应雷的防护等级和主要技术参数，采取综合性防雷电措施。

（二）非常规防雷措施

目前，除前面介绍的常规防雷措施，也有采用激光束引雷、火箭引雷、水柱引雷、放射性避雷针、排雷器等非常规防雷措施。大多数非常规防雷装置还处于研究实验阶段，对新的更为有效的避雷技术的探索仍在继续。

1. 激光引雷。用强度足够的激光束射向雷云，来定向引导雷电，起到主动截雷或引雷效果。

2. 火箭引雷。用小火箭牵引一条金属丝直接发射到雷云中实现人工触发雷击而达到引雷目的。

3. 水柱引雷。利用脉动加压式高压水枪将水柱射向雷云形成引雷通道的方法。

4. 放射性避雷针。在避雷针等接闪装置顶部预先装上放射性物质或感应圈，加大空气电离程度提高引雷效率，起到增高避雷针高度的作用。

5. 排雷器。在被保护物的顶部放置一个能生成与雷云同极性电荷的装置，使其下方形成一个排雷区，起到防雷作用。

（三）防雷装置的检查

1. 对于重要场所或消防重点保卫单位，应在每年雷雨季节以前做定期检查，对于一般性场所或单位，应每 2 ~ 3 年在雷雨季节以前做定期检查，如有特殊情况，还要进行临时性的检查。特别是对避雷针、避雷器要进行定期校验。

2. 当防雷装置各部分导体出现因腐蚀或其他原因引起的折断、锈蚀达 30% 以上时，必须进行更换。

3. 检查是否由于维修建筑物或建筑物本身形状有变动，使防雷装置的保护范围出现缺口。

4. 检查接闪器有无回雷击后而发生熔化和折断，避雷器瓷套有无裂纹、碰伤等情况，并应定期进行预防性试验。

5. 检查明装引下线有无在验收后又装设了交叉或平行电气线路；检查断接卡有无接触不良情况和木结构的接闪器支杆有无腐蚀现象；并检查接地装置周围的土壤有无沉陷现象等。

6. 测量全部接地装置的接地电阻，应符合安全要求。若发现接地电阻值有很大变化时，应对接地系统进行全面检查。

7. 检查有无因挖土、敷设其他管道或种植树木而挖断接地装置等。

8. 独立的避雷针及其接地装置不得设在行人经常通过或堆放易燃物的地方。对装有避雷针或避雷带的构架，不准装设低压线或通信线等。避雷针、避雷带与引下线应采用焊接方法。

思考题：

1. 造成电气线路火灾的原因有哪些？
2. 如何预防电气线路火灾的发生？
3. 怎样防止静电火灾？
4. 雷电有哪些危险效应？
5. 如何对防雷装置进行检查？

第五章　危险化学品防火

危险化学品种类繁多、性质复杂、用途广泛、危险性极大。这类产品在生产、使用、储存、运输、销售、销毁等环节中，操作管理稍有不慎极易造成火灾爆炸事故或严重污染事故。且此类火灾燃烧猛烈、蔓延快、殃及面广、扑救困难、持续时间长，对人体毒害也大，在消防工作中应在掌握其物化特性的基础上，制定和落实专业防护方法、灭火抢险预案，最大限度地减少或避免化学危险品火灾的发生。

第一节　危险化学品的火灾危险性

一、危险化学品的定义与分类

（一）定义

凡具有爆炸、易燃、毒害、腐蚀、放射性等危险性质，在运输、装卸、生产、使用、经营、储存过程中，在一定条件下能引起燃烧、爆炸，导致人身伤亡和财产损失等事故的化学品，统称为危险化学品。其中，以易燃、易爆为主要物化特性的化学危险品被称为易燃易爆化学品。

（二）分类

按照 2002 年 1 月 9 日国务院第 52 次常务会议通过的国务院令第 344 号《危险化学品安全管理条例》规定：危险化学品，包括爆炸品、压缩气体和液化气体、易燃液体、易燃固体、自燃物品和遇湿易燃物品、氧化剂和有机过氧化物、有毒品和腐蚀品等。

因为民用爆炸物品、放射性物品、核能物质和城镇燃气、兵器工业的弹药等火工产品，虽然也属于危险物品，但由于它们性质特殊，危害大，有专门的管理要求和法规，所以，我们常说的危险化学品就不包括这些物品。

1. 爆炸品。本类化学品指在外界作用下（如受热、受压、撞击等），能发生剧烈的化学反应，瞬时产生大量的气体和热量，使周围压力急剧上升，发生爆炸，对周围环境造成破坏，同时伴有光、声、烟雾等效应的物品，也包括无整体爆炸危险，但具有燃烧、抛射及较小爆炸危险的物品。爆炸品在国家标准中分 5 项，其中有 3 项包含危险化学品：第 1 项：具有整体爆炸危险的物质和物品，如高氯酸；第 3 项：具有燃烧危险和较小爆炸危险的物质和物品，如二亚硝基苯；第 4 项：无重大危险的爆炸物质和物品，如四唑并 -1- 乙酸。另外 2 项专指弹药等。

2. 压缩气体和液化气体。为了便于储运和使用，将气体用加压法、降温法压缩或液化后储存于钢瓶内。在钢瓶中处于气体状态的称为压缩气体，处于液体状态的称为液化气体。

这类物品当受热、撞击或强烈震动时，容器内压力急剧增大，致使容器破裂，物质泄漏、爆炸等。它分为3项：第1项：易燃气体，如氨气、一氧化碳、甲烷等；第2项：不燃气体（包括助燃气体），如氮气、氧气等；第3项：有毒气体，如氯（液化的）、氨（液化的）等。

3. 易燃液体。闭杯试验闪点≤61℃的液体、液体混合物或含有固体物质的液体为易燃液体。易燃液体在常温下易挥发，其蒸气与空气混合能形成爆炸性混合物。这类物质大都是有机化合物。

4. 易燃固体、自燃物品和遇湿易燃物品。凡是燃点较低，在遇明火、受热、撞击、摩擦或与某些物品（如氧化剂）接触后，会引起强烈、迅速燃烧，并可能散发出有毒烟雾或有毒气体的固体物质称为易燃固体。但不包括已列入爆炸品的物品。按燃点高低，易燃性大小，可分为一级、二级易燃固体。易燃固体有红磷、硫黄等。

自燃物品系指自燃点低，不需要外界明火作用，在空气中易发生氧化反应，放出热量，而自行燃烧的物品。根据自燃的难易程度分为一、二级自燃物品。自燃物品有黄磷、三氯化钛等。

遇湿易燃物品系指遇水或受潮时，发生剧烈化学反应，放出大量的易燃气体和热量，使可燃气体温度猛升到该气体的自燃点或遇到明火、火花而引起燃烧或爆炸的物品，称为遇湿易燃物品。按遇湿或受潮后发生反应的剧烈程度及其危害的大小，可分为一、二级遇湿易燃物品。遇湿易燃物品有金属钠、氰化钾等。

5. 氧化剂和有机过氧化物。在氧化——还原反应过程中，能获得电子的物质称为氧化剂；失去电子的物质称为还原剂。氧化剂系指处于高氧化态，具有强氧化性，易分解并放出氧和热量的物质。包括含有过氧基的无机物，其本身不一定可燃，但能导致可燃物的燃烧，与松软的粉末状可燃物能组成爆炸性混合物，对热、震动或摩擦较敏感。氧化剂有氯酸铵、高锰酸钾等。

有机过氧化物系指分子组成中含有过氧基的有机物，其本身易燃易爆，极易分解，对热、震动或摩擦极为敏感。按氧化性的强度和化学组成分为：一级氧化剂；二级氧化剂和有机过氧化物。有机过氧化物有过氧化苯甲酰、过氧化甲乙酮等。

6. 有毒品。有毒品指进入人（动物）肌体后，累积达到一定的量能与体液和组织发生生物化学作用或生物物理作用，扰乱或破坏肌体的正常生理功能，引起暂时或持久性的病理改变，甚至危及生命的物品。如各种氰化物、砷化物、化学农药等等。有毒品分为一级无机有毒品、一级有机有毒品、二级无机有毒品和二级有机有毒品4类。

7. 腐蚀品。本类化学品系指能灼伤人体组织并对金属等物品造成损坏的固体或液体。与皮肤接触在4h内可见坏死现象，或温度在55℃时，对20号钢的表面均匀年腐蚀率超过6.25mm/年的固体或液体。腐蚀品化学性质比较活泼，能和很多金属、有机化合物、动植物机体等发生化学反应。

腐蚀品指能灼伤人体组织并对金属等物品造成损伤的固体或液体。这类物质按化学性质分为3项：酸性腐蚀品，如硫酸、硝酸、盐酸等；碱性腐蚀品，如氢氧化钠、硫氢化钙等；其他腐蚀品，如二氯乙醛、苯酚钠等。

二、危险化学品的标志

危险化学品标志由《常用危险化学品的分类及标志》（GB 13690－92）规定，该标准对常用危险化学品按其主要危险特性进行了分类，并规定了危险品的包装标志，既适用于常用危险化学品的分类及包装标志，也适用于其他化学品的分类和包装标志。该标准引用了《危险货物包装标志》（GB 190－90），它主要是规范常用危险化学品的包装标志，便于人们在使用中一目了然，采取正确的管理方法，保证安全。

根据常用危险化学品的危险特性和类别，常用危险化学品标志设主标志 16 种，副标志 11 种。主标志是由表示危险特性的图案、文字说明、底色和危险品类别号四个部分组成的菱形标志。副标志图形中没有危险品类别号。标志的尺寸、颜色及印刷，按 GB 190－90 的有关规定执行。

标志的使用原则是当一种危险化学品具有一种以上的危险性时，应用主标志表示主要危险性类别，并用副标志来表示重要的其他的危险性类别。标志的使用方法按 GB 190－90 的有关规定执行。

三、危险化学品的火灾危险性

（一）爆炸品的火灾危险性

1. 爆炸物品都具有化学不稳定性，在一定外因的作用下，能以极快的速度发生猛烈的化学反应，产生的大量气体和热量在短时间内无法逸散开去，致使周围的温度迅速升高并产生巨大的压力而引起爆炸。

2. 一般炸药的起爆温度比较低，如雷汞只要温度升高到 165°C 时，就能起爆；黑火药的起爆温度虽较高，为 270℃～300℃，但遇明火极易爆炸。

3. 有些爆炸品与某些化学药品如酸、碱、盐发生化学反应，反应的生成物是更容易爆炸的化学品。

4. 某些炸药与金属反应，生成更易爆炸的物质。特别是一些重金属及其化合物的生成物，其敏感度更高。

（二）易燃液体的火灾危险性

1. 易燃液体的闪点低，燃点也低（约高于闪点 1℃～5℃），接触火源极易着火并持续燃烧。

2. 易燃液体几乎全部是有机化合物，其中所含的碳和氢易与氧反应而燃烧。当易燃液体与氧化剂或有氧化性的酸类（特别是硝酸）接触，能发生剧烈反应而引起燃烧爆炸。

3. 大多数易燃液体分子量小，沸点低，容易挥发，蒸气压大，液面的蒸气浓度也较大，遇明火或火花极易着火燃烧。且蒸气一般比空气重，易沉积在低洼处或室内，经久不散，更增加了着火的危险性。

4. 易燃液体着火所需能量小，只要极小能量的火花即可点燃。有些易燃液体在流动、晃动时容易积聚静电，静电放电产生火花则引起燃烧。

5. 当盛放易燃液体的容器有某种破损或不密封时，扩散出来的易燃蒸气与空气混合，达到爆炸极限时，遇明火或火花即能引起燃烧爆炸。

6. 易燃液体的膨胀系数比较大，受热后容易膨胀，造成密封容器“鼓桶”，甚至爆裂，爆裂时会产生火花而引起燃烧爆炸。

（三）压缩气体和液化气体的火灾危险性

1. 储于钢瓶内的压缩气体、液化气体或加压溶解的气体受热膨胀，压力升高，能使钢瓶爆炸。压缩气体和液化气体的热胀冷缩比液体、固体大得多，其体积随温度升降而胀缩。因此，容器（钢瓶）在储存、运输和使用过程中，要注意防火、防晒、隔热，在向容器（钢瓶）内充装气体时，要注意极限温度、压力，严格控制充装，防止超装、超温、超压造成事故。

2. 有些压缩气体和液化气体相互接触后会发生化学反应引起燃烧爆炸。

3. 油脂等可燃物在高压纯氧的冲击下极易起火燃烧，甚至爆炸。

4. 压缩气体和液化气体除具有爆炸性外，还具有易燃性、助燃性、毒害性和窒息性，在受热、撞击、震动等外界作用下均易引起燃烧、爆炸或中毒等事故。

（四）易燃固体的火灾危险性

1. 易燃固体的主要特性是容易被氧化，受热易分解或升华，遇明火常会引起强烈、连续的燃烧。

2. 易燃固体除火种、热源能引起燃烧外，受摩擦、震动、撞击等也能起火燃烧，甚至爆炸。

3. 有些易燃固体与氧化剂或酸类（特别是氧化性酸）反应剧烈，会发生燃烧爆炸。

（五）自燃物品和遇湿易燃物品的火灾危险性

1. 自燃物品多具有容易氧化、分解的性质，且自燃点较低，当积热使温度达到该物质的自燃点时便会自发地着火燃烧。

2. 遇湿易燃物品与水或潮湿空气中的水分能发生剧烈化学反应，放出易燃气体和热量。与酸反应更加剧烈，极易引起燃烧爆炸。

（六）氧化剂和有机过氧化物的火灾危险性

1. 氧化剂和有机过氧化物最突出的性质是遇易燃物品、可燃物品、有机物、还原剂等会发生剧烈化学反应引起燃烧爆炸。

2. 氧化剂和有机过氧化物对摩擦、撞击、震动极为敏感，遇高温易分解放出氧和热量，极易引起燃烧爆炸。

3. 大多数氧化剂，特别是碱性氧化剂，遇酸反应激烈，甚至发生爆炸。

4. 有些氧化剂和有机过氧化物遇水分解，有助燃作用，使可燃物燃烧，甚至爆炸。

5. 有些氧化剂和有机过氧化物与其他氧化剂接触后能发生复分解反应，放出大量热量而引起燃烧爆炸。

（七）毒害品的火灾危险性

1. 毒害品的主要特性是具有毒性，加大了消防救援的毒害风险。毒害品在水中的溶解度越大，其毒性也越大。

2. 有些毒害品不仅有毒性，还有易燃、易爆、腐蚀等危险性。

（八）放射性物品的火灾危险性

除放射性危害加大消防救援的危险性外，放射性物品一般都能燃烧，有的燃烧很强烈甚至引起爆炸。放射性物品在火灾中造成的大量放射性灰尘不仅污染环境，危害人体健康而且在若干年内都无法清除，贻害无穷。

（九）腐蚀品的火灾危险性

1. 硝酸等腐蚀品除具有酸性外，还具有很强的氧化性能，遇有机物（如松节油）能立即着火燃烧。

2. 剧毒、腐蚀性极强的溴素，还具有氧化性，不但能灼伤皮肤，还能使干草、木屑等有机物氧化发热而引起燃烧。

3. 多数腐蚀品有不同程度的毒性，有的还是剧毒品，部分有机腐蚀品遇明火易燃烧，部分无机酸性腐蚀品具有氧化性能，遇有机化合物等易因氧化发热而引起燃烧。

第二节　危险化学品的防火措施

由于化学品中有相当一部分具有易燃、易爆、有毒、腐蚀等危险特性，在生产、包装、运输、储存过程中，若处理不当，极易造成事故，轻则影响生产，造成经济损失，重则造成人员伤亡，严重污染环境。随着危险化学品产量的增加，使用范围的扩大，危险化学品由于包装、储存、运输不当而发生的事故越来越多，危害越来越大。因此，全面加强危险化学品的安全管理，对避免重大灾害事故发生意义重大。

一、危险化学品的主要监督管理部门及其职权

（一）主要监督管理部门

1. 根据《危险化学品安全管理条例》的规定和第十届全国人大批准的国务院机构改革方案，原国务院经济贸易委员会负责的危险化学品安全生产监督管理综合工作和有关职责，现由国家安全生产监督管理总局负责。

国家安全生产监督管理总局和省、自治区、直辖市人民政府安全生产监督管理部门，依照《危险化学品安全管理条例》的规定，负责危险化学品安全监督管理工作，包括负责危险化学品生产、储存企业设立及其改建、扩建的审查，负责危险化学品包装物、容器（包括用于运输工具的槽罐）专业生产企业的审查和定点，负责危险化学品经营许可证的发放，负责国内危险化学品的登记，负责危险化学品事故应急救援的组织和协调，并负责前述事项的监督检查；设区的市级人民政府和县级人民政府的安全生产监督管理部门，依照《危险化学品安全管理条例》的规定履行职责。

2. 公安部门负责危险化学品的公共安全管理，负责发放剧毒化学品购买凭证和准购证，负责审查核发剧毒化学品公路运输通行证，对危险化学品道路运输安全实施监督，并负责前述事项的监督检查。

3. 质检部门负责发放危险化学品及其包装物、容器的生产许可证，负责对危险化学品包装物、容器的产品质量实施监督，并负责前述事项的监督检查。

4. 环境保护部门负责废弃危险化学品处置的监督管理，负责调查重大危险化学品

污染事故和生态破坏事件，负责有毒化学品事故现场的应急监测和进口危险化学品的登记，并负责前述事项的监督检查。

5. 铁路、民航部门负责危险化学品铁路、航空运输和危险化学品铁路、民航运输单位及其运输工具的安全管理及监督检查。交通部门负责危险化学品公路、水路运输单位及其运输工具的安全管理，对危险化学品水路运输安全实施监督，负责危险化学品公路、水路运输单位、驾驶人员、船员、装卸人员和押运人员的资质认定，并负责前述事项的监督检查。

6. 卫生行政部门负责危险化学品的毒性鉴定和危险化学品事故伤亡人员的医疗救护工作。

7. 工商行政管理部门依据有关部门的批准、许可文件，核发危险化学品生产、经营、储存、运输单位营业执照，并监督管理危险化学品市场经营活动。

8. 邮政部门负责邮寄危险化学品的监督检查。

（二）职权

依照《危险化学品安全管理条例》对危险化学品单位实施监督管理的有关部门，依法进行监督检查，可以行使下列职权：

1. 进入危险化学品作业场所进行现场检查，调取有关资料，向有关人员了解情况，向危险化学品单位提出整改措施和建议；

2. 发现危险化学品事故隐患时，责令立即排除或者限期排除；

3. 对有根据认为不符合有关法律、法规、规章规定和国家标准要求的设施、设备、器材和运输工具，责令立即停止使用；

4. 发现违法行为，当场予以纠正或者责令限期改正。

危险化学品单位应当接受有关部门依法实施的监督检查，不得拒绝、阻挠。有关部门派出的工作人员依法进行监督检查时，应当出示证件。

二、危险化学品的消防管理

（一）生产、储存消防管理

1. 行政管理。设立剧毒化学品生产、储存企业和其他危险化学品生产、储存企业，应当分别向省、自治区、直辖市人民政府安全生产监督管理部门和设区的市级人民政府负责危险化学品安全监督管理综合工作的部门提出申请，并提交下列文件：可行性研究报告；原料、中间产品、最终产品或者储存的危险化学品的燃点、自燃点、闪点、爆炸极限、毒性等理化性能指标；包装、储存、运输的技术要求；安全评价报告；事故应急救援措施；符合《危险化学品安全管理条例》第 8 条规定条件的证明文件。

省、自治区、直辖市人民政府安全生产监督管理部门或者设区的市级人民政府负责危险化学品安全监督管理综合工作的部门收到申请和提交的文件后，应当组织有关专家进行审查，提出审查意见后，报本级人民政府作出批准或者不予批准的决定。依据本级人民政府的决定，予以批准的，省、自治区、直辖市人民政府安全生产监督管理部门或者设区的市级人民政府负责危险化学品安全监督管理综合工作的部门颁发批准书；不予批准的，书面通知申请人。申请人凭批准书向工商行政管理部门办理登记注册手续。

依法设立的危险化学品生产企业，必须向国务院质检部门申请领取危险化学品生产许可证；未取得危险化学品生产许可证的，不得开工生产。国务院质检部门应当将颁发危险化学品生产许可证的情况通报国家安全生产监督管理总局、环境保护部门和公安部门。

2. 消防安全要求。生产、储存危险化学品的，应当根据危险化学品的种类、特性，在车间、库房等作业场所设置相应的监测、通风、防晒、调温、防火、灭火、防爆、泄压、防毒、消毒、中和、防潮、防雷、防静电、防腐、防渗漏、防护围堤或者隔离操作等安全设施、设备，并按照国家标准和国家有关规定进行维护、保养，保证符合安全运行要求。

生产、储存危险化学品的具体消防措施有：

（1）危险化学品的生产、储存的场所或建筑应当符合有关消防技术规范的要求。

（2）危险化学品必须储存在专用仓库、专用场地或者专用储存室内，储存方式、方法与储存数量必须符合国家标准，并由专人管理。仓库的储存设备和安全设施应当定期检测。危险化学品出入库，必须进行核查登记。库存危险化学品应当定期检查。剧毒化学品以及储存数量构成重大危险源的其他危险化学品必须在专用仓库内单独存放，实行双人收发、双人保管制度。储存单位应当将储存剧毒化学品以及构成重大危险源的其他危险化学品的数量、地点以及管理人员的情况，报当地公安部门和负责危险化学品安全监督管理综合工作的部门备案。

（3）储存化学危险品的仓库内严禁吸烟和使用明火。对进入仓库区内的机动车辆必须采取防火措施。危险化学品的露天堆放必须符合防火防爆要求，遇火、热、潮湿引起燃烧、爆炸或发生化学反应、产生有毒气体的爆炸物品、一级易燃物品、遇湿燃烧物品、剧毒物品不得露天堆放或在潮湿积水的建筑物中生产和储存；有毒物品应储存在阴凉、通风、干燥的场所，不得接近酸类物质。

（4）对生产和储存单位的工作人员应进行培训，经考核合格后持证上岗；应配备有专业知识的技术人员和管理人员，并配备可靠的个人防护用品；工作人员接收危险化学品时，应按操作程序工作，以消除储存中的事故隐患。

（5）储存的危险化学品应有明显的标志，标志应符合 GB 190－90 的规定。同一区域储存两种或两种以上不同级别的危险品时，应按最高等级危险物品的性能标志。应根据危险物品的危险性分区、分类、分库储存。

（6）受日光照射能发生化学反应引起燃烧、爆炸、分解化合或能产生有毒气体的危险化学品应储存在一级建筑物中。其包装应采取避光措施。

（7）爆炸类物品不准和其他类物品同储，必须单独隔离限量储存；生产和储存单位不准建在城镇，还应与周围建筑、交通干道、输电线路保持一定安全距离。

（8）压缩气体和液化气体必须与爆炸性物品、氧化剂、易燃物品、自燃物品、腐蚀性物品等隔离储存。易燃液体、遇湿易燃物品、易燃固体不得与氧化剂混合储存，具有还原性的氧化剂应单独存放。腐蚀性物品包装必须严密，不允许泄漏，严禁与液化气体和其他物品共存。

（9）易燃气体不得与助燃气体、剧毒气体同储；氧气不得与油脂混合储存；盛装液化气体的压力容器，必须安装压力表、安全阀、紧急切断装置，并定期检查，不得超装。

（10）化学危险品生产和储存单位应当根据消防条例，配备消防力量、灭火设施以及通讯、报警装置。大型危险物品生产、储存单位应设有专职消防队，消防人员除了应具有一般消防知识和技能外，还应针对危险化学品种类、特性进行专门的技术知识培训。

（二）运输、装卸消防管理

1. 行政管理。国家对危险化学品的运输实行资质认定制度；未经资质认定，不得运输危险化学品。运输危险化学品，必须按照国家危险货物运输管理规定办理，对托运危险物品必须出示有关证明，向指定的铁路、交通、航运等部门办理手续。托运物品必须与托运单上所列的品名相符，托运未列入国家品名表内的危险物品，应附交上级主管部门审查同意的技术鉴定书。对不符合规定的，发货人不许托运，运输部门不许承运。对质量检验或科学研究急需的少量易燃、易爆化学危险品的样品或试剂，在确保安全条件下，可按有关规定办理快件托运。通过公路运输危险化学品的，托运人只能委托有危险化学品运输资质的运输企业承运。通过公路运输剧毒化学品的，托运人应当向目的地的县级人民政府公安部门申请办理剧毒化学品公路运输通行证。托运人应当向公安部门提交有关危险化学品的品名、数量、运输始发地和目的地、运输路线、运输单位、驾驶人员、押运人员、经营单位和购买单位资质情况的材料。

2. 消防安全要求。国家对危险化学品的运输实行资质认定制度，未经资质认定，不得运输危险化学品。用于危险化学品运输工具的槽罐以及其他容器，必须由专业生产企业定点生产，并经检测、检验合格，方可使用。质检部门应当对规定的专业生产企业定点生产的槽罐以及其他容器的产品质量进行定期的或者不定期的检查。

（1）危险物品的装卸运输人员，应按照危险化学品的性质，佩戴相应的防护用品，装卸作业必须在装卸管理人员的现场指挥下进行。

（2）运输装卸应当遵守有关操作规定：轻拿轻放，防止撞击、拖拉和倾倒、碰撞；相互接触容易引起燃烧、爆炸或造成其他危险的危险化学品，以及化学性质或防护、灭火方法相互抵触的危险化学品，在装运时，应当采取隔热、防潮措施；在用机械吊装作业时，应防止高空散落，发生危险；不得损毁包装容器，并注意标志，堆放稳妥。

（3）运输工具必须符合安全要求。禁止用电瓶车、翻斗车、铲车、自行车等运输爆炸物品或易燃、易爆液化气体等危险物品。运输强氧化剂、爆炸品及用铁桶包装的一级易燃液体时，没有采取可靠的安全措施，不得用铁底盘车及汽车挂车。放射性物品应用专用运输搬运车和抬架搬运，装卸机械应按规定降低负荷。用于危险化学品运输工具的槽罐以及其他容器，必须由专业生产企业定点生产，并经检测、检验合格，方可使用。槽罐以及其他容器必须封口严密，能够承受正常运输条件下产生的内部压力和外部压力，保证危险化学品在运输中不因温度、湿度或者压力的变化而发生任何渗（洒）漏。

（4）温度较高地区装运液化气体和易燃液体等危险物品，要有防晒设施。如遇有闪电雷击、雨雪天气，应立即关闭车厢、船舱门，停止作业。夜间作业不准使用明火灯具，应用防爆灯具。在装卸可燃易燃液体、气体时，其管道、设备上应装有导除静电的装置。

（5）通过公路运输危险化学品，不得超装、超载，不得进入危险化学品运输车辆禁止通行的区域；确需进入禁止通行区域的，应当事先向当地公安部门报告，由公安部门为其指定行车时间和路线，运输车辆必须遵守公安部门规定的行车时间和路线。车辆通过市区时，应当遵守规定的行车时间和路线，中途不许随意停车，尤其不可在繁华街道行驶和停留。需要停车住宿或者遇有无法正常运输的情况时，应当向当地公安部门报告。运输危险物品的车辆，必须保持安全车速，保持车距，严禁超车，超速和强行会车。运输危险化学品的车辆应专车专用，指派专人押运，押运人员不得少于2人。其排气管应装阻火器，并悬挂“危险品”标志。

（6）作业人员不得携带火种或穿带铁钉的鞋进入作业现场。危险物品装卸前，应对搬运工具进行必要的通风和清扫，不得留有残渣，对装有剧毒物品的车，卸车后必须洗刷干净。运输散装固体危险物品，应根据性质，采取防火、防爆、防水、防粉尘飞扬和遮阳等措施。

（7）运输危险化学品的驾驶员、船员、装卸人员和押运人员必须了解所运载的危险化学品的性质、危害特性、包装容器的使用特性以及发生意外时的应急措施。运输危险化学品，必须配备必要的应急处理器材和防护用品。

（8）装运时不得客货混装。载客的火车、船舶、飞机机舱不得装运危险化学品。禁止乘客随身携带、夹带化学危险物品乘坐交通工具。禁止无关人员搭乘装运化学危险品的车、船和飞机。

（三）经营消防管理

1. 行政管理。国家对危险化学品经营销售实行许可制度。未经许可，任何单位和个人都不得经营销售危险化学品。

经营剧毒化学品和其他危险化学品的，应当分别向省、自治区、直辖市人民政府安全生产监督管理部门或者设区的市级人民政府负责危险化学品安全监督管理综合工作的部门提出申请，并附送《危险化学品安全管理条例》第28条规定条件的相关证明材料。省、自治区、直辖市人民政府安全生产监督管理部门或者设区的市级人民政府负责危险化学品安全监督管理综合工作的部门接到申请后，应当依照本条例的规定对申请人提交的证明材料和经营场所进行审查。经审查，符合条件的，颁发危险化学品经营许可证，并将颁发危险化学品经营许可证的情况通报同级公安部门和环境保护部门；不符合条件的，书面通知申请人并说明理由。

申请人凭危险化学品经营许可证向工商行政管理部门办理登记注册手续。《危险化学品经营企业的开业条件和技术要求》（GB 18265－2000）、《危险化学品经营许可证管理办法》（2002 年 10 月 8 日原国家经济贸易委员会令第 36 号令公布）规定了危险化学品经营销售单位应当具备的基本条件。

2. 消防安全要求。

（1）经营和储存场所、设施、建筑物符合国家标准《建筑设计防火规范》、《爆炸危险场所安全规定》（1995 年 1 月 22 日原劳动和社会保障部劳部发［1995］56 号）和《仓库防火安全管理规则》（1990 年 4 月 10 日公安部令第 6 号发布）等规定，建筑物应当经公安消防机构验收合格。

（2）危险化学品经营企业的经营场所应坐落在交通便利，便于疏散处。店面应与繁华商业区或居住人口稠密区保持 500 米以上距离，经营面积不少于 60 平方米，店内不得设有生活设施。店内显著位置应设有“禁止明火”等警示标志，放置有效的消防、急救安全设施。

（3）备货库房应报公安、消防部门批准。从事危险化学品批发业务的企业，应具备经县级以上（含县级）公安、消防部门批准的专用危险品仓库。所经营的危险化学品不得存放在业务经营场所。危险化学品商店内只能存放民用小包装的危险化学品，其总量不得超过国家规定的限量。

（4）单位主要负责人和主管人员、安全生产管理人员和业务人员经过专业培训，并经考核，取得上岗合格证书方能从事经营活动。

（5）经营剧毒物品企业的人员，除取得合格证书外，还应经过县级以上（含县级）公安部门的专门培训，取得合格证书方可上岗。

（6）有健全的安全管理制度和岗位安全操作规程以及事故应急救援预案。

思考题：

1. 什么是危险化学物品？
2. 危险化学物品管理的主要部门有哪些？各自的管理范围是哪些？
3. 各有关部门有哪些管理职权？
4. 危险化学品火灾危险性有哪些？
5. 危险化学品在生产、储存、经营、运输等方面有哪些消防安全要求？

第六章　机关、团体、企业、事业单位消防安全管理

机关、团体、企业、事业单位是组成社会的基本单元，其在消防安全管理工作的主体地位、作用是政府和监督部门无法替代的。只有社会各个单位切实履行消防安全职责，落实消防安全管理措施，才能有效预防和遏制火灾事故的发生。2001 年公安部、教育部、民政部、人力资源和社会保障部、住房和城乡建设部、文化部、国家广播电视总局、国家旅游局令第 61 号令发布的《机关、团体、企业、事业单位消防安全管理规定》，2009 年公安部第 109 号发布的《社会消防安全教育培训规定》进一步明确、细化了单位的消防安全责任和消防安全管理要求，对于预防和减少火灾事故具有重要意义。

第一节　机关、团体、企业、事业单位的消防安全责任

一、消防安全责任人及其职责

（一）消防安全责任人

法人单位的法定代表人或者非法人单位的主要负责人是机关、团体、企业、事业单位（以下简称“单位”）的消防安全责任人，对本单位的消防安全工作全面负责。各单位应当落实逐级消防安全责任制和岗位消防安全责任制，明确逐级和岗位消防安全职责，确定各级、各岗位的消防安全责任人。

（二）消防安全责任人的职责

单位的消防安全责任人应当履行下列消防安全职责：

1. 贯彻执行消防法规，保障单位消防安全符合规定，掌握本单位的消防安全情况；
2. 将消防工作与本单位的生产、科研、经营、管理等活动统筹安排，批准实施年度消防工作计划；
3. 为本单位的消防安全提供必要的经费和组织保障；
4. 确定逐级消防安全责任，批准实施消防安全制度和保障消防安全的操作规程；
5. 组织防火检查，督促落实火灾隐患整改，及时处理涉及消防安全的重大问题；
6. 根据消防法规的规定建立专职消防队、志愿消防队；
7. 组织制定符合本单位实际的灭火和应急疏散预案，并实施演练。

二、消防安全管理人及其职责

（一）消防安全管理人

单位在确定消防安全责任人之后，可以根据需要另外确定本单位的消防安全管理人。消防安全管理人可以由单位的某位副职担任，也可以单独设置或者聘任。消防安

全管理人对单位的消防安全责任人负责，是消防安全管理工作的具体实施者和组织落实者。

（二）消防安全管理人的职责

消防安全管理人应当实施和组织落实下列消防安全管理工作：

1. 拟订年度消防工作计划，组织实施日常消防安全管理工作；

2. 组织制定消防安全制度和保障消防安全的操作规程并检查督促其落实；

3. 拟订消防安全工作的资金投入和组织保障方案；

4. 组织实施防火检查和火灾隐患整改工作；

5. 组织实施对本单位消防设施、灭火器材和消防安全标志的维护保养，确保其完好有效，确保疏散通道和安全出口畅通；

6. 组织管理专职消防队和志愿消防队；

7. 在员工中组织开展消防知识、技能的宣传教育和培训，组织灭火和应急疏散预案的实施和演练；

8. 定期向消防安全责任人报告消防安全情况，及时报告涉及消防安全的重大问题；

9. 单位消防安全责任人委托的其他消防安全管理工作。

如果单位未另外确定消防安全管理人，则消防安全管理工作由单位消防安全责任人负责实施，消防安全责任人必须同时履行“责任人”和“管理人”法定职责。

三、消防安全责任的界定

（一）承包、租赁或者委托经营、管理时消防安全责任的界定

实行承包、租赁或者委托经营、管理时，产权单位应当提供符合消防安全要求的建筑物，当事人在订立的合同中依照有关规定明确各方的消防安全责任；消防车通道、涉及公共消防安全的疏散设施和其他建筑消防设施应当由产权单位或者委托管理的单位统一管理。

承包、承租或者受委托经营、管理的单位应当在其使用、管理范围内履行消防安全职责。

（二）有两个以上产权单位和使用单位时消防安全责任的界定

对于有两个以上产权单位和使用单位的建筑物，各产权单位、使用单位对消防车通道、涉及公共消防安全的疏散设施和其他建筑消防设施可以委托统一管理，也可以通过合同或协议明确管理分工、划清管理责任。

（三）物业管理单位消防安全责任的界定

居民住宅区的物业管理单位应当在管理范围内履行下列消防安全职责：

1. 制定消防安全制度，落实消防安全责任，开展消防安全宣传教育；

2. 开展防火检查，消除火灾隐患；

3. 保障疏散通道、安全出口、消防车通道畅通；

4. 保障公共消防设施、器材以及消防安全标志完好有效。

其他物业管理单位应当对受委托管理范围内的公共消防安全管理工作负责。

（四）大型活动的主办单位、承办单位以及提供场地的单位之间消防安全责任的界定

举办集会、焰火晚会、灯会等具有火灾危险的大型活动的主办单位、承办单位以及提供场地的单位，应当在举办活动前订立合同，并在合同中明确各方的消防安全管理分工，划清各方消防安全责任。

（五）建筑工程施工现场消防安全责任的界定

建筑工程施工现场的消防安全责任由施工单位负责。实行施工总承包的，由总承包单位负责。分包单位向总承包单位负责，服从总承包单位对施工现场的消防安全管理。

对建筑物进行局部改建、扩建和装修的工程，建设单位应当与施工单位在订立的合同中明确各方对施工现场的消防安全责任。

第二节　机关、团体、企业、事业单位的防火措施

一、防火巡查和检查

（一）防火巡查

1. 巡查内容。防火巡查是主要应用在消防安全重点单位的检查形式。巡查的内容应当包括：用火、用电有无违章情况；安全出口、疏散通道是否畅通，安全疏散指示标志、应急照明是否完好；消防设施器材和消防安全标志是否在位、完整；常闭式防火门是否处于关闭状态，防火卷帘下是否堆放物品影响使用；消防安全重点部位的人员在岗情况以及其他消防安全情况。

2. 巡查要求。消防安全重点单位应当按照确定好的巡查人员、频次、内容、部位，每天进行防火巡查。其他单位可以根据实际需要组织防火巡查。

公众聚集场所在营业期间的防火巡查应当至少每两小时一次；营业结束时应当对营业现场进行检查，消除遗留火种。

医院、养老院、寄宿制的学校、托儿所、幼儿园应当加强夜间防火巡查，其他消防安全重点单位可以结合实际组织夜间防火巡查。

防火巡查人员应当及时纠正违章行为，妥善处置火灾危险，无法当场处置的，应当立即报告。发现初起火灾应当立即报警并及时扑救。

防火巡查应当填写巡查记录，巡查人员及其主管人员应当在巡查记录上签名。

（二）防火检查

1. 检查内容。机关、团体、企业、事业单位应当定期进行防火检查。检查的内容应当包括：火灾隐患的整改情况以及防范措施的落实情况；安全疏散通道、疏散指示标志、应急照明和安全出口情况；消防车通道、消防水源情况；灭火器材配置及有效情况；用火、用电有无违章情况；重点工种人员以及其他员工消防知识的掌握情况；消防安全重点部位的管理情况；易燃易爆危险物品和场所防火防爆措施的落实情况以及其他重要物资的防火安全情况；消防（控制室）值班情况和设施运行、记录情况；

防火巡查情况；消防安全标志的设置民政部和完好、有效情况以及其他需要检查的内容。

2. 检查要求。由于企业（包括事业性编制企业化管理的单位）消防安全管理动态性较强，诱发火灾危险的因素相应增多，为了确保安全，其防火检查的频次要高于其他单位，应当至少每月进行一次防火检查。机关、团体、事业单位应当至少每季度进行一次防火检查。

防火检查应当填写检查记录。检查人员和被检查部门负责人应当在检查记录上签名。

二、火灾隐患的整改

为确保单位火灾隐患整改的落实，保障消防安全，单位对自身存在的火灾隐患负有及时消除的法定责任与志愿。

（一）应当当场改正的火灾隐患

对下列违反消防安全规定的行为，单位应当责成有关人员当场改正并督促落实：

1. 违章进入生产、储存易燃易爆危险物品场所的；
2. 违章使用明火作业或者在具有火灾、爆炸危险的场所吸烟、使用明火等违反禁令的；
3. 将安全出口上锁、遮挡，或者占用、堆放物品影响疏散通道畅通的；
4. 消火栓、灭火器材被遮挡影响使用或者被挪做他用的；
5. 常闭式防火门处于开启状态，防火卷帘下堆放物品影响使用的；
6. 消防设施管理、值班人员和防火巡查人员脱岗的；
7. 违章关闭消防设施、切断消防电源的；
8. 其他可以当场改正的行为。

上述违反消防安全规定的行为，直接威胁人身和财产安全，如不立即改正，一旦发生火灾，势必造成严重后果。单位应该责成有关人员当场改正并督促落实，并将违反前款规定的情况以及改正情况记录存档备查。

（二）不能当场改正的火灾隐患

对不能当场改正的火灾隐患，消防工作归口管理职能部门或者专兼职消防管理人员应当根据本单位的管理分工，及时将存在的火灾隐患向单位的消防安全管理人或者消防安全责任人报告，提出整改方案。消防安全管理人或者消防安全责任人应当确定整改的措施、期限以及负责整改的部门、人员，并落实整改资金。

在火灾隐患未消除之前，单位应当落实防范措施，保障消防安全。不能确保消防安全，随时可能引发火灾或者一旦发生火灾将严重危及人身安全的，应当将危险部位停产停业整改。

火灾隐患整改完毕，负责整改的部门或者人员应当将整改情况记录报送消防安全责任人或者消防安全管理人签字确认后存档备查。

对于涉及城市规划布局而不能自身解决的重大火灾隐患，以及机关、团体、事业单位确无能力解决的重大火灾隐患，单位应当提出解决方案并及时向其上级主管部门或者当地人民政府报告。

（三）责令限期改正的火灾隐患

单位对公安消防机构责令限期改正的火灾隐患，应当在规定的期限内改正，并写出火灾隐患整改复函，报送公安消防机构。

三、灭火、应急疏散预案和演练

单位制定灭火和应急疏散预案不仅关系到单位在紧急情况下是否能快速处置初起火灾事故，减少财产损失，更重要的是关系到人员的安全。尤其是在公众聚集场所，灭火和应急疏散预案制定的是否完善，平时演练的是否到位是保障人员紧急疏散，最大限度地减少人员伤亡的关键措施。

（一）灭火和应急疏散预案的内容

灭火和应急疏散预案应包括下列内容：

1. 组织机构，包括：灭火行动组、通讯联络组、疏散引导组、安全防护救护组；
2. 报警和接警处置程序；
3. 应急疏散的组织程序和措施；
4. 扑救初起火灾的程序和措施；
5. 通讯联络、安全防护救护的程序和措施。

（二）制定和演练要求

根据有关法律、法规，消防安全重点单位必须制定灭火和应急疏散预案，其他单位应当结合本单位实际，参照制定相应的应急方案。

单位应当组织对灭火和应急疏散预案进行定期演练。通过演练预案，使单位领导、员工了解熟悉预案，做到一旦发生意外，能够按照预案确定的组织体系和人员分工，各就各位，各负其责，各尽其职，有序地组织实施火灾扑救和人员疏散，将人员伤亡和财产损失减少到最低限度。

消防安全重点单位应当至少每半年进行一次演练，并结合实际，不断完善预案；其他单位应当结合本单位实际，至少每年组织一次演练。消防演练时，应当设置明显标识并事先告知演练范围的人员。

四、消防档案

建立消防档案是保障单位消防安全管理工作以及各项消防安全措施落实的基础工作。通过档案对各项消防安全工作情况的记载，可以检查单位相关岗位人员履行消防安全职责的实施情况，强化单位消防安全管理的责任意识，有利于推动单位的消防安全管理工作朝着规范化、制度化的方向发展。

（一）消防档案的内容

消防档案应当包括消防安全基本情况和消防安全管理情况。

1. 消防安全基本情况。消防安全基本情况应当包括以下内容：单位基本概况和消防安全重点部位情况；建筑物或者场所施工、使用或者开业前的消防设计审核、消防验收以及消防安全检查的文件、资料；消防管理组织机构和各级消防安全责任人；消防安全制度；消防设施、灭火器材情况；专职消防队、志愿消防队人员及其消防装备配备情况；与消防安全有关的重点工种人员情况；灭火和应急疏散预案。

2. 消防安全管理情况。消防安全管理情况应当包括以下内容：公安消防机构填发的各种法律文书；消防设施定期检查记录、自动消防设施全面检查测试的报告以及维修保养的记录；火灾隐患及其整改情况记录；防火检查、巡查记录；有关燃气、电气设备检测（包括防雷、防静电）等记录资料；消防安全培训记录；灭火和应急疏散预案的演练记录；火灾情况记录；消防奖惩情况记录。

（二）消防档案建档要求

消防安全重点单位必须按照规定要求建立健全消防档案。内容应当全面翔实，并附有必要的图表。

其他单位应当将本单位的基本概况、公安消防机构填发的各种法律文书、与消防工作有关的材料和记录等统一保管备查。

各单位应当对消防档案统一保管、备查，并根据情况变化及时更新。

第三节　社会消防安全教育培训

为了加强社会消防安全教育培训工作，提高公民消防安全素质，有效预防火灾，减少火灾危害，机关、团体、企业、事业等单位（以下统称单位）、社区居民委员会、村民委员会应依照《社会消防安全教育培训规定》开展消防安全教育培训工作。

一、消防安全教育培训的内容

消防安全教育培训的内容应当符合全国统一的消防安全教育培训大纲的要求，主要包括：

1. 国家消防工作方针、政策；
2. 消防法律、法规；
3. 火灾预防知识；
4. 火灾扑救、人员疏散逃生和自救互救知识；
5. 其他应当教育培训的内容。

全国统一的消防安全教育培训大纲由公安部会同教育部、人力资源和社会保障部共同制定。

二、消防安全教育培训的管理职责

公安、教育、民政、人力资源和社会保障、住房和城乡建设、文化、广电、安全监管、旅游、文物等部门应当按照各自职能，依法组织和监督管理消防安全教育培训工作，并纳入相关工作检查、考评。应当建立协作机制，定期研究、共同做好消防安全教育培训工作。

（一）公安机关的职责

公安机关应当履行下列职责，并由公安机关消防机构具体实施：

1. 掌握本地区消防安全教育培训工作情况，向本级人民政府及相关部门提出工作建议；

2. 协调有关部门指导和监督社会消防安全教育培训工作；

3. 会同教育行政部门、人力资源和社会保障部门对消防安全专业培训机构实施监督管理；

4. 定期对社区居民委员会、村民委员会的负责人和专（兼）职消防队、志愿消防队的负责人开展消防安全培训。

（二）教育行政部门的职责

1. 将学校消防安全教育培训工作纳入教育培训规划，并进行教育督导和工作考核；

2. 指导和监督学校将消防安全知识纳入教学内容；

3. 将消防安全知识纳入学校管理人员和教师在职培训内容；

4. 依法在职责范围内对消防安全专业培训机构进行审批和监督管理。

（三）民政部门的职责

1. 将消防安全教育培训工作纳入减灾规划并组织实施，结合救灾、扶贫济困和社会优抚安置、慈善等工作开展消防安全教育；

2. 指导社区居民委员会、村民委员会和各类福利机构开展消防安全教育培训工作；

3. 负责消防安全专业培训机构的登记，并实施监督管理。

（四）人力资源和社会保障部门的职责

1. 指导和监督机关、企业和事业单位将消防安全知识纳入干部、职工教育、培训内容；

2. 依法在职责范围内对消防安全专业培训机构进行审批和监督管理。

（五）安全生产监督管理部门的职责

1. 指导、监督矿山、危险化学品、烟花爆竹等生产经营单位开展消防安全教育培训工作；

2. 将消防安全知识纳入安全生产监管监察人员和矿山、危险化学品、烟花爆竹等生产经营单位主要负责人、安全生产管理人员以及特种作业人员培训考核内容；

3. 将消防法律、法规和有关消防技术标准纳入注册安全工程师培训及执业资格考试内容。

（六）其他各部门的职责

1. 住房和城乡建设行政部门应当指导和监督勘察设计单位、施工单位、工程监理单位、施工图审查机构、城市燃气企业、物业服务企业、风景名胜区经营管理单位和城市公园绿地管理单位等开展消防安全教育培训工作，将消防法律、法规和工程建设消防技术标准纳入建设行业相关执业人员的继续教育和从业人员的岗位培训及考核内容。

2. 文化、文物行政部门应当积极引导创作优秀消防安全文化产品，指导和监督文物保护单位、公共娱乐场所和公共图书馆、博物馆、文化馆、文化站等文化单位开展消防安全教育培训工作。

3. 广播影视行政部门应当指导和协调广播影视制作机构和广播电视播出机构，制作、播出相关消防安全节目，开展公益性消防安全宣传教育，指导和监督电影院开展消防安全教育培训工作。

4. 旅游行政部门应当指导和监督相关旅游企业开展消防安全教育培训工作，督促旅行社加强对游客的消防安全教育，并将消防安全条件纳入旅游饭店、旅游景区等相关行业标准，将消防安全知识纳入旅游从业人员的岗位培训及考核内容。

三、消防安全教育培训的实施要求

（一）一般要求

单位应当根据本单位的特点，建立健全消防安全教育培训制度，明确机构和人员，保障教育培训工作经费，按照下列规定对职工进行消防安全教育培训：

1. 定期开展形式多样的消防安全宣传教育；

2. 对新上岗和进入新岗位的职工进行上岗前消防安全培训；

3. 对在岗的职工每年至少进行一次消防安全培训；

4. 消防安全重点单位每半年至少组织一次、其他单位每年至少组织一次灭火和应急疏散演练。

单位对职工的消防安全教育培训应当将本单位的火灾危险性、防火灭火措施、消防设施及灭火器材的操作使用方法、人员疏散逃生知识等作为培训的重点。

（二）各级各类学校的实施要求

1. 教育内容。各级各类学校应当开展下列消防安全教育工作：

（1）将消防安全知识纳入教学内容；

（2）在开学初、放寒（暑）假前、学生军训期间，对学生普遍开展专题消防安全教育；

（3）结合不同课程实验课的特点和要求，对学生进行有针对性的消防安全教育；

（4）组织学生到当地消防站参观体验；

（5）每学年至少组织学生开展一次应急疏散演练；

（6）对寄宿学生开展经常性的安全用火用电教育和应急疏散演练。

2. 实施要求。各级各类学校应当至少确定一名熟悉消防安全知识的教师担任消防安全课教员，并选聘消防专业人员担任学校的兼职消防辅导员。

中小学校和学前教育机构应当针对不同年龄阶段学生认知特点，保证课时或者采取学科渗透、专题教育的方式，每学期对学生开展消防安全教育。

小学阶段应当重点开展火灾危险及危害性、消防安全标志标识、日常生活防火、火灾报警、火场自救逃生常识等方面的教育。

初中和高中阶段应当重点开展消防法律、法规、防火灭火基本知识和灭火器材使用等方面的教育。

学前教育机构应当采取游戏、儿歌等寓教于乐的方式，对幼儿开展消防安全常识教育。

高等学校应当每学年至少举办一次消防安全专题讲座，在校园网络、广播、校内报刊等开设消防安全教育栏目，对学生进行消防法律、法规、防火灭火知识、火灾自救他救知识和火灾案例教育。

国家支持和鼓励有条件的普通高等学校和中等职业学校根据经济社会发展需要，设置消防类专业或者开设消防类课程，培养消防专业人才，并依法面向社会开展消防安全培训。

人民警察训练学校应当根据教育培训对象的特点，科学安排培训内容，开设消防基础理论和消防管理课程，并列入学生必修课程。

师范院校应当将消防安全知识列入学生必修内容。

（三）社区居民委员会、村民委员会的实施要求

1. 组织制定防火安全公约；

2. 在社区、村庄的公共活动场所设置消防宣传栏，利用文化活动站、学习室等场所，对居民、村民开展经常性的消防安全宣传教育；

3. 组织志愿消防队、治安联防队和灾害信息员、保安人员等开展消防安全宣传教育；

4. 利用社区、乡村广播、视频设备定时播放消防安全常识，在火灾多发季节、农业收获季节、重大节日和乡村民俗活动期间，有针对性地开展消防安全宣传教育。

5. 社区居民委员会、村民委员会应当确定至少一名专（兼）职消防安全员，具体负责消防安全宣传教育工作。

6. 物业服务企业应当在物业服务工作范围内，根据实际情况积极开展经常性消防安全宣传教育，每年至少组织一次本单位员工和居民参加的灭火和应急疏散演练。

7. 由两个以上单位管理或者使用的同一建筑物，负责公共消防安全管理的单位应当对建筑物内的单位和职工进行消防安全宣传教育，每年至少组织一次灭火和应急疏散演练。

（四）歌舞厅、影剧院、宾馆、饭店、商场、集贸市场、体育场馆、会堂、医院、客运车站、客运码头、民用机场、公共图书馆和公共展览馆等公共场所的实施要求

1. 在安全出口、疏散通道和消防设施等处的醒目位置设置消防安全标志、标识等；

2. 根据需要编印场所消防安全宣传资料供公众取阅；

3. 利用单位广播、视频设备播放消防安全知识。

（五）在建工程的施工单位的实施要求

1. 建设工程施工前应当对施工人员进行消防安全教育；

2. 在建设工地醒目位置、施工人员集中住宿场所设置消防安全宣传栏，悬挂消防安全挂图和消防安全警示标识；

3. 对明火作业人员进行经常性的消防安全教育；

4. 组织灭火和应急疏散演练；

5. 在建工程的建设单位应当配合施工单位做好上述消防安全教育工作。

（六）其他单位的实施要求

1. 养老院、福利院、救助站等单位，应当对服务对象开展经常性的用火用电和火场自救逃生安全教育。

2. 旅游景区、城市公园绿地的经营管理单位、大型群众性活动主办单位应当在景区、公园绿地、活动场所醒目位置设置疏散路线、消防设施示意图和消防安全警示标识，利用广播、视频设备、宣传栏等开展消防安全宣传教育。

导游人员、旅游景区工作人员应当向游客介绍景区消防安全常识和管理要求。

3. 新闻、广播、电视等单位应当积极开设消防安全教育栏目，制作节目，对公众开展公益性消防安全宣传教育。

4. 公安、教育、民政、人力资源和社会保障、住房和城乡建设、安全监管、旅游部门管理的培训机构，应当根据教育培训对象特点和实际需要进行消防安全教育培训。

四、消防安全培训机构

国家机构以外的社会组织或者个人利用非国家财政性经费，举办消防安全专业培训机构，面向社会从事消防安全专业培训的，应当经省级教育行政部门或者人力资源和社会保障部门依法批准，并到省级民政部门申请民办非企业单位登记。此类消防安全培训机构应当按照有关法律、法规、规章和章程规定，开展消防安全专业培训，保证培训质量。应当将消防安全管理、建筑防火和自动消防设施施工、操作、检测、维护技能作为培训的重点，对经理论和技能操作考核合格的人员，颁发培训证书。消防安全专业培训的收费标准，应当符合国家有关规定，并向社会公布。

（一）消防安全培训机构的成立条件

成立消防安全专业培训机构应当符合下列条件：

1. 具有法人条件，有规范的名称和必要的组织机构；

2. 注册资金或者开办费一百万元以上；

3. 有健全的组织章程和培训、考试制度；

4. 具有与培训规模和培训专业相适应的专（兼）职教员队伍；

专（兼）职教员队伍中，专职教员应当不少于教员总数的1/2；具有建筑、消防等相关专业中级以上职称，并有5年以上消防相关工作经历的教员不少于10人；消防安全管理、自动消防设施、灭火救援等专业课程应当分别配备理论教员和实习操作教员不少于2人。

5. 有同时培训200人以上规模的固定教学场所、训练场地，具有满足技能培训需要的消防设施、设备和器材；

6. 消防安全专业培训需要的其他条件。

（二）消防安全培训机构的审批程序

申请成立消防安全专业培训机构，依照国家有关法律、法规，应当向省级教育行政部门或者人力资源和社会保障部门申请。

省级教育行政部门或者人力资源和社会保障部门受理申请后，可以征求同级公安机关消防机构的意见。

省级公安机关消防机构收到省级教育行政部门或者人力资源和社会保障部门移送的申请材料后，应当配合对申请成立消防安全培训专业机构的师资条件、场地和设施、设备、器材等进行核查，并出具书面意见。

教育行政部门或者人力资源和社会保障部门根据有关民办职业培训机构的规定，并综合公安机关消防机构出具的书面意见进行评定，符合条件的予以批准，并向社会公告。

（三）消防安全专业培训机构的管理

省级教育行政部门或者人力资源和社会保障部门应当依法对消防安全专业培训机构进行管理，监督、指导消防安全专业培训机构依法开展活动。

省级教育行政部门或者人力资源和社会保障部门应当对消防安全专业培训机构定期组织质量评估，并向社会公布监督评估情况。省级教育行政部门或者人力资源和社会保障部门在对消防安全专业培训机构进行质量评估时，可以邀请公安机关消防机构专业人员参加。

五、奖　惩

1. 地方各级人民政府及有关部门对在消防安全教育培训工作中有突出贡献或者成绩显著的单位和个人，应当给予表彰奖励。

单位对消防安全教育培训工作成绩突出的职工，应当给予表彰奖励。

2. 地方各级人民政府公安、教育、民政、人力资源和社会保障、住房和城乡建设、文化、广电、安全监管、旅游、文物等部门不依法履行消防安全教育培训工作职责的，上级部门应当给予批评；对直接责任人员由上级部门和所在单位视情节轻重，根据权限依法给予批评教育或者建议有权部门给予处分。

公安机关消防机构工作人员在协助审查消防安全专业培训机构的工作中疏于职守的，由上级机关责令改正；情节严重的，对直接负责的主管人员和其他直接责任人员依法给予处分。

3. 学校未按照《社会消防安全培训规定》第 15 条、第 16 条、第 17 条、第 18 条规定开展消防安全教育工作的，教育、公安、人力资源和社会保障等主管部门应当按照职责分工责令其改正，并视情对学校负责人和其他直接责任人员给予处分。

4. 单位违反《社会消防安全培训规定》，构成违反消防管理行为的，由公安机关消防机构依照《消防法》予以处罚。

5. 社会组织或者个人未经批准擅自举办消防安全专业培训机构的，或者消防安全专业培训机构在培训活动中有违法违规行为的，由教育、人力资源和社会保障、民政等部门依据各自职责依法予以处理。

思考题：

1. 如何确定消防安全责任人和管理人？他们各有哪些消防安全责任？

2. 哪些单位应列为消防安全重点单位？

3. 对公众聚集场所有哪些消防管理措施和要求？

4. 单位消防巡查和检查的周期与内容有何要求?
5. 应当当场改正的火灾隐患有哪些?
6. 消防宣传教育和培训的内容有哪些?
7. 怎样制定灭火和应急疏散预案?

第七章　消防监督检查

第一节　消防监督检查概述

一、消防监督检查的概念和特征

（一）消防监督检查的概念

消防监督检查，是指公安消防机构依法对单位遵守消防法律、法规情况进行的监督检查；对违反消防法律、法规的行为，责令改正，并依法实施处罚的执法活动。

消防监督检查是国家赋予公安消防机构的一项重要职责。《消防法》第53条第1款规定：公安机关消防机构应当对机关、团体、企业、事业等单位遵守消防法律、法规的情况依法进行监督检查。公安派出所可以负责日常消防监督检查、开展消防宣传教育，具体办法由国务院公安部门规定。消防监督检查是公安消防机构依照法律行使社会消防监督管理的一项职权，是发现和消除火灾隐患，纠正违法、违章行为，预防和减少火灾的基本手段之一。

（二）消防监督检查的特征

消防监督检查是国家消防监督制度的主要组成部分，作为公安消防机构依法行使的消防监督管理职责，具有以下几个特征：

1. 权威性。消防监督检查是由法律赋予公安消防机构和公安派出所的职责，其依据是国家和地方消防法律、法规，因此具有权威性。

2. 强制性。消防监督检查是一项执法行为，而消防法律、法规对公民、法人和其他组织具有普遍的约束力，因此，公安消防机构依法对单位进行的监督检查不以被监督者是否愿意接受为前提，不受时间和场所的限制，具有强制性。

3. 志愿性。消防监督检查要对被检查单位科以志愿，通过监督检查，督促被检查单位履行消防安全职责；对在检查中发现的违反消防法律、法规的行为，由公安消防机构予以纠正、提出整改意见或限期消除火灾隐患，被检查单位有志愿在规定的期限内整改完毕。如逾期不改，将接受公安消防机构的处罚。

4. 普遍性。消防监督检查的对象具有普遍性，包括所有单位。这里，单位不仅包括机关、团体、企业、事业单位，而且包括有固定经营场所具有一定规模的个体工商户，居民住宅区的管理单位、居民委员会、村民委员会等。

二、消防监督检查的分工

《消防监督检查规定》第3条明确规定，直辖市、市（地区、州、盟）、县（市辖区、县级市、旗）公安机关消防机构具体实施消防监督检查，确定本辖区内的消防安全重点单位并由所属公安机关报本级人民政府备案。

公安派出所可以对居民住宅区的物业服务企业、居民委员会、村民委员会履行消防安全职责的情况和上级公安机关确定的单位实施日常消防监督检查。

公安派出所日常消防监督检查的单位范围由省级公安机关消防机构、公安派出所工作主管部门共同研究拟定，报省级公安机关确定。

第二节　消防监督检查的实施

一、消防安全重点单位的界定

《消防法》第17条规定，消防安全重点单位的确定，要根据发生火灾的危险性以及一旦发生火灾可能产生的危害后果来确定。这一规定表明，确定消防安全重点单位的根据是该单位的火灾危险性质而不是它的行政级别。将部分单位确定为消防安全重点单位的目的在于加强消防分级管理，有针对性地开展消防工作，分清责任，避免不必要的随意投入。对重点单位严格管理，严格监督，是我国多年来消防工作行之有效的做法，实践证明，这种方法对于预防重、特大火灾事故，减少火灾损失具有重要作用。

根据《机关、团体、企业、事业单位消防安全管理规定》第13条和公安部2002年颁布的《消防安全重点单位界定标准》的规定，下列单位是消防安全重点单位，应当按照规定的要求，实行严格管理。

1. 商场（市场）、宾馆（饭店）、体育场（馆）、会堂、公共娱乐场所等公众聚集场所。

该类公共聚集场所具体包括：

（1）建筑面积在1000平方米（含本数，下同）以上且经营可燃商品的商场（商店、市场）；

（2）客房数在50间以上的宾馆（含旅馆、饭店等）；

（3）公共的体育场（馆）、会堂；

（4）建筑面积在200平方米以上的公共娱乐场所

“公共娱乐场所”系指公安部《公共娱乐场所消防安全管理规定》第二条所列场所。

2. 医院、养老院和寄宿制学校、托儿所、幼儿园。

该类单位的具体界定标准为：

（1）住院床位在50张以上的医院；

（2）老人住宿床位在50张以上的养老院；

（3）学生住宿床位在100张以上的学校；

（4）幼儿住宿床位在50张以上的托儿所、幼儿园。

3. 国家机关。

作为消防安全重点单位的国家机关主要包括：

（1）县级以上的党委、人大、政府、政协；

（2）人民检察院、人民法院；

（3）中央和国务院各部委；

（4）共青团中央、全国总工会、全国妇联的办事机关。

4. 广播电台、电视台和城镇的邮政、通信枢纽单位。

5. 候车厅、候船厅的建筑面积在500平方米以上的客运车站和客运码头、民用机场。

6. 建筑面积在2000平方米以上的公共图书馆、展览馆，公共博物馆、档案馆以及具有火灾危险性的县级以上文物保护单位。

7. 发电厂（站）和电网经营企业。

8. 易燃易爆化学物品的生产、充装、储存、供应、销售单位。

该类单位的具体界定标准为：

（1）生产易燃易爆化学物品的工厂；

（2）易燃易爆气体和液体的灌装站、调压站；

（3）储存易燃易爆化学物品的专用仓库（堆场、储罐场所）；

（4）营业性汽车加油站、加气站、液化石油气供应站（换瓶站）；

（5）经营易燃易爆化学物品的化工商店（其界定标准，以及其他需要界定的易燃易爆化学物品性质的单位及其标准，由省级公安消防机构根据实际情况确定）。

9. 生产车间员工在100人以上的服装、鞋帽、玩具等劳动密集型生产、加工企业。

10. 重要的科研单位（界定标准由省级公安消防机构根据实际情况确定）。

11. 高层公共建筑、地下铁道、地下观光隧道，粮、棉、木材、百货等物资仓库和堆场，重点工程的施工现场。

该类单位具体包括：

（1）高层办公楼（写字楼）、公寓楼等高层公共建筑；

（2）城市地下铁道、地下观光隧道等地下公共建筑和城市重要的交通隧道；

（3）国家储备粮库、总储量在10000吨以上的其他粮库；

（4）总储量在500吨以上的棉库；

（5）总储量在10000立方米以上的木材堆场；

（6）总储存价值在1000万元以上的可燃物品仓库、堆场；

（7）国家和省级等重点工程的施工现场。

12. 其他发生火灾可能性较大以及一旦发生火灾可能造成重大人身伤亡或者财产损失的单位（界定标准由省级公安消防机构根据实际情况确定）。

依据《消防监督检查规定》，以上十二类消防安全重点单位的消防安全工作由单位“自行负责，自行管理”。公安消防机构作为防火监督部门，其监督检查人员不负责重点单位的具体消防安全管理工作，主要履行依法监督检查的职责。

二、消防监督检查的形式和方法

（一）消防监督检查的形式

《消防监督检查规定》第6条规定，公安消防机构进行消防监督检查的形式主要有：

1. 对公众聚集场所在投入使用、营业前的消防安全检查。《消防监督检查规定》第8条规定，公众聚集场所在投入使用、营业前，建设单位或者使用单位应当向场所所在地的县级以上人民政府公安机关消防机构申请消防安全检查，并提交下列材料：

（1）消防安全检查申报表；

（2）营业执照复印件或者工商行政管理机关出具的企业名称预先核准通知书；

（3）依法取得的建设工程消防验收或者进行消防竣工验收备案的法律文件复印件；

（4）消防安全制度、灭火和应急疏散预案；

（5）员工岗前消防安全教育培训记录和自动消防系统操作人员取得的消防行业特有工种职业资格证书复印件；

（6）其他依法应当申报的材料。

对依法进行消防竣工验收备案且没有进行备案抽查的公众聚集场所申请消防安全检查的，还应当提交场所室内装修消防设计施工图、消防产品质量合格证明文件，以及装修装饰材料防火性能符合消防技术标准的证明文件、出厂合格证。

公安机关消防机构对消防安全检查的申请，应当按照行政许可有关规定受理。

2. 对单位履行法定消防安全职责情况的监督抽查。公安消防机构应当根据本地区火灾规律、特点以及结合重大节日、重大活动等消防安全需要，组织监督抽查。对消防安全重点单位的监督抽查每半年至少组织一次，对其他单位的监督抽查每年至少组织一次。检查内容应该具体深入，并应该填写《消防监督检查记录表》，检查形成的法律文书应该按规定存档。

3. 对举报投诉的消防安全违法行为的核查。随着公民法制意识的不断增强，对违反消防法律、法规的行为举报、投诉日益增多。公安消防机构在建立群众举报、投诉管理制度的基础上，对于受理的举报和投诉既可以由受理单位直接组织力量进行检查核实，也可以指令下级公安消防机构检查核实并做出处理，在规定的时间内向受理机关报告情况。举报、投诉的案件不能交由被举报、投诉单位进行核查，被举报、投诉的有关人员应该按规定进行回避。经检查核实后，若被举报单位确实存在违反消防法律、法规行为的，应该依照规定责令改正和依法处罚，被投诉的公安消防机构工作人员确有违法违规行为的，应当报上级领导，由有关部门调查、处理。

4. 对大型群众性活动举办前的消防安全检查。由于大型群众性活动必然会涉及消防安全尤其是紧急疏散的问题，一旦没有合理的应急消防疏散预案与畅通的疏散通道、安全出口和消防车通道，在紧急情况发生时极易造成重大人身伤亡或者财产损失，因此公安消防机构应当在大型群众性活动举办前对活动现场进行消防安全检查，防患于未然。

5. 根据需要进行的其他消防监督检查。公安部消防局和省、自治区、直辖市公安消防机构可以根据需要统一组织监督抽查。各级公安消防机构可以根据火灾特点和消防安全工作的薄弱环节，在当地政府的领导部署下，组织开展某一行业或某一方面的消防安全专项治理，在各部门各单位自查的基础上进行消防监督检查。

（二）消防监督检查的方法

公安消防机构根据本地区火灾规律、特点等消防安全需要组织监督抽查；在火灾多发季节，重大节日、重大活动前或者期间，应当组织监督抽查。组织监督抽查时，可以分行业或者跨地区采取随机方式确定检查单位。抽查单位的数量应当根据消防监督检查人员的数量和消防监督检查的工作量化标准予以确定。消防安全重点单位应当作为监督抽查的重点，非消防安全重点单位必须在监督抽查的单位数量中占有一定比例。对属于人员密集场所的消防安全重点单位每年至少监督检查一次。

公安消防机构组织监督检查时，可以事先公告检查的范围、内容、要求和时间。检查的结果可以通过适当的方式予以通报或向社会公布。本地区经消防监督检查所发现的重大火灾隐患情况应当定期予以公布。

在进行消防监督检查时可采用的具体方法手段有：询问单位防火工作和员工的消防知识掌握情况；查阅有关消防安全的文件、资料；查看消防设施、设备的外观、运行情况；抽查测试消防设施功能；检查灭火、疏散预案等的操作情况。

三、消防监督检查的内容

（一）一般消防监督检查的内容

公安消防机构组织消防监督检查时，应当以法律、法规为依据，针对被检查单位的情况，检查下列内容：

1. 建筑物或者场所是否依法通过消防验收或者进行消防竣工验收备案，公众聚集场所是否通过投入使用、营业前的消防安全检查；

2. 建筑物或者场所的使用情况是否与消防验收或者进行消防竣工验收备案时确定的使用性质相符；

3. 单位消防安全制度、灭火和应急疏散预案是否制定；

4. 建筑消防设施是否定期进行全面检测，消防设施、器材和消防安全标志是否定期组织检验、维修，是否完好有效；

5. 电器线路、燃气管路是否定期维护保养、检测；

6. 疏散通道、安全出口、消防车通道是否畅通，防火分区是否改变，防火间距是否被占用；

7. 是否组织防火检查、消防演练和员工消防安全教育培训，自动消防系统操作人员是否持证上岗；

8. 生产、储存、经营易燃易爆危险品的场所是否与居住场所设置在同一建筑物内；

9. 生产、储存、经营其他物品的场所与居住场所设置在同一建筑物内的，是否符合消防技术标准；

10. 其他依法需要检查的内容。

对人员密集场所还应当抽查室内装修装饰材料是否符合消防技术标准。

（二）公共聚集场所在投入使用、营业前检查的内容

根据《消防监督检查规定》第 9 条的规定，公安机关消防机构对公众聚集场所在投入使用、营业前进行消防安全检查。需要申报此类消防安全检查的共有五类场所：歌舞厅、影剧院等公共娱乐场所；宾馆、饭店；商场、集贸市场；体育场馆、会堂以及其他依法需要经消防安全检查合格后方可使用或开业的公众聚集场所。

其中公安消防机构对其进行消防监督检查的内容为：

1. 场所是否依法通过消防验收合格或者进行消防竣工验收备案抽查合格；依法进行消防竣工验收备案且没有进行备案抽查的场所是否符合消防技术标准；

2. 消防安全管理制度、灭火和应急疏散预案是否制定；

3. 自动消防系统操作人员是否持证上岗，员工是否经过岗前消防安全培训；

4. 消防设施、器材是否符合消防技术标准并完好有效；

5. 疏散通道、安全出口和消防车通道是否畅通；

6. 室内装修装饰材料是否符合消防技术标准。

（三）具有火灾危险的大型群体性活动举办前检查的内容

举办集会、焰火晚会、灯会等具有火灾危险的大型群众性活动前，举办方应当申报，要求进行消防安全检查。公安消防机构接到举办申报后，应当对活动现场进行消防安全检查，具体检查下列内容：

1. 室内活动使用的建筑物（场所）是否依法通过消防验收或者进行消防竣工验收备案，公众聚集场所是否通过使用、营业前的消防安全检查；

2. 临时搭建的建筑物是否符合消防安全要求；

3. 是否制定灭火和应急疏散预案并组织演练；

4. 是否明确消防安全责任分工并确定消防安全管理人员；

5. 活动现场消防设施、器材是否配备齐全并完好有效；

6. 活动现场的疏散通道、安全出口和消防车通道是否畅通；

7. 活动现场的疏散指示标志和应急照明是否符合消防技术标准并完好有效。

（四）大型的人员密集场所和其他特殊建设工程的施工工地检查的内容

公安消防机构应当对大型的人员密集场所和其他特殊建设工程的施工工地进行消防监督检查，应当重点检查施工单位履行下列消防安全职责的情况：

1. 是否制定施工现场消防安全制度、灭火和应急疏散预案；

2. 对电焊、气焊等明火作业是否有相应的消防安全防护措施；

3. 是否设置与施工进度相适应的临时消防水源、安装消火栓并配备水带水枪，消防器材是否配备并完好有效；

4. 是否设有消防车通道并畅通；

5. 是否组织员工消防安全教育培训和消防演练；

6. 员工集体宿舍是否与施工作业区分开设置，员工集体宿舍是否存在违章用火、用电、用油、用气。

（五）对消防安全重点单位履行法定消防安全职责情况的监督抽查

公安消防机构对消防安全重点单位履行法定消防安全职责情况的监督抽查，除检查《消防监督检查规定》第10条规定的内容外，还应当检查下列内容：

1. 是否确定消防安全管理人；

2. 是否开展每日防火巡查并建立巡查记录；

3. 是否定期组织消防安全培训和消防演练；

4. 是否建立消防档案、确定消防安全重点部位。

对属于人员密集场所的消防安全重点单位，还应当检查单位灭火和应急疏散预案中承担灭火和组织疏散任务的人员是否确定。

四、消防监督检查员

（一）消防监督检查员的定义

根据《消防监督检查员专业资格》的规定，消防监督检查员指经国家特别选任，依法取得消防监督检查人员岗位资格证书并在公安消防机构主要从事对公民，法人和其他组织遵守消防法规情况进行监督检查的人员。

（二）消防监督检查员专业资格等级与执业范围

消防监督检查员职业资格是对从事消防监督检查工作岗位所必备的学识，技术和能力的基本要求。职业资格包括从业资格和执业资格。从业资格，是指从事消防监督检查岗位学识，技术和能力的起点标准。执业资格，是指依法从事消防监督检查岗位学识，技术和能力的必备标准。

1. 消防监督检查员专业资格等级。消防监督检查员岗位专业资格共分三个等级，分别为：一级消防检查员，二级消防检查员，三级消防检查员。

2. 消防监督检查员的执业范围。消防监督检查员的执业范围见表7－1：

表7－1　消防监督检查员的执业范围

资格等级	一级消防检查员	二级消防检查员	三级消防检查员
执业范围	1）承担辖区内除易燃易爆化学物品生产，储存等以外的消防安全重点单位和非消防安全重点单位的消防监督检查； 2）受理消防行政许可项目； 3）受理消防违法行为的举报，投诉并提出初步处理意见； 4）实施消防行政处罚； 5）开展消防安全宣传教育培训工作； 6）承担一般事务的消防行政管理工作。	1）承担辖区内消防安全重点单位和非消防安全重点单位的消防监督检查； 2）承担公众聚集场所在使用或者开业前的消防安全检查； 3）承担具有火灾危险的大型群众性活动举办前的消防安全检查； 4）对消防违法行为的举报，投诉进行查处； 5）承担一般建筑工程消防验收工作； 6）协助一般火灾事故调查工作； 7）实施消防行政处罚； 8）参与城镇消防规划建设管理工作； 9）承担消防安全宣传教育培训工作； 10）承担有关消防行政管理工作； 11）对一级消防监督检查员进行消防业务指导。	1）承担所有形式的消防监督检查工作； 2）处理重大复杂疑难消防安全问题； 3）承担重点建筑工程消防验收工作； 4）承担一般火灾事故调查工作； 5）承担城镇消防规划建设管理工作； 6）承担消防安全宣传教育培训工作； 7）实施消防行政处罚； 8）承担有关消防行政管理工作； 9）对一，二级消防监督检查员进行消防业务指导。

3. 消防监督检查员应掌握的理论知识内容。消防监督检查员应掌握的理论知识内容见表7－2：

表 7－2　消防监督检查员应掌握的理论知识内容

资格等级	一级消防检查员	二级消防检查员	三级消防检查员
理论知识范围	消防职业道德知识，消防法律法规知识，消防基础知识（消防公文写作，消防行政执法，消防燃烧学，消防制图，计算机应用基础，消防新闻和摄影等）和消防专业知识（建筑消防设施，防火工程，危险化学品防火，消防监督管理等）四大方面。	消防职业道德知识，消防法律法规知识，消防基础知识（消防公文写作，消防行政执法，消防传热学，消防行政管理，消防新闻和摄影等）和消防专业知识（建筑消防设施，防火工程，危险化学品防火，消防监督管理，火灾保险学，城市消防规划等）四大方面。	消防职业道德知识，消防法律法规知识，消防基础知识（法律基础，消防行政执法，火灾证据学，消防行政管理学等）和消防专业知识（建筑消防设施，防火工程，危险化学品防火，消防监督管理，城市消防规划，消防性能化设计与消防安全评估技术等）四大方面。

第三节　消防监督检查的程序

消防监督检查程序是公安消防机构实施消防监督检查的步骤，是实施消防行政处罚之前必不可少的程序。消防监督检查从行为起始到行为终结一般包含两个程序，即消防监督检查程序和消防行政处罚程序。本节内容只涉及消防监督检查程序，消防行政处罚程序详见本书第十二章中关于消防违法行为的处罚。

消防监督检查对象遍及机关、团体、企事业单位和个体工商户，涉及范围广。消防监督检查行为如果没有严格法律程序来予以约束，消防监督检查职权就有可能被滥用。若不规范消防监督检查程序就会导致执法的随意性，影响法律的公正与公平，甚至侵害被监督检查单位的合法权益。因此，有关消防监督检查程序的规定是消防法律、法规的重要内容，是对公安消防机构和消防监督检查人员的约束，同时更是对行政相对方权益的保障。

一、火灾隐患的确定和消防监督检查的一般要求

（一）火灾隐患的确定

公安消防机构在消防监督检查时发现具有下列情形之一的，应当确定为火灾隐患：

1. 影响人员安全疏散或者灭火救援行动，不能立即改正的；
2. 消防设施未保持完好有效，影响防火灭火功能的；
3. 擅自改变防火分区，容易导致火势蔓延、扩大的；
4. 在人员密集场所违反消防安全规定，使用、储存易燃易爆危险品，不能立即改正的；
5. 不符合城市消防安全布局要求，影响公共安全的；
6. 其他可能增加火灾实质危险性或者危害性的情形。

（二）重大火灾隐患的确定

1. 重大火灾隐患的概念。根据《重大火灾隐患判定方法》（GA 653－2006）的规

定，违反消防法律、法规，可能导致火灾发生或火灾危害增大，并由此可能造成特大火灾事故后果和严重社会影响的各类潜在不安全因素。

2. 重大火灾隐患的判定。

（1）可以直接判定为重大火灾隐患的情况：

①生产、储存和装卸易燃易爆化学物品的工厂、仓库和专用车站、码头、储罐区，未设置在城市的边缘或相对独立的安全地带；

②甲、乙类厂房设置在建筑的地下、半地下室；

③甲、乙类厂房、库房或丙类厂房与人员密集场所、住宅或宿舍混合设置在同一建筑内；

④公共娱乐场所、商店、地下人员密集场所的安全出口、楼梯间的设置形式及数量不符合规定；

⑤旅馆、公共娱乐场所、商店、地下人员密集场所未按规定设置自动喷水灭火系统或火灾自动报警系统；

⑥易燃可燃液体、可燃气体储罐（区）未按规定设置固定灭火、冷却设施。

（2）有下列任一种情形可不判定为重大火灾隐患的情况：

①可以立即整改的；

②因国家标准修订引起的（法律、法规有明确规定的除外）；

③对重大火灾隐患依法进行了消防技术论证，并已采取相应技术措施的；

④发生火灾不足以导致特大火灾事故后果或严重社会影响的。

3. 重大火灾隐患的判定程序。

①进行现场检查核实，并获取相关影像、文字资料；

②组织集体讨论判定，且参与人数不应少于3人；

③对于涉及复杂疑难的技术问题，按照本标准判定重大火灾隐患有困难的，应由公安消防机构组织专家成立专家组进行技术论证。专家组应由当地政府有关行业主管、监管部门和相关消防技术的专家组成，人数不应少于7人；

④集体讨论或专家技术论证时，建筑业主和管理、使用单位等涉及利害关系的人员可以参加讨论，但不应进入专家组；

⑤集体讨论或专家技术论证应形成结论性意见，作为判定重大火灾隐患的依据。判定为重大火灾隐患的结论性意见应有2/3以上专家同意；

⑥集体讨论和专家技术论证应当提出合理可行的整改措施和期限。

（三）消防监督检查的一般要求

《消防监督检查规定》规定，公安消防机构进行消防监督检查时，消防监督检查人员不得少于两人，并出示执法身份证件。消防监督检查人员进行监督检查时，应当填写《消防监督检查记录》。检查完毕，《消防监督检查记录》应当交被检查单位主管人员阅后签名；对记录有异议或者拒绝签名的，消防监督检查人员应当注明情况。《消防监督检查记录》应当交所属公安消防机构存档备查。

公安消防机构在消防监督检查中发现城市消防安全布局或者公共消防设施不符合

消防安全要求的，应当书面报请当地人民政府或者通报有关部门予以解决；发现医院、养老院、学校、托儿所、幼儿园、地铁以及生产、储存易燃易爆化学物品的单位等存在重大火灾隐患，单位自身确无能力解决的，或者本地区存在影响公共安全的重大火灾隐患难以整改的，应当书面报请当地人民政府协调解决。

二、消防安全检查程序

（一）适用范围

消防安全检查程序是根据《消防法》第 24 条和第 25 条规定、《消防监督检查规定》第 9 条、第 10 条和第 11 条规定所设置的，适用于以下两种情况：

1. 对公共聚集场所使用或者开业前的监督检查，对举办集会、焰火晚会、灯会等具有火灾危险的大型群众性活动前的监督检查。

2. 被责令停止施工、停止使用、停产停业或者停止举办的单位，经整改后具备消防安全条件，提出恢复施工、使用、生产、营业或者举办申请的监督检查。

（二）程序要求

1. 申报检查。公共聚集场所使用或者开业的单位以及举办集会、焰火晚会、灯会等具有火灾危险的大型群众性活动的组织者应当在拟订使用、开业或者举办日期前至少 10 个工作日将《消防安全检查申报表》报送公安消防机构。申报单位须随表附送公安消防机构消防设计审核和消防验收意见书以及其他需要提供的材料。

被责令停止施工、停止使用、停产停业或者停止举办的单位，经整改后具备消防安全条件，提出恢复施工、使用、生产、营业或者举办书面申请的，应该在向公安消防机构报送《消防安全检查申报表》的同时，随表附送公安消防机构责令停止施工、停止使用、停产停业或停止举办法律文书复印件以及其他需要提供的材料。

《消防安全检查申报表》必须经申报单位加盖公章后方才有效。

2. 检查。对公众聚集场所投入使用、营业前的消防安全检查，公安机关消防机构应当自受理申请之日起 10 个工作日内进行检查。

对大型群众性活动现场在举办前进行的消防安全检查，公安机关消防机构应当在接到本级公安机关治安部门通知之日起 3 个工作日内进行检查，并将检查记录移交本级公安机关治安部门。

3. 制作并送达《消防安全检查意见书》。制作并送达《消防安全检查意见书》。公安消防机构应自检查之日起 3 个工作日内制作并送达《消防安全检查意见书》。《消防安全检查意见书》的结论应该是“同意”或者“不同意”，不能没有结论或者含混不清。

三、消防违法行为举报、投诉查处程序

（一）适用范围

根据《消防监督检查规定》第 17 条之规定，公安机关消防机构接到对消防安全违法行为的举报投诉，应当及时受理、登记，并按照《公安机关办理行政案件程序规定》第 38 条的规定处理。

（二）程序要求

1. 核查。公安消防机构接到对占用、堵塞、封闭疏散通道、安全出口或者其他妨碍安全疏散行为，以及擅自停用消防设施等行为的举报投诉，应当在接到举报投诉后24小时内进行核查；对其他消防安全违法行为的举报投诉，应当在接到举报投诉之日起3个工作日内进行核查。

2. 处理。经核查，对消防安全违法行为应当依法处理。

3. 告知与文书。公安消防机构受理对消防违法行为的举报、投诉，应当填写《消防违法行为举报、投诉查处情况记录》；核查处理完毕应将核查、处理情况应当及时告知举报、投诉人；无法告知的，应当在《消防违法行为举报、投诉查处情况记录》上注明。

4. 保密志愿。举报、投诉人要求保密的，公安消防机构应当为其保密。

四、责令改正程序

（一）适用范围

1. 可以立即改正的火灾隐患。

2. 依法应当责令限期改正的火灾隐患。

（二）程序要求

1. 确认上述火灾隐患、消防违法行为或有关消防安全条件未达到《消防监督检查规定》发布时的国家工程建筑消防技术标准要求的事实的存在。

2. 责令改正。在消防监督检查中，公安消防机构应根据单位的实际情况，对发现的应当责令改正的消防安全违法行为，当场制作责令改正通知书，并依法予以处罚。针对可以立即改正的火灾隐患，且违法行为轻微并当场改正完毕，依法可以不予行政处罚的，可以口头责令改正，并在检查记录上注明。

3. 责令限期改正。在消防监督检查中，公安消防机构应根据单位的实际情况，依法应当责令限期改正的消防安全违法行为，应当根据改正违法行为的难易程度合理确定改正期限。对于依法投入使用的人员密集场所和生产、储存易燃易爆化学物品的场所（建筑物），若发现其有关消防安全条件未达到《消防监督检查规定》发布时的国家工程建筑消防技术标准要求的，应当责令被检查单位按有关法律法规及标准执行整改。针对不及时消除可能严重威胁公共安全的消防隐患，公安消防机构应当对危险部位或者场所予以临时查封。

4. 复查程序。复查程序是消防监督检查中的一个重要程序公安机关消防机构应当在责令改正期限届满或者收到当事人的复查申请之日起三个工作日内进行复查。对逾期不改正的，依法予以处罚。

五、重大火灾隐患限期整改程序

（一）适用范围

根据《重大火灾隐患判定方法》的规定构成重大火灾隐患的，应当适用重大火灾隐患限期整改程序。

（二）程序要求

1. 确定是否构成重大火灾隐患及其整改期限。公安消防机构在消防监督检查中，发现城乡消防安全布局、公共消防设施不符合消防安全要求，或者发现本地区存在影响公共安全的重大火灾隐患的，公安机关消防机构应当组织集体研究确定，自检查之日起七个工作日内提出处理意见，由所属公安机关书面报告本级人民政府解决。

2. 制作并送达《重大火灾隐患限期整改通知书》。对于构成重大火灾隐患的，公安消防机构应当自检查之日起的 3 个工作日内制作并送达《重大火灾隐患限期整改通知书》。需组织专家论证的，公安机关消防机构应当在确定前组织专家论证。组织专家论证的，前款规定的期限可以延长 10 个工作日。

六、临时查封

公安消防机构在消防监督检查中发现火灾隐患，应当通知有关单位或者个人立即采取措施消除；对具有下列情形之一，不及时消除可能严重威胁公共安全的，应当对危险部位或者场所予以临时查封。

（一）适用范围

1. 疏散通道、安全出口数量不足或者严重堵塞，已不具备安全疏散条件的；

2. 建筑消防设施严重损坏，不再具备防火灭火功能的；

3. 人员密集场所违反消防安全规定，使用、储存易燃易爆危险品的；

4. 公众聚集场所违反消防技术标准，采用易燃、可燃材料装修装饰，可能导致重大人员伤亡的；

5. 其他可能严重威胁公共安全的火灾隐患。

临时查封期限不得超过一个月。但是，逾期未消除火灾隐患的，不受查封期限的限制。

（二）程序要求

1. 告知当事人拟作出临时查封的事实、理由及依据，并告知当事人依法享有的权利，听取并记录当事人的陈述和申辩。

2. 公安机关消防机构负责人应当组织集体研究决定是否实施临时查封。决定临时查封的，应当明确临时查封危险部位或者场所的范围、期限和实施方法，并自检查之日起 3 个工作日内制作和送达临时查封决定。

3. 实施临时查封的，应当在被查封的单位或者场所的醒目位置张贴临时查封决定，并在危险部位或者场所及其有关设施、设备上加贴封条或者采取其他措施，使危险部位或者场所停止生产、经营或者使用。

4. 对实施临时查封情况制作笔录。必要时，可以进行现场照相或者录音录像。

（三）实施要求

情况危急、不立即查封可能严重威胁公共安全的，消防监督检查人员可以在口头报请公安机关消防机构负责人同意后立即对危险部位或者场所实施临时查封，并在临时查封后 24 小时内按照前款第二项规定作出临时查封决定，送达当事人。

临时查封由公安机关消防机构负责人组织实施。需要公安机关其他部门或者公安派出所配合的，公安机关消防机构应当报请所属公安机关组织实施。

实施临时查封后，当事人请求进入被查封的危险部位或者场所整改火灾隐患的，应当允许。但是，不得在被查封的危险部位或者场所生产、经营或者使用。

（四）解除临时查封

火灾隐患消除后，当事人应当向作出临时查封决定的公安机关消防机构申请解除临时查封。公安机关消防机构应当自收到申请之日起 3 个工作日内进行检查，自检查之日起 3 个工作日内作出是否同意解除临时查封的决定，并送达当事人。

对检查确认火灾隐患已消除的，应当作出解除临时查封的决定。

七、强制执行

对当事人有占用、堵塞、封闭疏散通道、安全出口等消防安全违法行为，经责令改正拒不改正的，公安机关消防机构应当组织强制清除或者拆除相关障碍物、妨碍物，所需费用由违法行为人承担。

（一）适用范围

1. 当事人有《消防法》第 60 条第 1 款第三项、第四项、第五项、第六项规定的消防安全违法行为，经责令改正拒不改正的，应当强制执行。其包括：占用、堵塞、封闭疏散通道、安全出口或者有其他妨碍安全疏散行为；埋压、圈占、遮挡消火栓或者占用防火间距；占用、堵塞、封闭消防车通道，妨碍消防车通行；人员密集场所在门窗上设置影响逃生和灭火救援的障碍物。

2. 当事人逾期不执行公安机关消防机构作出的停产停业、停止使用、停止施工决定的，公安机关消防机构应当对有关场所、部位、设施或者设备予以查封，使被处罚的单位或者场所停止生产、经营、使用或者施工。

（二）程序要求

1. 告知并听取申辩。告知当事人拟作出强制执行决定的事实、理由及依据，并告知当事人依法享有的权利，听取当事人的陈述和申辩并记录。

2. 决定并送达。公安机关消防机构负责人应当组织集体研究强制执行方案，在当事人拒不改正或者处罚决定执行期限届满之日起 5 个工作日内制作并送达强制执行决定。

3. 强制执行并记录。实施强制执行的，应当在被强制执行的单位或者场所的醒目位置张贴强制执行决定，并按照强制执行决定载明的强制执行方法执行；对实施强制执行过程制作笔录。必要时，可以进行现场照相或者录音录像。

（三）实施要求

强制执行应当由作出决定的公安机关消防机构负责人组织实施。需要公安机关其他部门或者公安派出所配合的，公安机关消防机构应当报请所属公安机关组织实施；需要其他行政部门配合的，公安机关消防机构应当提出意见，并由所属公安机关报请本级人民政府组织实施。

（四）申请恢复

对被责令停止施工、停止使用、停产停业处罚的当事人申请恢复施工、使用、生产、经营的，公安机关消防机构应当自收到书面申请之日起 3 个工作日内进行检查，自检查之日起 3 个工作日内作出决定，送达当事人。

对当事人已改正消防安全违法行为、具备消防安全条件的，公安机关消防机构应当同意恢复施工、使用、生产、经营；对违法行为尚未改正、不具备消防安全条件的，应当不同意恢复施工、使用、生产、经营，并说明理由。

第四节　派出所日常消防监督检查

公安派出所对其日常监督检查范围的单位，应当每年至少进行一次日常消防监督检查。公安派出所对群众举报投诉的消防安全违法行为，应当及时受理，依法处理；对属于公安机关消防机构管辖的，应当依照《公安机关办理行政案件程序规定》在受理后及时移送公安机关消防机构处理。

一、检查内容

（一）派出所对单位进行日常消防监督检查的内容

1. 建筑物或者场所是否依法通过消防验收或者进行消防竣工验收备案，公众聚集场所是否依法通过投入使用、营业前的消防安全检查；

2. 是否制定消防安全制度；

3. 是否组织防火检查、消防安全宣传教育培训、灭火和应急疏散演练；

4. 消防车通道、疏散通道、安全出口是否畅通，室内消火栓、疏散指示标志、应急照明、灭火器是否完好有效；

5. 生产、储存、经营易燃易爆危险品的场所是否与居住场所设置在同一建筑物内。

对设有消防设施的单位，公安派出所还应当检查单位是否每年对建筑消防设施至少进行一次全面检测。

对居民住宅区的物业服务企业进行日常消防监督检查，公安派出所还应当检查物业服务企业对管理区域内共用消防设施是否进行维护管理。

（二）公安派出所对居民委员会、村民委员会进行日常消防监督检查的内容

1. 消防安全管理人是否确定；

2. 消防安全工作制度、村（居）民防火安全公约是否制定；

3. 是否开展消防宣传教育、防火安全检查；

4. 是否对社区、村庄消防水源（消火栓）、消防车通道、消防器材进行维护管理；

5. 是否建立志愿消防队等多种形式的消防组织。

二、责令依法改正

公安派出所民警在日常消防监督检查时，发现被检查单位有下列行为之一的，应当责令依法改正：

1. 未制定消防安全制度、未组织防火检查和消防安全教育培训、消防演练的；

2. 占用、堵塞、封闭疏散通道、安全出口的；

3. 占用、堵塞、封闭消防车通道，妨碍消防车通行的；

4. 埋压、圈占、遮挡消火栓或者占用防火间距的；

5. 室内消火栓、灭火器、疏散指示标志和应急照明未保持完好有效的；

6. 人员密集场所在门窗上设置影响逃生和灭火救援的障碍物的；

7. 违反消防安全规定进入生产、储存易燃易爆危险品场所的；

8. 违反规定使用明火作业或者在具有火灾、爆炸危险的场所吸烟、使用明火的；

9. 生产、储存和经营易燃易爆危险品的场所与居住场所设置在同一建筑物内的；

10. 未对建筑消防设施定期进行全面检测的。

公安派出所发现被检查单位的建筑物未依法通过消防验收，或者进行消防竣工验收备案，擅自投入使用的；公众聚集场所未依法通过使用、营业前的消防安全检查，擅自使用、营业的，应当在检查之日起5个工作日内书面移交公安机关消防机构处理。

公安派出所民警进行日常消防监督检查，应当填写检查记录，记录发现的消防安全违法行为、责令改正的情况。

公安派出所在日常消防监督检查中，发现存在严重威胁公共安全的火灾隐患，应当在责令改正的同时书面报告乡镇人民政府或者街道办事处和公安机关消防机构。

思考题：

1. 公安消防机构进行消防监督检查有哪些形式？
2. 哪些单位应界定为消防安全重点单位？
3. 消防监督检查的内容包括哪些方面？
4. 火灾隐患和重大火灾隐患如何确定？
5. 临时查封的适用范围有哪些？
6. 派出所日常消防监督检查的内容有哪些？
7. 三级消防检查员的执业范围有哪些？

第八章　消防产品监督管理

消防产品，是指专门用于预防、扑救火灾和火灾现场防护、逃生的产品。消防产品的质量直接关系公共安全和人身、财产安全，相对于其他产品来说，消防产品既要保证质量，保证一旦遇到火灾时能够发挥应有的作用，同时其本身还要安全，不能因产品本身的原因引发事故或造成财产损失、人员伤亡。消防产品虽然是商品，但又不是一般的商品，必须纳入消防监督范围内，监督生产企业按标准生产，确保产品质量，保证消防产品安全有效。

第一节　消防产品监督管理概述

一、消防产品监督管理的依据

在《消防法》、《中华人民共和国产品质量法》（2000 年修正，以下简称《产品质量法》）、《中华人民共和国认证认可条例》（2003 年 9 月 3 日国务院令第 390 号）、《强制性产品认证管理规定》（国家质量监督检验检疫总局第 117 号令）以及地方法规中，对消防产品的监督管理工作都有明确规定。

（一）《消防法》有关规定

1. 《消防法》第 24 条。一是明确了对消防产品的基本要求，规定消防产品必须符合国家标准；没有国家标准的，必须符合行业标准。禁止生产、销售或者使用不合格的消防产品以及国家明令淘汰的消防产品。二是明确了消防产品强制认证制度，规定依法实行强制性产品认证的消防产品，由具有法定资质的认证机构按照国家标准、行业标准的强制性要求认证合格后，方可生产、销售、使用。新研制的尚未制定国家标准、行业标准的消防产品，应当按照国务院产品质量监督部门会同国务院公安部门规定的办法，经技术鉴定符合消防安全要求的，方可投入生产、销售和使用。实行强制性产品认证的消防产品目录，由国务院产品质量监督部门会同国务院公安部门制定并公布。新研制的尚未制定国家标准、行业标准的消防产品，应当按照国务院产品质量监督部门会同国务院公安部门规定的办法，经技术鉴定符合消防安全要求的，方可生产、销售、使用。经强制性产品认证合格或者技术鉴定合格的消防产品，国务院公安部门消防机构应当予以公布。三是明确了消防产品的监督检查主体，规定产品质量监督部门、工商行政管理部门、公安机关消防机构应当按照各自职责加强对消防产品质量的监督检查。

2. 《消防法》第 65 条。一是规定了对违法生产、销售和使用消防产品行为的处罚主体和具体处罚内容。规定对生产、销售不合格的消防产品或者国家明令淘汰的消防产品的，由产品质量监督部门或者工商行政管理部门依照《产品质量法》的规定从重处罚。对人员密集场所使用不合格的消防产品或者国家明令淘汰的消防产品的，由公安机关消防机构责令限期改正，逾期不改正的，给予罚款处罚；情节严重的，责令停产停业。二是规定了消防产品监督管理中的部门协作制度，规定公安机关消防机构对于人员密集场所违法使用消防产品的情形，除依法对使用者给予处罚外，还应当将发现的不合格消防产品和国家明令淘汰消防产品的情况通报产品质量监督部门、工商行政管理部门。产品质量监督部门和工商行政管理部门应当对生产者、销售者依法及时查处。

3.《消防法》第69条规定，消防产品质量认证、消防设施检测等消防技术服务机构出具虚假文件的，责令改正，处5万元以上10万元以下罚款，并对直接负责的主管人员和其他直接责任人员处1万元以上5万元以下罚款；有违法所得的，并处没收违法所得；给他人造成损失的，依法承担赔偿责任；情节严重的，由原许可机关依法责令停止执业或者吊销相应资质、资格。

（二）《产品质量法》有关规定

1.《产品质量法》第12条规定，产品质量应当检验合格，不得以不合格产品冒充合格产品。

2.《产品质量法》第13条第2款规定，禁止生产、销售不符合保障人体健康和人身、财产安全的标准和要求的工业产品。具体管理办法由国务院规定。

3.《产品质量法》第32条规定，生产者生产产品，不得掺杂、掺假，不得以假充真、以次充好，不得以不合格产品冒充合格产品。

4.《产品质量法》第39条规定，销售者销售产品，不得掺杂、掺假，不得以假充真、以次充好，不得以不合格产品冒充合格产品。

5.《产品质量法》第49条规定，生产、销售不符合保障人体健康和人身、财产安全的国家标准、行业标准的产品的，责令停止生产、销售，没收违法生产、销售的产品，并处违法生产、销售产品（包括已售出和未售出的产品，下同）货值金额等值以上3倍以下的罚款；有违法所得的，并处没收违法所得；情节严重的，吊销营业执照；构成犯罪的，依法追究刑事责任。

6.《产品质量法》第50条规定，在产品中掺杂、掺假，以假充真，以次充好，或者以不合格产品冒充合格产品的，责令停止生产、销售，没收违法生产、销售的产品，并处违法生产、销售产品货值金额50%以上3倍以下的罚款；有违法所得的，并处没收违法所得；情节严重的，吊销营业执照；构成犯罪的，依法追究刑事责任。

二、消防产品监督管理的要求

消防产品监督管理的根本要求，是确保消防产品的质量。因为消防产品质量直接关系到消防安全，因此，加强消防产品的质量监督管理，把确保消防产品质量放到突出的位置上，是做好消防工作的客观要求，也是各级公安消防机构的一项重要工作。

所谓消防产品质量，就是指产品适合一定的用途，具备其应有功能，满足消防使用要求所具备的特性和特征的总和。衡量消防产品质量优劣，通常应综合考虑以下几个方面的内容：

1. 性能，是指消防产品所具有的特性和功能。对产品的性能要求，往往是通过各种性能指标来表示。例如消防泵，其主要技术性能为扬程、流量、吸上高度、引水时间和功率等；而消防应急灯具，其主要技术性能为应急转换时间、持续工作时间、亮度等。

2. 使用寿命，是指消防产品在规定的使用条件下，完成规定功能工作的总时间。对于不可维修的消防产品，其使用寿命就是它的使用时间。

3. 可靠性，是指消防产品在规定时间和条件下，完成规定功能的能力。可靠性一般包括耐久性、易维修性和设计可靠性，这些都与产品在使用过程中的稳定性和无故障性联系在一起。

4. 安全性，是指消防产品在使用及储存过程中，保证使人身和周围环境免遭危害的程度。如灭火器筒体等部件若强度不够，在使用和储运中极易发生爆裂伤人事故。

5. 经济合理性，是指消防产品寿命周期总费用的多少。产品寿命周期总费用包括制造成本和使用成本，制造成本低，产品的价格才能低廉，使用成本低，用户使用产品的费用就低。

第二节 消防产品市场准入

消防产品是用于防火灭火的产品，其质量性能及安全性直接影响到防火灭火工作及人员的生命安全。国家对消防产品的市场准入实行强制性产品认证制度和型式认可制度。获得强制性产品认证证书和型式认可证书的消防产品，应当使用强制性产品认证和型式认可标志。

一、强制性认证产品

（一）产品范围

1. 火灾报警产品，包括：火灾报警控制器、点型感烟火灾探测器、点型感温火灾探测器、消防联动控制系统、手动火灾报警按钮、独立式感烟火灾探测报警器。

2. 消防水带产品，包括：消防水带产品、有衬里消防水带、消防湿水带。

3. 自动喷水灭火系统产品，包括：洒水喷头、水流指示器、压力开关。

4. 消防车。

（二）认证模式

全性能委托检验 + 工厂质量管理体系审查 + 认证发证检验 + 证后监督（工厂质量管理体系监督审核 + 产品监督检验）。产品认证模式应当依据产品的性能，对涉及公共安全、人体健康和环境等方面可能产生的危害程度、产品的生命周期、生产、进口产品的风险状况等综合因素，按照科学、便利等原则予以确定。

其具体程序见图 8－1。

（三）市场准入标志

强制认证消防产品的市场准入标志为公安部消防产品合格评定中心颁发的《中国国家强制性产品认证证书》（每个型号的产品 1 张）和强制性消防产品认证标志，即

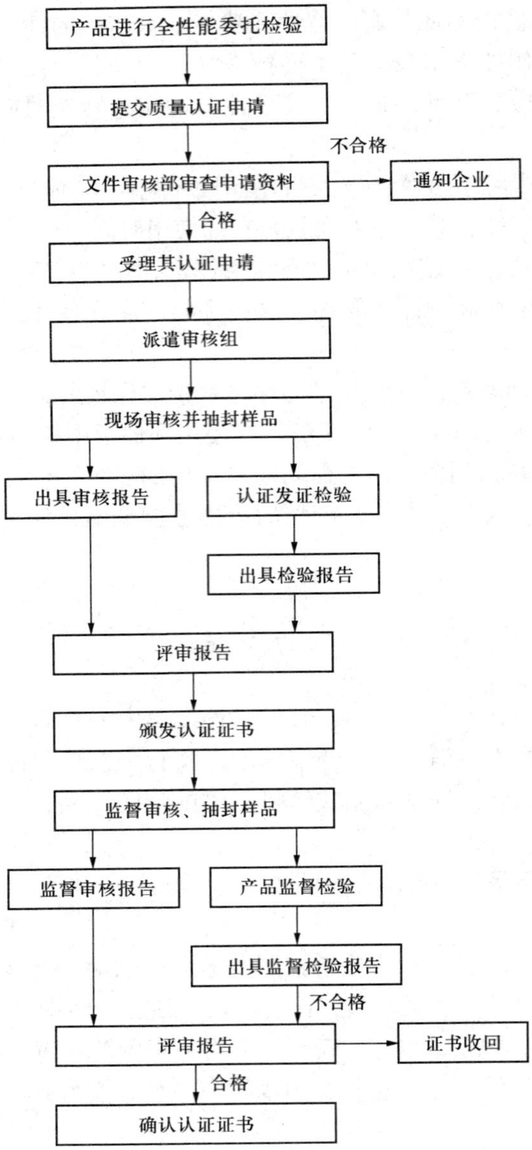

图 8－1　强制性产品认证程序

CCCF 标志。“CCC”为强制性产品认证简称，“F”为认证种类标注中的消防认证。取得认证证书的企业应在每个认证产品或每个最小包装单位上粘贴或用模具模压认证标志。

《中国国家强制性产品认证证书》和认证标志是强制性认证产品的市场准入凭证，无上述证书和标志的强制性认证消防产品不得生产、销售和使用。

二、型式认可产品

（一）认可范围

1. 灭火剂，包括泡沫灭火剂、水系灭火剂、BC 干粉灭火剂、ABC 干粉灭火剂、二氧化碳灭火剂、二氟一氯一溴甲烷灭火剂、三氟一溴甲烷灭火剂。

2. 防火门，包括钢质防火门、木质防火门、钢木质防火门、其他材质防火门。

3. 消火栓，包括室内消火栓、地上式室外消火栓、地下式室外消火栓、地上式消防水泵接合器、地下式消防水泵接合器、墙壁式消防水泵接合器、多用式消防水泵接合器。

4. 消防枪炮，包括直流水枪、喷雾水枪、直流喷雾水枪、多用水枪。

5. 灭火器，包括手提式干粉灭火器、手提式二氧化碳灭火器、手提式水基型灭火器、手提式洁净气体灭火器、推车式干粉灭火器、推车式二氧化碳灭火器、推车式水基型灭火器、推车式洁净气体灭火器。

6. 消防接口，包括内扣式接口、卡式接口、螺纹式接口、异型接口。

7. 建筑防火构配件。包括消防应急灯具、消防应急灯具专用应急电源。

8. 可燃气体探测报警产品，包括可燃气体报警控制器、可燃气体探测器第 1 部分：测量范围为 0～100% LEL 的点型可燃气体探测器、可燃气体探测器第 2 部分：测量范围为 0～100% LEL 的独立式可燃气体探测器、可燃气体探测器第 3 部分：测量范围为 0～100% LEL 的便携式可燃气体探测器、可燃气体探测器第 4 部分：测量人工煤气的点型可燃气体探测器、可燃气体探测器第 5 部分：测量人工煤气的独立式可燃气体探测器、可燃气体探测器第 6 部分：测量人工煤气的便携式可燃气体探测器。

9. 防火阻燃材料，包括：钢结构防火涂料、饰面型防火涂料、电缆防火涂料、无机防火堵料、有机防火堵料和阻火包。

（二）认可模式

型式检验 + 工厂条件检查 + 监督检验。

其具体程序见图 8－2。

（三）市场准入标志

产品型式认可合格的企业，由公安部消防产品合格评定中心发给《消防产品型式认可证书》（每种产品 1 张）和消防产品型式认可标志。认可标志是与认可证书内容相一致的标志。取得认可证书的企业应在其相应的每个产品或最小包装单位上粘贴 1 枚。

《消防产品型式认可证书》和认可标志是型式认可消防产品的市场准入凭证，无认可证书和标志的型式认可类消防产品不得生产、销售和使用。

尚未纳入强制性产品认证制度和型式认可制度管理的消防产品，暂时采用强制检验制度。采用强制检验制度的消防产品，应当经省级公安消防机构监督抽样，并通过国家消防产品质量监督检验中心型式检验合格。

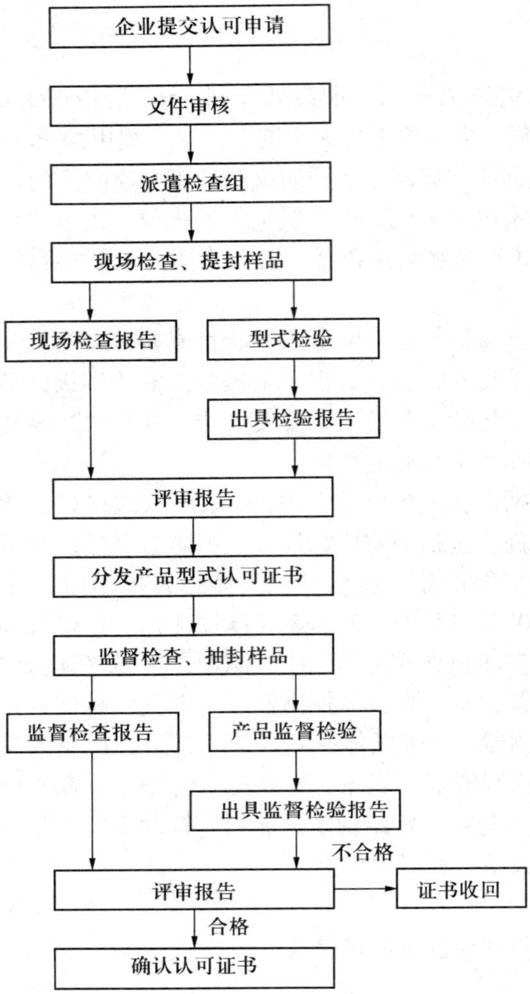

图 8－2　型式认可程序

第三节　消防产品身份信息管理

一、消防产品身份信息管理概述

消防产品身份信息管理适用于在中华人民共和国境内获得市场准入的所有消防产品。消防产品身份信息的管理、专用物品提供及消防产品身份信息的公布，应符合有关规定。

（一）消防产品身份信息管理系统的内容

1. 消防产品身份信息的建立。

2. 消防产品身份信息查验。

3. 监督检查。包括：

（1）市场准入的符合性确认；

（2）消防产品一致性核查、确认；

（3）工厂条件的核查、确认（必要时）；

（4）消防产品质量检验（必要时）；

（5）维护（维修）工作符合性确认（必要时）；

（6）维护（维修）产品的质量检验（必要时）。

4. 消防产品身份信息的变更与注销。

5. 其他相关内容。

（二）消防产品身份信息及标志

1. 消防产品身份信息内容至少应包含：

（1）生产单位（制造商）名称；

（2）产品名称；

（3）产品规格型号；

（4）产品关键件（零部件、原材料、元器件）描述；

（5）生产日期/生产批号；

（6）产品市场准入描述；

（7）产品一致性描述；

（8）产品流向信息；

（9）其他相关信息。

2. 消防产品身份信息标志。

（1）标志的类型与规格。消防产品身份信息标志的类型分为Ⅰ型和Ⅱ型。消防产品身份信息标志的规格见表8－1。

表8－1　消防产品身份信息标志的规格

标志类型	规　格	单　位
Ⅰ型	18mm×33mm	枚
Ⅱ型	35mm×45mm	枚

（2）标志。

Ⅰ型粘贴后效果见图8－3：

图8－3　消防产品身份信息标志（Ⅰ型）

Ⅱ型粘贴后效果见图 8－4：

图 8－4　消防产品身份信息标志（Ⅱ型）

（3）标志的使用要求。

一是标志使用单位申请领用的标志类型应符合有关规定。

二是标志加施前应完成产品身份信息注册并上传至消防产品身份信息管理系统数据库。

三是标志应牢固粘接在产品的平整、明显部位，加施后应方便查验。

四是标志使用单位应建立并有效实施标志的申领、使用及管理制度。

二、消防产品身份信息管理的要求

（一）消防产品身份信息的建立

1. 消防产品生产单位（制造商）应使用消防产品身份信息管理系统专用物品并按规定录入消防产品身份信息，并及时将消防产品身份信息上传至消防产品身份信息管理系统数据库。

2. 消防产品生产单位（制造商）录入的消防产品身份信息应符合如下要求：

（1）录入的生产单位（制造商）名称应与市场准入信息或证书中的名称一致；

（2）录入的产品规格型号应与市场准入信息或证书中的规格型号相符；

（3）消防产品出厂前已知使用单位的，生产单位（制造商）应在消防产品出厂检验合格后录入消防产品身份信息；

（4）消防产品出厂前已知销售单位的，生产单位（制造商）应在消防产品出厂检验合格后录入除产品流向信息外的消防产品身份信息；产品确认到达销售单位两个工作日内录入产品流向信息。

3. 消防产品生产单位（制造商）存在下述情形之一的，不得建立相应的消防产品身份信息：

（1）消防产品不符合市场准入要求；

（2）监督检查不通过；

（3）监督检验不合格；

（4）市场准入信息（或证书）被暂停使用、撤销或注销；

（5）未提供产品质量的真实信息；

（6）转借、转卖消防产品身份信息管理系统专用物品或消防产品身份信息标志；

（7）消防产品身份信息管理系统专用物品或消防产品身份信息标志丢失、损坏后未挂失；

（8）经确认存在违反相关法律、法规的其他行为。

4. 消防产品维护（维修）单位应使用消防产品身份信息管理系统专用物品并按规定录入消防产品身份信息。

5. 消防产品维护（维修）单位录入的消防产品身份信息应符合如下要求：

（1）录入的维护（维修）单位名称应与核定的名称一致；

（2）录入的产品规格型号应与核定的规格型号相符；

（3）录入准确的流向信息。

6. 维护（维修）单位完成规定的信息录入后，应立即将消防产品身份信息上传至消防产品身份信息管理系统数据库。

7. 消防产品维护（维修）单位存在下述情形之一的，不得建立相应的消防产品身份信息：

（1）维护（维修）后的消防产品不符合国家标准或行业标准的要求；

（2）监督检查不通过；

（3）监督检验不合格；

（4）未提供产品维护（维修）质量的真实信息；

（5）转借、转卖消防产品身份信息管理系统专用物品或消防产品身份信息标志；

（6）消防产品身份信息管理系统专用物品或消防产品身份信息标志丢失、损坏后未挂失；

（7）经确认存在违反相关法律、法规的其他情形。

（二）消防产品身份信息的查验

1. 消防产品销售及安装单位在销售及安装消防产品前，应查验消防产品身份信息，并确认其真实性和符合性。

2. 建筑工程施工监理单位在消防产品的进场验收、隐蔽工程验收或工程竣工验收等环节中，应全部查验或按相关标准规范查验消防产品身份信息，并确认其真实性和符合性。

3. 消防设施检测机构在检测消防设施时，应查验全部消防产品的身份信息，并确认其真实性和符合性。

4. 消防产品质量检验机构在对消防产品进行检验前，应查验全部消防产品的身份信息，并确认其真实性和符合性。

5. 消防产品的维护（维修）单位在消防产品维护（维修）前，应查验全部消防产品的身份信息，并确认其真实性和符合性。

6. 消防产品身份信息的查验应使用专用物品。

7. 公安机关消防机构按照《消防产品现场检查判定规则》（GA 588－2005）对消防产品实施监督检查时，应使用专用物品核实消防产品身份信息的真实性、符合性。

8. 上述各单位查验完毕后，应及时录入查验信息，并在三个工作日内完成信息上传。

9. 对存在下述问题的消防产品不得销售、安装、使用：

（1）消防产品未按本标准要求加施身份信息标志；

（2）消防产品的身份信息真实性、符合性存在问题；

（3）消防产品使用的身份信息标志为伪造、冒用、转让及非法买卖；

（4）消防产品身份信息标志损毁，无法查验；

（5）消防工程施工监理单位、消防设施检测机构未按有关法律法规及本标准要求对身份信息进行查验；

（6）消防工程施工监理单位、消防设施检测机构出具虚假查验证明。

（三）消防产品身份信息的变更与注销

1. 市场准入信息变更后的消防产品身份信息变更。市场准入信息变更后，应及时向消防产品身份信息管理单位申请办理消防产品身份信息的变更。

2. 消防产品退货后的身份信息变更。生产单位（制造商）接收使用单位或销售单位退回的消防产品后，应注销原身份信息，并在发生新的销售行为后建立上传新的流向信息。

3. 消防产品身份信息的注销。经确认报废或不再使用的消防产品身份信息应添加注销信息。

思考题：

1. 消防产品的市场准入方式有哪些？
2. 各种准入方式的凭证或标志是什么？
3. 消防产品身份信息应包含哪些内容？
4. 消防产品身份信息管理的具体要求有哪些？
5. 消防产品存在哪些问题时不得销售、安装、使用？

第九章　消防器材、设施

第一节　灭火剂

灭火剂，是指能够有效地破坏燃烧条件，中止燃烧反应的物质。当其被喷射到燃烧物质表面或燃烧区域后，通过一系列的物理或化学作用使燃烧物冷却、燃烧物与空气隔绝或燃烧区内氧的浓度降低、燃烧的连锁反应中断，最终导致维持燃烧的必要条件遭到破坏，从而使燃烧反应中止而灭火。

一、灭火剂的类型

（一）按灭火机制分类

物理灭火剂：如水、泡沫、二氧化碳、混合气体 IG541 等，通过冷却、稀释隔绝等作用，使燃烧熄灭。

化学灭火剂：如干粉、七氟丙烷、K 型和 S 型气溶胶等，通过参与燃烧反应过程，从而中止燃烧。

（二）按灭火剂形态分类

气态灭火剂：如二氧化碳、七氟丙烷、气溶胶等。

液态灭火剂：如水、泡沫等。

固态灭火剂：如干粉。

二、水及水系灭火剂

（一）水

1. 水的灭火作用。水在自然界中分布很广，因取用方便，来源丰富，价格低廉而成为火场上最常用的灭火剂。其灭火作用体现在以下几方面：

（1）冷却作用。这是水的主要灭火作用。水的比热容为 4.184kJ/kg · ℃，汽化热为 2259kJ/kg，也就是说，常压下 1kg0℃ 的水升温至 100℃，能吸收 418.4kJ 的热量，若使之再汽化成 100℃的水蒸气，则又会吸收 2259kJ 的热量。因此，当水与炽热的燃烧物接触时，会大量吸热，使燃烧区温度大大降低，使燃烧停止。

（2）对氧的稀释作用。水与燃烧物接触时产生的水蒸气，能够防止空气进入燃烧区，并能稀释燃烧区中氧的含量，使燃烧区的燃烧强度因逐渐缺少氧气而减弱。当空气中的水蒸气体积含量达 35% 时燃烧就会窒息。1kg 水汽化成 1700L 水蒸气，抑燃空间可达 $5m^3$。

（3）对水溶性可燃液体的稀释作用。水与水溶性可燃液体混合后，可降低可燃液体的浓度及燃烧区内可燃蒸气的浓度，从而使燃烧强度减弱。当其浓度降到可燃浓度以下时，燃烧即自行停止。

（4）水力冲击作用。在机械力的作用下喷出的水具有较大的冲击力，在燃烧区内，强冲击力水流能将燃烧着的可燃物与其火焰分开，使之熄灭。

水的灭火作用往往是上述几种作用的综合结果。各种灭火作用在灭火中的地位可能因具体情况而不同，但在一般情况下，冷却是水的主要灭火作用。

2. 水的适用。在灭火实战中，水通常以四种水流形态出现，即直流水、开花水、喷雾水和水蒸气。水的形态不同，灭火效果也不同。

（1）直流水和开花水。直流水通常是指由直流水枪喷出的密集水流，如用室内消火栓连接水带、直流水枪灭火时形成的射流。建筑内自动喷水灭火系统喷射的水流通常为开花水。直流水和开花水可用于扑救一般固体火灾（如木材、纸张、煤炭、棉麻、粮草、橡胶等），还可扑救闪点120℃以上，常温下呈半凝固状态的重油火灾。

（2）喷雾水（雾状水）。由喷雾水枪喷出的水滴直径小于100μm 的水流称为喷雾水。同样体积的水以雾状喷出，可以获得比直流水或开花水大得多的体表面积，大大提高水与燃烧物的接触面积，降温快，灭火效率高。喷雾水可用于扑救重油或沸点高于80℃的油类火灾；粉尘火灾；纤维物质、谷物堆等固体可燃物质火灾；带点电气设备火灾。

（3）水蒸气。水蒸气主要适用于容积500m^3以下的密闭厂房，以及空气不流通的地方或燃烧面积不大的火灾，尤其适用于扑救高温设备和煤气管道火灾。

3. 水灭火的限制。

（1）不能用水扑救“遇水燃烧物质”的火灾。

（2）在一般情况下，不能用直流水扑救可燃粉尘（如面粉、铝粉、糖粉、煤粉、锌粉等）聚集处的火灾。因为沉积粉尘被水流冲击后，悬浮在空气中，易引起粉尘爆炸。

（3）在没有良好接地设备或没有切断电源的情况下，一般不能用直流水扑救高压电气设备、线路的火灾。因为水中一般含有杂质，具有一定的导电能力。

（4）某些高温生产装置设备着火时，不宜用直流水扑救。因为这些高温设备的金属表面在受到水流的突然冷却时，机械强度会受到影响，设备可能遭到破坏。

（5）储存大量浓硫酸、浓硝酸、盐酸等场所发生火灾时，不能用直流水扑救。因为水与酸液接触会引起酸液发热飞溅或流出。

（6）轻于水且不溶于水的可燃液体火灾，不能用直流水扑救。

（7）熔化的铁水、钢水引起的火灾，也不能用水扑救。

（二）水系灭火剂

为了提高水的灭火性能，在水中加入某些添加剂，从而形成水系灭火剂。水系灭火剂，是指由水、渗透剂、阻燃剂以及其他添加剂组成，一般以液滴或以液滴与泡沫混合形式灭火的液体灭火剂。常用的添加剂有增效剂、润湿剂、增黏剂、防冻剂、减阻剂等。

1. 强化水。在水中添加某些盐类和渗透剂等物质，提高水的灭火效果。在A类火灾扑救中提高材料的抗复燃能力，可直接用于消防车中。

2. 湿润水。在水中添加少量表面活性剂，降低水的表面张力，提高水的润湿、渗透能力。对水润湿能力较差的材料火灾，如塑料、合成纤维、橡胶等，可提高水的灭火能力。湿润水很容易渗透到固体的缝隙内，有的湿润水还能产生一定的泡沫，称为湿润水泡沫，泡沫提高了水在固体表面的附着能力，泡沫消失后又还原为湿润水。

3. 增稠水。在水中添加增稠剂，提高水的黏度，增加水在燃烧物表面特别是在垂直表面或斜面上的附着力，防止灭火水的流失。

4. 抗冻水。在水中添加防冻剂，使水的凝固点降低，提高水在寒冷地区的有效使用。常用的防冻剂有无机盐和多元醇等。

5. 流动改进水。在水中添加减阻剂，减少水在水带输送过程中的摩擦力，相应提高水带末端的水枪或喷嘴压力，提高输水距离和射程。

6. 发泡型水系灭火剂。与泡沫产生设备结合应用时，可产生具有一定稳定性的泡沫，以液滴和泡沫混合物的形式灭火。

（三）细水雾灭火剂

20 世纪 90 年代初，芬兰、美国等少数发达国家开发了细水雾灭火系统。细水雾灭火技术以其无环境污染、灭火迅速、耗水量低、破坏性小等特点，被看做卤代烷系列灭火剂的理想替代品之一。

1. 细水雾及其分级。“细水雾”（water mist）是为区别于自动喷水系统中的“水喷雾”（water spray or sprinklers）而命名的。所谓细水雾，是指使用特殊喷嘴、通过高压喷水产生的直径小于 1000μm 的水微粒。

按水微粒的大小，细水雾分为三级：水微粒直径 <200μm 的滴状水流为一级；水微粒直径在 200μm ~400μm 的滴状水流为二级；水微粒直径在 400μm ~ 1000μm 的滴状水流为三级。一般情况下，细水雾是指水微粒直径小于 400μm 的滴状水雾，对扑灭 B 类火灾很有效，而较大的水雾颗粒对 A 类火灾燃料被浸湿效果明显。

2. 细水雾灭火剂的适用范围。细水雾灭火剂主要用于扑救 A 类、B 类和 C 类火灾。试验表明，一级和二级细水雾具有较好的电绝缘性，可有效扑灭带电电气设备火灾。细水雾灭火剂不能直接用于遇水发生爆炸性或会产生大量有害物质的化学反应等材料的场合，如锂、钾、镁、钛、锆等金属及其化合物。

细水雾灭火系统主要用于船机舱、室内变压器、变配电室、计算机房等场所。

三、泡沫灭火剂

（一）灭火作用

泡沫灭火剂，是指能够与水混溶并通过化学反应或机械方法产生泡沫的灭火剂。泡沫的灭火作用主要是窒息作用。通常使用的灭火泡沫，发泡倍数为 2 ~1000 倍，即 1 体积的泡沫混合液可产生 2 ~1000 个体积的泡沫。因此泡沫的比重很轻，在 0. 001 ~ 0. 5 之间，可漂浮在一般的易燃、可燃液体表面，形成泡沫覆盖层，将空气与之隔离而使燃烧熄灭。泡沫还具有一定的黏性，可以黏附于一般固体物质的表面形成封闭层而灭火。此外，泡沫层可抑制燃烧物本身和附近可燃物质的蒸发；泡沫析出的液体可对燃烧表面进行冷却；泡沫受热蒸发产生的水蒸气能降低燃烧区氧气的浓度，也起到一定灭火作用。

（二）泡沫灭火剂的分类

1. 按产生气泡的原理分类。

（1）化学泡沫灭火剂：通过化学反应产生灭火气泡群。因灭火效率低、腐蚀性强、保质期短，对人体和环境有害，已经被淘汰。

（2）空气机械泡沫灭火剂：通过机械作用吸取空气产生灭火气泡群。

2. 按发泡的倍数分类。

（1）低倍数泡沫：发泡倍数小于 20 倍；

（2）中倍数泡沫：发泡倍数 21 ~ 200 倍；

（3）高倍数泡沫：发泡倍数在 201 倍以上。

3. 按混合比分类。按照泡沫液与水的混合比例，可分为 1.5% 型、3% 型和 6% 型等。

4. 按使用场所和特点分类。

（1）A 类泡沫灭火剂。

（2）B 类泡沫灭火剂。B 类泡沫灭火剂又分为非水溶性泡沫灭火剂和抗溶性泡沫灭火剂。

（三）常用空气机械泡沫灭火剂的特性及适用

1. 普通蛋白泡沫灭火剂（P）。普通蛋白泡沫，由蛋白型空气泡沫液、水和空气在机械作用下生成。普通蛋白泡沫液由动物蛋白质（如动物鬃毛、蹄角）或植物蛋白（如花生、豆类）经水解、中和、浓缩，再加入稳定、抗冻等添加剂而成。

普通蛋白泡沫灭火剂为黑褐色、异臭、黏稠状液体。它的原料易得，成本低，泡沫稳定性好，但流动性差，灭火速度慢，抵抗油类污染能力低。主要用于扑救非水溶性液体火灾，也可用于扑救 A 类火灾，但不宜扑救亲水型的醇类、醚类、酮类等液体火灾。

2. 氟蛋白泡沫灭火剂（FP）。氟蛋白泡沫是在普通蛋白泡沫液中加入一定量的氟碳表面活性剂、异丙醇后与水混合，经机械作用生成的高效空气泡沫。由于加入了氟碳表面活性剂，显著减弱了泡沫界面的表面张力，使泡沫的持久性大大增强。由于氟碳表面活性剂分子只含有亲水和疏油基因，因此氟蛋白泡沫的疏油性强，能有效防止泡沫与油的混合，适用于油罐液下喷射灭火。它流动性好，当氟蛋白泡沫覆盖在燃烧液面上时，泡沫下面形成一个薄膜（润滑层）附在液面上，缩短了泡沫封闭燃烧液面的时间，泡沫如有破裂，溶液会迅速流聚，有效防止泡沫破裂处的复燃。

氟蛋白泡沫灭火剂主要用于扑救石油及石油产品等非水溶性物质的火灾（B 类火灾）。由于氟蛋白泡沫不会被干粉破坏，因此，氟蛋白泡沫可与干粉联用，扑救 A 类火灾。

3. 抗溶性泡沫灭火剂（AR）。抗溶性空气泡沫是由普通蛋白泡沫液加辛酸锌胺盐添加剂后，与水按 6:94 或 7:93 混合，经机械作用制成的。抗溶性空气泡沫可以有效抵御亲水性物质（如醇、醚、酮、酯、醛、有机酸和胺等）对泡沫界面的破坏作用，能较好地覆盖在水溶性有机溶液表面并保持一定时间，从而有效扑救普通蛋白泡沫、氟蛋白泡沫和“轻水”（水成膜泡沫）不宜扑救的水溶性液体燃料火灾。目前，国产抗溶性泡沫灭火剂主要有金属皂型、凝胶型、氟蛋白型等。

4. 水成膜泡沫灭火剂（AFFF）。水成膜泡沫灭火剂，是指能够在烃类液体燃料表面形成一层抑制可燃液体蒸发的水膜的泡沫灭火剂，其主要成分是氟碳表面活性剂和碳氢表面活性剂。水成膜泡沫灭火剂的第二代产品又称为“轻水”泡沫灭火剂，是目前低倍数泡沫灭火剂中灭火效能最高、灭火速度最快的一种。

水成膜泡沫灭火剂的灭火特点是，由于氟碳表面活性剂急剧降低了水溶液的表面张力，使其在油类表面形成一层抑制油类蒸发的防护膜，靠泡沫和防护膜的双重作用灭火。该泡沫的显著优点是控制火势快，灭火迅速，具有极好的流动性，自封能力强，防复燃性好。

水成膜泡沫灭火剂主要适用于扑救石油产品火灾，也适用于扑救一般固体物质火灾，可以和干粉灭火剂联用，亦可应用于石油产品贮罐的液下喷射系统；既可用于各种固定式或移动式低倍泡沫灭火设备，也可用于普通手提式泡沫灭火器。但是，不宜扑救带电设备火灾、金属火灾、气体火灾和浓酸场所火灾。

5. 高倍数泡沫灭火剂。高倍数泡沫灭火剂，是指发泡倍数高于201的泡沫灭火剂。高倍数泡沫灭火剂属于合成泡沫，通常以合成表面活性剂为基料。

发泡倍数在数百乃至上千的高倍数泡沫灭火剂，气泡直径一般在10mm以上。大型高倍数泡沫产生器可在1min内产生1000m^3以上的泡沫。高倍数泡沫可以迅速充满着火空间，使燃烧物与空气隔绝，使火焰窒息。尽管高倍数泡沫的热稳定性较差，泡沫易被火焰破坏，但大量泡沫不断补充，仍可迅速覆盖可燃物，扑灭火灾。高倍数泡沫灭火剂有时可用于排烟。

6. A类空气泡沫灭火剂。A类泡沫是灭火剂的新发展，为缓解水源紧张、克服泡沫灭火剂用量大、耗资多的缺点，由美国于20世纪80年代研制成功。其显著特点是具有非常好的持久性和附着性。表现为泡沫丰满、细密，持久性好，含水率高，有利于防火保护；水滴附着力强，可以长时间保留在液面上；具有很好的润湿渗透性能，能渗透到固体燃烧物的缝隙深处，扑灭阴燃火焰，做到彻底灭火不复燃。

A类泡沫用水利用率高，仅为传统用水量的1/10～1/5，是目前扑救A类火灾的理想产品，被广泛用来扑灭建筑火灾和森林火灾。

四、干粉灭火剂

干粉灭火剂又称为化学粉末灭火剂或干化学灭火剂。它是一种干燥的、易于流动的灭火固体粉末。

（一）干粉灭火剂的构成及分类

1. 干粉灭火剂的构成。干粉灭火剂的成分通常由主剂和添加剂构成。主剂起灭火作用，添加剂使干粉具有抗潮湿、防结块和增加流动性的特性。

常用干粉主剂有 Na_2CO_3、KCl、K_2SO_4、$KHCO_3$、$NaC_2N_2H_3O_3$、$NH_4H_2PO_4$、$(NH_4)_2HPO_4$ 等。添加剂主要有云母粉、滑石粉、活性白土、二氧化硅、氧化锌粉、氧化镁粉以及甲基硅油204等。

2. 干粉灭火剂的分类。

（1）按照主剂成分，分为钠盐干粉、钾盐干粉、氨基干粉和磷铵干粉等。

（2）按照灭火范围，分为BC干粉灭火剂和ABC干粉灭火剂。BC干粉灭火剂又称普通干粉灭火剂，是指可以扑救B类、C类火灾的干粉灭火剂。钠盐干粉、钾盐干粉、氨基干粉都属于BC干粉灭火剂；ABC干粉灭火剂又称多用干粉灭火剂，是指可以扑救A类、B类、C类火灾的干粉灭火剂。磷铵干粉、磷硫铵干粉及超细干粉都属于ABC干粉灭火剂。

（二）干粉灭火剂的灭火作用

1. 对燃烧的抑制作用。当把干粉射向燃烧（区）物时，粉粒吸热分解出干粉活性基团，干粉活性基团与火焰中的活性基团（如OH^-和H^+等）接触，把它瞬时吸附在自己的表面，并通过化学反应，起到中断连锁反应的作用，使燃烧终止。

2. 其他灭火作用。由于干粉的覆盖，可以减少火焰中的活性基团对燃料的热辐射；同时，干粉受热放出的结晶水，可吸收燃烧区热量；干粉受热易产生惰性气体，还可稀释燃烧区内氧的浓度。当然，这些作用对灭火的影响远不如抑制作用大。

（三）常用干粉及应用特点

1. 碳酸氢钠干粉灭火剂，又称BC类干粉灭火剂。干粉主剂一般为碳酸氢钠。添加剂中的滑石粉用以增强主剂的流散性；云母粉用以增强主剂的绝缘能力；硬脂酸镁起到防潮作用。BC类干粉灭火剂用于扑救易燃液体、气体和带电设备火灾。

2. 磷酸铵盐干粉灭火剂，又称ABC类干粉灭火剂。干粉主剂为磷酸铵盐类，例如，$NH_4H_2PO_3$、$(NH_4)_2HPO_3$、$(NH_4)_3PO_4$等。ABC类干粉灭火剂除了能扑救易燃、可燃的液体、气体、带电设备火灾外，还可以扑救含碳氢固体物质的火灾。

干粉灭火剂存放时应特别注意防潮，一般应在干燥、通风、阴冷处密闭保存，并定期检查干粉的流散性，一旦发现受潮结块，应在60℃以下干燥研磨，过筛后重新密封保存。

（四）干粉灭火剂的使用限制

干粉灭火剂不宜扑救自身能供氧的富氧物质火灾、精密仪器设备和贵重电器设备的火灾及阴燃火灾。

五、气体灭火剂

（一）二氧化碳灭火剂

1. 灭火作用。二氧化碳的灭火作用主要是窒息作用。二氧化碳进入燃烧区后，由于二氧化碳的增加而使空气间的氧气含量减小，当氧气的含量低于12%或二氧化碳的浓度达到30%～35%时，绝大多数的燃烧都会熄灭。1kg的液态二氧化碳常温常压下能生成500L左右的二氧化碳气体，抑燃空间达$1.5m^3$，灭火效率很高。

2. 适用范围。二氧化碳可以灭A类、B类、C类、E类火灾。由于二氧化碳不导电、无腐蚀性、灭火后能很快散逸且不留痕迹、无污染，因此，特别适合扑救电气设备火灾，精密仪器、贵重设备火灾，图书档案和文物古迹火灾。

3. 二氧化碳灭火剂的应用限制。

（1）不宜扑救自身供氧的化学药品火灾，如硝酸纤维、火药等。

（2）不宜扑救活泼金属及其氢化物火灾，如锂、钠、钾、镁、铝、锑、钛、镉、铀等。

（3）不宜扑救能自燃分解的化学物品火灾，如某些过氧化物、联氨等。

（4）不宜扑救内部阴燃的纤维物火灾。

（二）混合气体 IG541 灭火剂

1. IG541 灭火剂的成分。混合气体 IG541 由氮气（48.8% ~ 55.2%）、氩气（37.2% ~42.8%）、二氧化碳（7.6% ~8.4%）混合而成，是一种无色、无味、无腐蚀、无污染、不导电的洁净气体，密度接近于空气，对人体无毒害。

2. IG541 灭火剂的灭火作用。混合气体 IG541 以窒息的方式灭火，即通过减少火灾燃烧区的空气中氧气浓度而灭火。发生火灾时，IG541 灭火剂喷放到保护区内，将保护区内氧气浓度降至 12.5% 左右，使可燃物停止燃烧。由于 IG541 灭火剂略重于空气，所以灭火剂损失率低，保证了良好的灭火效果。

3. IG541 灭火剂的适用范围。由于对人体的影响极小，喷放时不形成烟雾、不影响视觉，以及在高温下不分解、无腐蚀等特性，IG541 灭火剂适用于扑救下列火灾：

（1）A 类可燃物质表面火灾；

（2）B 类火灾；

（3）带电设备火灾。

4. IG541 灭火剂的适用限制。IG541 灭火剂不适宜扑救：

（1）D 类可燃金属火灾，钠、钾、镁和锆等金属引起的火灾；

（2）含有氧化剂的化合物，如硝酸纤维的火灾；

（3）金属氢化物的火灾。

（三）七氟丙烷灭火剂

七氟丙烷（简称 FM200）是卤代烷灭火剂的一种，但是比传统卤代烷具有更加优良的环保特性。它对臭氧层破坏很小，而且灭火效果、设计浓度与卤代烷 1211 和 1301 相差无几，近几年来成为 1211 和 1301 的理想替代品之一。

七氟丙烷灭火剂是一种无色、无味、不导电的气体，其分子式为 CF_3CHFCF_3，相对分子质量为 170，密度约为空气的 8 倍，采用高压液化储存。

1. 七氟丙烷灭火剂的灭火机理。七氟丙烷灭火剂的灭火机理是抑制化学链式反应，其灭火机理和灭火效率与卤代烷相似。

2. 七氟丙烷灭火剂的适用范围。七氟丙烷是高效低度的灭火剂，灭火浓度在 5% ~ 10%，适用于扑救电气火灾、固体表面火灾、液体火灾及灭火前能切断气源的气体火灾。

3. 七氟丙烷灭火剂的适用限制。七氟丙烷灭火剂不适宜扑救：

（1）硝酸纤维、硝酸钠等含氧化剂的化学制品火灾；

（2）钾、钠、镁、钛、锆、铀等活泼金属火灾；

（3）氢化钾、氢化钠等金属氢化物火灾；

（4）过氧化氢、联胺等能自行分解的化学物质火灾。

第二节　灭火器

一、灭火器的类型和结构

灭火器，是指可依靠人力移动的、在自身压力作用下将其内部所充装的灭火剂喷出灭火的轻型灭火工具。灭火器是扑救初起火灾最基本有效的消防应急设备。

（一）灭火器的类型

1. 按充装灭火剂的种类分类。

（1）水基型灭火器，包括清水灭火器、强化液灭火器及其他水系灭火器。主要用于扑灭 A 类火灾。水基型灭火器不宜低温储存，因此受到应用环境的限制。

（2）泡沫型灭火器，主要用于扑灭 A 类、B 类火灾。

（3）二氧化碳灭火器，内部储存液态二氧化碳，主要用于扑灭 A 类、B 类、C 类、E 类火灾。

（4）干粉灭火器，BC 干粉灭火器用于扑灭 B 类、C 类、E 类火灾，ABC 干粉灭火器用于扑灭 A 类、B 类、C 类、E 类火灾。

2. 按移动方式分类。

（1）手提式灭火器：充装容量在 10kg 以下；

（2）背负式灭火器：充装容量在 25kg 以下；

（3）推车式灭火器：充装容量在 100kg 以下。

3. 按驱动形式分类。

（1）贮气瓶式。灭火剂是由贮气瓶中的压缩气体或液化气体的压力驱动的，通常贮气瓶内储存动力气体为液态二氧化碳，这类灭火器正在逐步减少。

（2）贮压式。灭火剂是由储存于同一容器内的压缩气体或灭火剂蒸气压力驱动的，动力气体与灭火药剂混相储存。

（二）灭火器的结构

就外形而言，灭火器结构基本相似。

1. 筒体。筒体用作充装灭火药剂，通常为圆柱状球头圆筒，由钢板卷筒焊接或拉伸成圆筒焊接而成；二氧化碳灭火器的筒体由无缝钢管热压收口制成。

2. 器头。器头是灭火器的操作机构，其性能直接影响灭火器的使用效能。器头含下列部件：

（1）保险装置：是一保险销或保险卡，作为启动机构的限位器，可防止误动作。

（2）启动装置：是灭火器开启装置，起施放灭火剂（或释放驱动气体）的开关作用。

（3）安全卸压装置：是安全膜片或安全阀。在灭火器超压时启动，可防止灭火器因超压爆裂伤人。

（4）压力显示装置：是显示灭火器内部压力的压力表，主要用于贮压式灭火器。压力表表盘上分红区、绿区和黄区。指针在绿区为正常；在红区为压力偏低；在黄区为压力偏高。

（5）密封装置：指密封膜或密封垫，起密封作用，防止灭火剂或驱动气体泄漏。

（6）喷射装置：是灭火剂输送通道，包括接头、喷射软管、喷射口、防尘堵塞（灭火剂喷射时可自动脱落或碎裂）；在水型或泡沫灭火器喷射通道的最小截面前，还须加滤网。对于灭火剂充装量在 4kg 以上的干粉和二氧化碳灭火器，应有间歇喷射装置。

二、几种常用的灭火器

（一）手提式清水灭火器

清水灭火器一般为手提式，采用贮气瓶加压方式，加压气体为液化二氧化碳。清水灭火器中充装的是清洁水，为了提高灭火性能，在清水中往往加入适量添加剂，如抗冻剂、润湿剂、增黏剂等。清水灭火器适用于扑救 A 类物质火灾。

1. 构造。清水灭火器由筒体、筒盖、二氧化碳贮气瓶、喷射系统和开启机构等部件组成。

2. 使用方法及注意事项。灭火时，在距燃烧物 10m 处，将灭火器直立放稳。摘下保险帽，用手掌拍击开启杆顶端的凸头。这时贮气瓶的密膜片被刺破，二氧化碳气体进入筒体内，迫使清水从喷嘴喷出。此时应立即一只手提起灭火器，另一只手托住灭火器的底圈，将喷射的水流对准燃烧最猛烈处喷射。随着灭火器喷射距离的缩短，操作者应逐渐向燃烧物靠近，使水流始终喷射在燃烧处，直到将火扑灭。

使用清水灭火器时应注意以下事项：

（1）喷射过程中，切忌将灭火器颠倒或横卧，以免喷水中断或喷水量减少。

（2）能喷射雾状水滴的灭火器在用于扑救可燃液体火灾时，应让雾状水滴喷洒在燃烧物上部火焰上，由近而远向前推进，直至将火扑灭。

（二）手提式空气机械泡沫灭火器

空气机械泡沫灭火器，其内充装空气泡沫灭火剂。按空气泡沫原液与清水的混合时间的先后，空气机械泡沫灭火器有预混型和分装型两种。前者是空气泡沫原液与清水预先按比例混合后一起装入灭火器的筒体内；后者是空气泡沫原液与清水在灭火器内分别封装，在使用时两种液体才按比例混合。手提式空气机械泡沫灭火器大多属于贮压式结构。

1. 构造。手提式空气机械泡沫灭火器由筒体、筒盖、喷射系统和开启机构等组成。开启机构为压把式，压下压把后，灭火器密封膜片开启，泡沫混合液经喷管由喷枪喷出。喷出过程中，在喷枪内的喷嘴处产生高速射流，并由喷枪的气孔大量卷吸空气而形成空气泡沫。储存时，压把用保险销固定，保险销用细铁丝和小铅块固定在构件上。

2. 使用方法及注意事项。在距离燃烧物 6m 左右，先撕掉小铅块，拔出保险销，一只手握住开启压把，另一只手握住喷枪，对准火焰根部。握紧开启压把，将灭火器密封开启，空气泡沫即从喷枪喷出。

使用空气机械泡沫灭火器应注意如下事项：

（1）喷射过程中，不能将灭火器倒置或横卧，否则会中断喷射。

（2）对可燃液体流淌火，应由远及近地覆盖在燃烧液体上；对容器中液体火，应将泡沫喷射在容器的内壁上，使泡沫沿壁淌入可燃液体表面而加以覆盖，避免将泡沫直接喷射在可燃液体表面上，否则射流的冲击力会将可燃液体冲出容器而扩大燃烧范围。

（3）手持喷枪时，不得将进气口堵塞，以免影响发泡率。

（4）筒盖和筒底不朝人身，防止发生意外爆炸时筒盖、筒底飞出伤人。

3. 维护保养。灭火器应安放在干燥、通风、清洁的场所；应避免日晒及强辐射热，以免影响灭火器的正常使用。灭火器的存放环境温度应在4℃～45℃范围内。灭火器一经开启，即使喷出不多，也必须按规定要求进行再充装。灭火器每次再充装前，其主要受压部件，如器头、筒体，应按规定进行水压试验，合格者方可继续使用。水压试验不合格者，不准用焊接等方法修复使用。

（三）手提式干粉灭火器

干粉灭火器是以干粉为灭火剂，二氧化碳或氮气为驱动气体的灭火器，是目前使用和配置最多的一种灭火器。

1. 构造。手提式干粉灭火器有贮压式和贮气瓶式两种类型。贮压式干粉灭火器以氮气作驱动气体，氮气与干粉同装于灭火器筒体内，其主要构件有筒体、器头、出粉虹吸管、喷管、喷嘴等；贮气瓶式依贮气瓶放置位置不同，又分内置式和外置式两种。外置式贮气瓶式干粉灭火器已逐渐被淘汰，内置式贮气瓶式干粉灭火器主要用在推车式灭火器上。

2. 使用方法及注意事项。手提式干粉灭火器在使用时，应手提灭火器的提把，迅速赶到火场，在距离起火点5m左右处，放下灭火器。使用前先把灭火器上下颠倒几次，使筒内干粉松动。拔下保险销，一只手握住喷嘴，另一只手用力按下压把，干粉便会从喷嘴喷射出来。

使用干粉灭火器时应注意如下事项：

（1）在喷粉灭火过程中应始终保持直立状态，不能横卧或颠倒使用，否则不能喷粉。

（2）在室外使用时，应选择在上风方向喷射。

（3）扑救地面油火时，喷粉要由近及远向前平推，左右横扫，要注意防止回火复燃。

3. 维护保养。干粉灭火器应放置在被保护物附近干燥通风和取用方便的地方。要注意防止受潮和日晒，灭火器各连接件不得松动，喷嘴塞盖不能脱落，以保证密封性能。灭火器应按制造厂的规定要求定期进行检查，如发现灭火剂结块或贮气量不足时，应更换灭火剂或补充气量。灭火器一经开启必须进行再充装。再充装应由经过训练的专人按照制造厂的规定要求和方法进行，不得随便更换灭火剂的品种和重量，充装后的贮气瓶，应进行气密性试验，不合格的不得使用。灭火器满 5 年或每次再充装前，应进行 1.5 倍设计压力的水压试验，合格的方可使用。经修复的灭火器，应有消防监督部门认可的标记，并注明维修单位名称和修复日期。

（四）手提式二氧化碳灭火器

二氧化碳灭火器充装的是高压液态二氧化碳。使用时，二氧化碳汽化喷出以达到灭火目的。

1. 构造。手提式二氧化碳灭火器主要由筒体、瓶头阀和喷射系统组成。

2. 使用方法及注意事项。将二氧化碳灭火器提到火场，将喷嘴对准火源，然后打开控制阀开关，开启二氧化碳灭火器，二氧化碳在其蒸气压力的作用下，经虹吸管和喷射连接管从喷嘴喷出。对于鸭嘴式控制阀，开启时需先拔出保险销，将上面的鸭嘴压下即可；对于手轮式控制阀，只需逆时针转动手轮即可开启。

使用二氧化碳灭火器灭火时应注意以下事项：

（1）灭火器在喷射过程中应保持直立状态，切不可平放或颠倒使用；

（2）使用灭火器要戴防护手套，不要用手直接握喷筒或金属管，以防冻伤；

（3）开启阀门前，要检查喷射管路上部件的连接情况，防止部件松动造成灭火剂外溢；

（4）在室外使用时应选择在上风方向喷射；

（5）室内灭火后，应及时打开门窗通风，然后再进入，以防窒息。

3. 维护保养。二氧化碳灭火器不应放置在采暖或加热设备附近和阳光强烈照射的地方，存放温度不宜超过 42℃，并定期进行压力检查，一是检查二氧化碳实际存量；二是检查钢瓶的机械性能，防止因钢瓶耐压能力下降造成破裂和爆炸。使用时要轻搬轻放，喷射要连续，防止喷口和阀门冻结堵塞。

（五）推车式灭火器

推车式灭火器，是指装有轮子并可由一人推拉至火场，且能在其内部压力作用下，将所装的灭火剂喷出以扑救初起火灾的灭火工具。

推车式灭火器按充装灭火剂的不同分为水基灭火器、干粉灭火器、二氧化碳灭火器及洁净气体灭火器，常用的是干粉灭火器和二氧化碳灭火器，在此简要介绍推车式干粉灭火器。

1. 基本构造。推车式干粉灭火器由推车支架组和灭火剂贮存喷放组构成。推车支架组主要包括车轮和支架；灭火剂贮存喷放组主要包括筒体、器头、软管、喷枪等。国内产品均为贮气瓶式结构，而且通常采用内置贮气瓶方式。筒体上装有器头护栏，器头上装有铅封、保险销、提环、压力表等。

2. 使用方法及注意事项。推车式灭火器的结构形式与手提式灭火器基本相同。但是，推车式灭火器的操作应由两人完成。使用时两人协同，将灭火器迅速推拉至火场上风方向，在离起火点 10m 处停下将灭火器放稳。一人在后方去掉铅封，拔出保险销，迅速打开二氧化碳钢瓶；另一人取下喷枪，展开喷射软管到前方，一手握住喷枪枪管，另一手钩动扳机，将喷嘴对准火焰根部，喷粉灭火。使用时应注意以下事项：

（1）要选择上风方向灭火；喷射干粉时应对准火焰及火焰根部，由近及远，向前平推，左右横扫，防止火焰回窜。

（2）灭 B 类火灾时，不要使粉流冲击液面，以防飞溅和造成灭火困难。

（3）遇有零星小火，要充分利用灭火器的间歇喷射装置，扑灭一处，间歇一次。

三、灭火器的配置

在生产、使用、储存可燃物的工业和民用建筑中，由于可燃物的存在，必然存在着发生火灾的危险。根据《建筑灭火器配置设计规范》（GB 50140－2005）的要求，这些场所需要配置适用的灭火器加以保护，以及时扑救可能发生的初起火灾。

（一）选择灭火器时应考虑的因素

灭火器有许多种类，根据灭火器配置场所的具体情况，正确、合理地选用灭火器是成功扑救初起火灾的关键要素之一。选择灭火器时应考虑的主要因素有以下几个方面：

1. 灭火器配置场所的火灾种类。火灾种类分为 A 类、B 类、C 类、D 类和电气火灾五种类型。灭火器的正确选型是建筑灭火器配置设计的关键之一。根据灭火器配置场所的火灾种类，可判断出应选哪一种类型的灭火器。如果选择不合适的灭火器不仅有可能灭不了火，而且还有可能引起灭火剂对燃烧的逆化学反应，甚至会发生爆炸事故。灭火器适用的火灾种类见表 9－1。

表 9－1　灭火器适用的火灾种类

<table>
<tr><th colspan="2" rowspan="2">火灾种类
灭火器类型</th><th rowspan="2">A类火灾</th><th colspan="2">B类火灾</th><th rowspan="2">C类火灾</th><th rowspan="2">D类火灾</th><th rowspan="2">电器设备火灾</th></tr>
<tr><th>油品火灾</th><th>水溶性液体火灾</th></tr>
<tr><td rowspan="2">水型</td><td>清水</td><td rowspan="2">适用</td><td colspan="2" rowspan="2">×</td><td rowspan="2">×</td><td rowspan="2">×</td><td rowspan="2">×</td></tr>
<tr><td>强化液</td></tr>
<tr><td rowspan="6">泡沫型</td><td>化学泡沫</td><td rowspan="5">适用</td><td rowspan="5">适用</td><td>*</td><td rowspan="6">×</td><td rowspan="6">×</td><td rowspan="6">×</td></tr>
<tr><td>蛋白泡沫</td><td rowspan="4">×</td></tr>
<tr><td>氟蛋白泡沫</td></tr>
<tr><td>水成膜泡沫</td></tr>
<tr><td>合成泡沫</td></tr>
<tr><td>抗溶性泡沫</td><td>*</td><td>*</td><td>适用</td></tr>
<tr><td rowspan="3">干粉型</td><td>碳酸氢钠</td><td>×</td><td colspan="2" rowspan="2">适用</td><td rowspan="2">适用</td><td rowspan="2">×</td><td rowspan="2">×</td></tr>
<tr><td>磷酸铵盐</td><td>适用</td></tr>
<tr><td>金属火灾用干粉</td><td>*</td><td colspan="2">×</td><td>×</td><td>适用</td><td>适用</td></tr>
<tr><td colspan="2">二氧化碳型</td><td>*</td><td colspan="2">适用</td><td>适用</td><td>×</td><td>适用</td></tr>
</table>

注：*代表一般不用；×代表不适用

2. 灭火器配置场所的危险等级。根据灭火器配置场所的危险等级和火灾种类等因素，可确定灭火器的保护距离和配置基准，这是着手建筑灭火器配置设计和计算的首要步骤。

3. 灭火的有效程度，即适用于扑救同一类火灾的不同类型灭火器在灭火剂用量和灭火速度上的差异。通常干粉灭火器的灭火速度比较快，而二氧化碳灭火器和泡沫灭火器的灭火速度比较慢。因此，在选择灭火器时应考虑灭火器的灭火效能和通用性。

4. 对保护物品的污损程度。用水、泡沫、干粉灭火器灭火后对保护物品产生一定的水渍、腐蚀和污染，而用气体灭火器灭火后则不留污痕且不具腐蚀性。为保护贵重物资与设备免受不必要的污渍损失，选择灭火器时应考虑其对被保护物品的污损程度。

5. 灭火器设置点的环境温度。灭火器设置场所环境温度的变化不得超出灭火器的使用温度范围，否则将会对灭火器的喷射能力和安全性能产生明显的影响。

6. 灭火剂的相容性。不相容的灭火剂之间可能发生相互作用，致使灭火效力明显降低。例如，普通干粉同蛋白泡沫相遇，会使泡沫破灭，因而不能联用。所以，同一灭火器配置场所，当选用两种或两种以上类型灭火器时，应选用灭火剂相容的灭火器。

7. 灭火器的操作方法。在同一灭火配置场所，应尽量选用操作方法相同的灭火器。这样既便于人员培训，又便于灭火人员熟练操作，还便于日常维修与保养。

（二）灭火器的配置数量

1. 灭火器的配置计算。灭火器配置场所应配置灭火器的数量和规格需要通过设计计算来确定，计算程序包括以下几个方面：

（1）确定灭火器配置场所的危险等级；

（2）确定各灭火器配置场所的火灾种类；

（3）划分灭火器配置场所的计算单元；

（4）测算各单元的保护面积；

（5）计算各单元所需的灭火级别；

（6）确定各单元的灭火器设置点；

（7）计算每个灭火器设置点的灭火级别；

（8）确定每个设置点灭火器的类型、规格和数量。

最后，还需对设计结果进行验算，确定每具灭火器的设置方式和要求，并在设计图上标明其类型、规格、数量与位置。

2. 灭火器的配置基准。

（1）灭火器配置场所的危险等级和灭火器的灭火级别。

①灭火器配置场所的危险等级。

工业建筑灭火器配置场所的危险等级，根据其生产、使用、储存物品的火灾危险性，可燃物数量，火灾蔓延速度及扑救难易程度等因素，划分为以下三级：

A. 严重危险级：火灾危险性大、可燃物多、起火后蔓延迅速的场所；

B. 中危险级：火灾危险性较大、可燃物较多、起火后蔓延较迅速的场所；

C. 轻危险级：火灾危险性较小、可燃物较少、起火后蔓延缓慢的场所。

民用建筑灭火器配置场所的危险等级，根据其使用性质、火灾危险性、可燃物数量、火灾蔓延速度及扑救难易程度等因素，划分为以下三级：

A. 严重危险级：功能复杂、用电用火多、设备贵重、火灾危险性大、可燃物多、起火后蔓延迅速或容易造成重大火灾损失的场所；

B. 中危险级：用电用火较多、火灾危险性较大、可燃物较多、起火后蔓延较迅速的场所；

C. 轻危险级：用电用火较少、火灾危险性较小、可燃物较少、起火后蔓延缓慢的场所。

②灭火器的灭火级别。

灭火器的灭火级别表示灭火器灭火能力的大小和适用于扑救火灾的种类。它由数字和字母组成，数字表示灭火级别的大小，字母表示灭火级别的单位及适于扑救火灾的种类。目前，世界各国现行国家标准仅有 A 类和 B 类两类灭火级别。

（2）主要配置基准。灭火器的主要配置基准是指灭火器的单位灭火级别在不同危险等级的建筑中的最大保护面积（见表 9－2）。C 类火灾配置场所的灭火器配置基准参照 B 类火灾配置场所的规定执行。

（3）辅助配置基准。

①增量配置基准。地下建筑灭火器配置数量应按其相应的地面建筑的规定增加 30%。

②减量配置基准。设有消火栓、灭火系统、消火栓或灭火系统的灭火器配置场所，灭火器配置数量可减配 30%、50% 或 70%；可燃物露天堆垛，甲、乙、丙类液体贮罐，可燃气体贮罐的灭火器配置场所，可减配 70%。

③数量基准。一个灭火器配置场所内的灭火器不应小于 2 具；每个设置点的灭火器不宜多于 5 具。当住宅楼每层的公共部位建筑面积超过 $100m^2$ 时，应配置 1 具 1A 的手提式灭火器；每增加 $100m^2$ 时，增配 1 具 1A 的手提式灭火器。

表 9－2　灭火器的主要配置基准

火灾种类 \ 危险等级	严重危险级	中危险级	轻危险级
A 类火灾配置场所 每 A 最大保护面积（m^2/A）	10	15	20
B 类火灾配置场所 每 B 最大保护面积（m^2/A）	5	7.5	10

3. 一般灭火器的配置数量（见表 9－3）。

表 9-3　一般灭火器的配置数量

场　所	适用的灭火器	配置参考数量（具/m^2）
甲、乙类火灾危险性仓库	泡沫灭火器 干粉灭火器	1/50～1/180
甲、乙类火灾危险性厂房	同上	1/20～1/50
甲、乙类火灾危险性的生产装置区	同上	1/80～1/100
丙类火灾危险性仓库	清水灭火器 泡沫灭火器	1/80～1/100
丙类火灾危险性厂房	同上	1/50～1/80
丙类火灾危险性的生产装置区	同上	1/100～1/150
铝镁加工房	金属火灾灭火器	1/20～1/50
高压电容器室、调压室、开关、油浸电力变压器室	二氧化碳灭火器	1/20～1/50
可燃易燃液体装卸站台	泡沫灭火器 干粉灭火器	按栈台长度每 10～15m1 具
精密仪器室、贵重文件间、计算机房	二氧化碳灭火器	1/20～1/50
金融财贸楼、百货楼、展览馆、图书馆、剧场、影院、酒吧、舞厅	清水灭火器 泡沫灭火器	1/50～1/80
办公楼、教学楼、医院、旅馆	同上	1/50～1/100

（三）灭火器的设置要求

1. 设置地点。应设置在位置明显、便于取用的地点，且不影响安全疏散。对于设置地点不明显的处所，应设醒目的指示标记。

2. 设置方式。设置稳固且其铭牌必须朝外；手提式灭火器宜设置在灭火器箱内或挂钩、托架上，其顶部离地面高度应≤1.5m；底部离地面高度应≥0.08m。灭火器箱不得上锁。

3. 设置点的环境要求。不应设置在超出其使用温度范围、潮湿或强腐蚀性的地点。如必须设置时，应有相应的保护措施。设置在室外的灭火器不得遭受风吹雨淋和日光暴晒。

四、灭火器的管理

（一）灭火器的配置验收

1. 配置验收要求。灭火器安装设置后，必须进行配置验收，验收不合格的不得投入使用。灭火器配置验收应由建设单位组织设计、安装、监理等单位按照建筑灭火器配置设计文件进行。建设单位组织验收合格之后，向建筑工程管辖区的公安机关消防机构申报验收。

2. 配置验收判定规则。灭火器配置验收应按独立建筑进行，局部验收可按申报的范围进行。

灭火器配置验收合格与否的判定基准，是根据灭火器配置工程的缺陷项目分类和数量进行综合判定的。缺陷项目应按《建筑灭火器配置验收及检查规范》（GB 50444－2008）的规定划分为：严重缺陷项（A）、重缺陷项（B）和轻缺陷项（C）。

合格判定条件应为：A＝0，且B≤1，且B＋C≤4，否则为不合格。

（二）灭火器的日常维护

1. 建立灭火器维护管理档案，定期记录灭火器状态、维修检查等相关内容。

2. 灭火器管理责任要落实到人，并明确管理责任人的职责。

3. 经常对灭火器的放置状态和放置环境进行检查。主要是保证灭火器摆放稳固，没有埋压，灭火器箱不得上锁；灭火器取用方便，存放于通风、阴凉、干燥之处，环境温度不得超过其使用温度范围。

4. 经常对灭火器的外观进行检查。铭牌完整清晰，保险销和铅封完好，喷嘴或喷射软管畅通，没有堵塞、变形和损伤缺陷。

5. 定期对灭火器的性能进行判断检查，如观察压力表指针是否在规定范围，对二氧化碳灭火器称重测量等。

6. 长期不用的干粉灭火剂容易变得敦实，每隔一段时间要对其进行疏松。

（三）灭火器的检查与维修

灭火器的检查工作应由相关技术人员承担，通常每月至少进行一次，并做好记录。对于候车（机、船）室、歌舞娱乐放映游艺等人员密集的公共场所以及堆场、罐区、石油化工装置区、加油站、锅炉房、地下室等场所应每半月进行一次检查。灭火器的检查包括配置检查和外观检查。

为了确保维修质量，灭火器应由灭火器生产企业或专业维修单位进行。经过维修的各种灭火器必须符合该产品国家标准或行业标准的要求，检查与维修要点如下：

1. 灭火器无论是否使用过，只要达到表9－4所示的维修期限，就必须送维修单位进行水压试验检查。

表9－4　灭火器的维修期限

灭火器类型		维修期限
水基型灭火器	手提式水基型灭火器	出厂期满3年； 首次维修以后每满1年
	推车式水基型灭火器	
干粉灭火器	手提式（贮压式）干粉灭火器	出厂期满5年； 首次维修以后每满2年
	手提式（贮气瓶式）干粉灭火器	
	推车式（贮压式）干粉灭火器	
	推车式（贮气瓶式）干粉灭火器	
洁净气体灭火器	手提式洁净气体灭火器	
	推车式洁净气体灭火器	
二氧化碳灭火器	手提式二氧化碳灭火器	
	推车式二氧化碳灭火器	

2. 日常巡检发现灭火器被挪动，缺少零部件，或灭火器配置场所的使用性质发生变化等情况时，应及时处置。

3. 存在机械损伤、明显锈蚀、灭火剂泄漏、被开启使用过或符合其他维修条件的灭火器应及时进行维修。

4. 每次送修的灭火器数量不得超过计算单元配置灭火器总数量的1/4。超出时，应选择相同类型和操作方法的灭火器替代，替代灭火器的灭火级别不应小于原配置灭火器的灭火级别。

5. 经过维修的灭火器，必须按标准充装灭火剂，并且在筒身和贮气瓶上分别贴上永久性维修铭牌。

6. 检查或维修后的灭火器均应按原设置点位置摆放。

（四）灭火器的报废

1. 灭火器报废的相关规定。

（1）下列类型的灭火器应报废：

①酸碱型灭火器和化学泡沫型灭火器；

②倒置使用型灭火器；

③氯溴甲烷、四氯化碳灭火器，以及国家政策明令淘汰的其他类型灭火器。

（2）灭火器有下列情况之一者应报废：

①筒体严重锈蚀（锈蚀面积大于、等于筒体总面积的1/3，表面有凹坑）；

②筒体明显变形，机械损伤严重；

③器头存在裂纹、无泄压机构；

④筒体为平底等结构不合理；

⑤没有间歇喷射机构的手提式；

⑥没有生产厂名称和出厂年月，包括铭牌脱落，或虽有铭牌，但已看不清生产厂名称，或出厂年月钢印无法识别；

⑦筒体有锡焊、铜焊或补缀等修补痕迹；

⑧被火烧过；

⑨灭火器出厂时间达到或超过表9－5规定的报废期限的；

⑩灭火器在维修过程中发现存在质量问题，如水压试验强度不合格、筒体和器头的螺纹受损、灭火器筒体内部防腐层损坏等，也应报废。

2. 报废的灭火器的处理。报废的灭火器应委托具有合法资质的维修单位进行。报废的灭火器均须进行在筒体上打孔等破坏性的解体处理，并且要贴上“报废”标志，严禁将其混入合格的灭火器产品中继续使用。灭火器报废后，应按照等效替代的原则，在原定设置点的位置重新配置灭火级别不低于原配置灭火器的合格、适用型灭火器。

表 9－5　灭火器的报废期限

灭火器类型		报废期限（年）
水基型灭火器	手提式水基型灭火器	6
	推车式水基型灭火器	
干粉灭火器	手提式（贮压式）干粉灭火器	10
	手提式（储气瓶式）干粉灭火器	
	推车式（贮压式）干粉灭火器	
	推车式（储气瓶式）干粉灭火器	
洁净气体灭火器	手提式洁净气体灭火器	
	推车式洁净气体灭火器	
二氧化碳灭火器	手提式二氧化碳灭火器	12
	推车式二氧化碳灭火器	

第三节　城市公共消防设施

一、消防站

城市消防站担负着扑救城市火灾和应急救援的重要任务，是城市消防基础设施的重要组成部分，城市消防站的建设应符合《城市消防站建设标准》的要求。

（一）消防站的分类

城市消防站按照其规模大小可分为普通消防站和特勤消防站两类。

1. 普通消防站。普通消防站，是指主要承担本辖区火灾扑救和一般灾害事故应急救援任务的消防站。分一级普通消防站和二级普通消防站两种。

所有城市均应设立一级普通消防站，城市建成区内现有消防责任区面积过大且设置一级普通消防站确有困难的区域，经论证可设二级普通消防站。有任务需要的城市可设水上消防站、航空消防站等专业消防站。

2. 特勤消防站。特勤消防站，是指除承担普通消防站任务外，主要承担特种灾害事故处置和特殊火灾扑救任务的消防站。

地级以上城市（含）以及经济较发达的县级城市应设特勤消防站。

（二）城市消防站的布局和选址

城市规划区普通消防站的布局，应以接到报警后 5 分钟内消防队可以到达责任区边缘为原则确定。

1. 消防站责任区面积。一级普通消防站的责任区面积不应大于 $7km^2$，二级普通消防站的责任区面积不应大于 $4km^2$，设在近郊区的普通消防站仍以接到出动指令后 5 分钟内消防队可以到达辖区边缘为原则确定辖区面积，其辖区面积不应大于 $15km^2$。也可针对城市的火灾风险，通过评估方法确定消防站辖区面积。

特勤消防站兼有责任区消防任务的，其责任区面积同普通消防站。

2. 消防站的选址。消防站的选址，应以便于消防车迅速出动扑救火灾和保障消防站自身安全为原则。

（1）应设在责任区内适中位置和便于车辆迅速出动的临街地段，其用地应满足业务训练的需要。

（2）消防站的主体建筑距医院、学校、幼儿园、托儿所、影剧院、商场等容纳人员较多的公共建筑的主要疏散出口不应小于50m。

（3）责任区内有生产、储存易燃易爆化学危险品单位的，消防站应设置在其常年主导风向的上风或侧风处，其边界距上述部位一般不应小于200m。

（4）消防站车库门应朝向城市道路，至道路红线的距离不应小于15m。

（5）消防站一般不应设在综合性建筑物中。特殊情况下，设在综合性建筑物中的消防站应有独立的功能分区。

3. 消防站的其他要求。

（1）消防站的建筑面积指标应符合下列规定：一级普通消防站 $2300m^2 \sim 3400m^2$，二级普通消防站 $1600m^2 \sim 2300m^2$，特勤消防站 $3500m^2 \sim 4900m^2$。

（2）普通消防站装备的配备应适应扑救本辖区内一般火灾和应急救援的需要，特勤消防站的装备配备应适应扑救与处置特种火灾和灾害事故的需要。消防站消防车辆的配备，应符合下列规定：一级普通消防站为4～6辆；二级普通消防站为2～3辆；特勤消防站为7～10辆。

（3）消防站一个班次执勤人员配备，可按所配消防车每台平均定员6人确定，其他人员配备应按有关规定执行。

二、消防给水

（一）消防水源

消防用水对水质没有特殊要求（规范仅对自动喷水灭火系统用水提出了应无污染、无腐蚀、无悬浮物），但是，应保证无论采用何种方式作为消防给水水源，都应确保供水的可靠性。目前，为消防用水提供消防水源的有三种类型。

1. 市政给水管网。市政给水管网指城镇建设的给水管网，通过进户管为建筑物提供消防用水。市政管网是主要的消防水源。

利用市政给水管网作为给水水源，分为以下两种情况：

（1）利用市政给水管网直接供给消防管网用水（常高压给水系统），应满足当生产、生活用水量达到最大时，市政管网仍能满足最大消防用水量和最不利点灭火设备的水压要求。

（2）利用消防水泵直接从市政给水管网上吸水供给消防管网用水，应满足当生产、生活用水量达到最大时，市政给水管道虽不能满足灭火设备的水压要求，但仍能满足室内外消防用水量的要求。

2. 天然水源。天然水源就是利用自然界的江、河、湖、泊、池塘、水库及泉井等作为消防水源。

利用天然水源时，必须保证常年有足够的水量，即应确保枯水期最低水位时消防用水的可靠性。应设置可靠的取水设施，保证在任何时候都能取到消防用水，如采取修建消防码头、自流井、回车场等技术措施。当设置消防车取水口时，在枯水位时消防车的最大吸水高度不应超过6m。供消防车使用的天然水源，其保护距离不应大于150m。

3. 消防水池。消防水池是人工建造的储存消防用水的构筑物。在城市给水管网不能覆盖的地区或市政给水管道、进水管及天然水源不能满足室内外消防用水量，以及市政给水管道为枝状或只有一条进水管，且消防用水量之和超过25L/s时，应设置消防水池。

消防水池的容量应满足在火灾延续时间内室内、室外消防用水总量的要求。为保证火场供水中消防车吸水的相对稳定性，消防水池最小容量不应小于$36m^3$。供消防车取水的消防水池应设置取水口或取水井，且吸水高度不应大于6. 0m。消防水池的保护半径不应大于150m。

（二）市政消火栓

城市建设市政给水管网，给水企业必须按规定同时建设市政（公共）消火栓；成片开发和单位投资建设消防给水管网的，开发和投资单位必须按规定同时建设市政消火栓。市政消火栓的设置应满足以下要求：

1. 消火栓应沿道路一侧设置，当道路宽度超过60m时，宜在道路两边设置消火栓，并宜靠近十字路口。

2. 市政消火栓的保护半径不应超过150m，间距不应大于120m。

3. 消火栓距路边不应超过2m，距房屋外墙不宜小于5m。

4. 消火栓宜采用地上式，地上式消火栓应有一个直径为150mm或100mm和两个直径为65m的栓口。寒冷地区可采用地下式消火栓，地下式消火栓应有直径为100m和65mm的栓口各一个。

5. 市政消火栓应有明显的标志，地下式消火栓应有永久性标志。

三、火灾报警与通信

（一）接警方式

城市应当建设先进的有线、无线火灾报警和消防通信指挥系统。

消防通信指挥系统是现代城市消防不可缺少的重要技术装备，也是城市公共消防设施的重要组成部分。目前，城市的消防通信指挥系统以计算机网络系统为基础，以有线和无线通信系统为纽带，以接处警软件为核心，集成GIS地理信息、GPS卫星定位和计算机辅助决策预案等系统，使接警、处警、调度、信息传达、力量出动及火灾事故追踪等多种业务工作实现了智能化、网络化、可视化。

（二）119火灾报警线路

大城市的电话分局或小城市的电话局以及建制镇、独立工矿区至城市消防指挥中心或火警接警中队的119火灾报警线路不应少于两对，以满足同时受理一个地区两起火灾的需要。

（三）专线电话

消防指挥中心或火警接警中队与城市供水、供电、供气、急救、交通、环保等部门以及消防重点单位，应当设置专线通信，以保证报警、灭火、救援工作的顺利进行。

第十章　火灾处置

消防工作方针要求我们在做好火灾预防工作的同时，还要做好各项灭火准备工作，及时扑灭各种情况下发生的火灾。火灾扑救是一项复杂的系统工程，不但要运用科学的方法，还要讲究科学的战略战术。

第一节　初起火灾扑救

一、火灾发展的过程

一般火灾的发展过程，在没有外力影响的情况下，大体经历四个阶段，即初起（期）阶段、发展阶段、猛烈阶段和熄灭阶段。

（一）初起（期）阶段

火灾初起阶段是火灾在起火部位燃烧的阶段。在这个阶段火灾燃烧面积不大、火焰不高、辐射热不强，烟气流动缓慢。火灾处于这个阶段时最好扑救，只要发现及时，用较少的人力和简易的灭火工具就能把火扑灭。

（二）发展阶段

由于燃烧的继续，起火点周围物品受火灾的影响，温度呈直线上升趋势，开始分解出可燃气体，燃烧速度加快，燃烧面积迅速扩大，气体的对流和辐射也显著增强。从灭火角度看，这是关键性阶段。在这个阶段内，必须投入相当的力量，采取正确的措施，才能够控制火势并加以扑灭。

（三）猛烈阶段

如果火灾在发展阶段没有得到控制，由于燃烧时间继续延长，燃烧速度不断加快，燃烧面积迅速扩大，温度上升达到最高点，气体对流达到最快的速度，几乎所有的可燃物品都起火燃烧，建筑构件的承载力急剧下降，短时间内可能造成建筑物的局部或者整体倒塌。这个阶段不仅需要更大的灭火力量，经过较长的时间才能控制并扑灭火灾，而且还需要消耗相当大的力量保护邻近的建筑物，以防火灾进一步蔓延。

（四）熄灭阶段

在猛烈阶段后期，随着室内可燃物的不断减少，火灾燃烧速度递减，温度逐渐下降，直到把室内的全部可燃物烧光为止，火灾结束。如果有人为的灭火措施，加上灭火剂的作用，火势熄灭的速度会加快。这一阶段灭火活动需注意建筑物结构的倒塌，保障灭火人员的人身安全。另外，还要防止死灰复燃，将残火彻底消灭。

从火灾发展过程各个阶段的特点可以看出，初起阶段是灭火和人员疏散的关键阶段。在这一阶段若能及时发现火情，使用适当的方法和器材，就很容易把火扑灭在萌芽状态，有效避免火势蔓延，把火灾损失降到最低。同时，这一阶段也是人员疏散的有利时机，人员若在这一阶段不能疏散出去，一旦轰燃发生，则很难幸存。

不同类型的火灾，初起阶段的时间并不相同。常见的建筑火灾的初起阶段一般在起火后的十几分钟之内，因此，如何利用这短短的十几分钟，往往是我们对火灾控制成功与否的关键。如果初起阶段的处置不力，就会进入发展阶段，并迅速进入猛烈阶段，此时，就难以用简单的方法将火扑灭。可见在发现火灾后，应当机立断，采取果断措施，将火灾扑灭在初起阶段。

二、初起火灾扑救的基本原则

（一）立即报警

《消防法》第 44 条规定：“任何人发现火灾都应当立即报警。任何单位、个人都应当无偿为报警提供便利，不得阻拦报警。严禁谎报火警。”火灾的发展往往很难预料，因此，不论火势大小，即使认为自己有足够的能力灭火，也要立即报警，以防不测。对于已经发生的火灾，可能由于扑救方法不当、对起火物情况不了解、环境条件的限制、人的心理活动对行为的影响等均有可能无法控制火势而造成火灾的蔓延。因此，由于对火势发展的错误判断和对自己能力的过高估计而不去报警，或者担心报警会影响单位、个人的利益，甚至担心公安消防队来灭火要收取费用而不敢报警，都是不可取的。

报警的方法：最简便的是打电话报警，电话号码除了可以拨打“119”外，还可以拨打“110”向公安消防队报警，因为国内很多地方已经实施了“三台合一”；除此之外，还可以用直接呼叫的方法，向火场周围的群众和邻居报警。在企业内部，可以用事先约定的明确信号，如敲钟、敲锣、广播、警报等方式报警，及时将火警信号传递给所有人员。

（二）救人第一，科学施救

积极抢救被火灾围困的人员是应急救援中必须遵循的第一原则。救人第一体现了对人的生命的尊重和保护。在我国，各项有关应急救援的规定以及公安部于 2009 年 5 月 26 日发布的《公安消防部队执勤战斗条令》，都把疏散和营救人员放在首位。当火势威胁到人们的生命安全时，要首先把作战力量部署在救人方面，尽快把被困人员抢救出来，救人重于一切。根据《公安消防部队执勤战斗条令》第 4 条的规定：公安消防部队执行灭火与应急救援任务，应当坚持“救人第一，科学施救”的指导思想，按照“第一时间调集足够警力和有效装备，第一时间到场展开，第一时间实施救人，第一时间进行排烟降毒，第一时间控制灾情发展，最大限度地减少损失和危害”的要求，组织实施灭火与应急救援行动。

坚持救人第一，必须结合火场实际，正确决策，科学施救。可以先救人后灭火，也可以根据人员和火势情况将救人和灭火同时进行。因为救人和灭火并不是非此即彼的矛盾关系，二者是密切相关的。比如，在人未救出来之前，灭火是为了打开救人的通道或者减弱火势对人员的威胁，从而更好地为救人创造有利条件。不同物质的燃烧性质也不同，因此要正确选用灭火剂，并采用正确的灭火方法，才能迅速将火灾扑灭。选用的灭火剂不当，不仅灭不了火，还有可能造成火势的蔓延和扩大。这是成功控制和扑救初起火灾的关键。

（三）先控制、后消灭

对于不可能立即扑灭的火灾，要首先控制火势的继续蔓延，在具备灭火条件时一举扑灭火灾。先控制、后消灭的灭火原则，是根据火灾发展的客观规律和灭火战斗实践相结合而提出来的。经过多年来的灭火战斗实践验证，说明这一战术原则是正确的。

对于能立即扑灭的火灾，则要抓住战机迅速扑灭。如火势较大，灭火力量相对较弱，或者因其他原因不能立即扑灭时，就要把主要力量放在控制火势发展或者放在爆炸、泄漏等危险情况的发生上，为防止火势扩大、彻底消灭火灾创造条件。

先控制、后消灭在灭火过程中是紧密相连、不能截然分开的。对于初起火灾而言，控制火势发展与消灭火灾并没有明显的界限，往往是同时进行。就是在火灾熄灭后，仍须采取相应控制措施以防死灰复燃，在消防上的这一经验叫做“死老虎也要打三分钟”。

运用这一原则，必须对火场情况有正确的分析和预测，才能在此基础上进行控制。一般来说，建筑物一端着火向另一端蔓延时，应从中间控制；若中间着火，则应在两端控制。对有火灾爆炸危险性的物资要采取控制措施。油罐着火首先要对着火油罐和相邻油罐进行冷却，降低燃烧的强度，防止发生爆炸；管道着火时，首先应关闭阀门，堵塞漏洞，从源头上将其控制。

（四）准确迅速

在火灾初起阶段，越迅速出击、准确靠近着火点，越有利于抢在火灾蔓延扩大之前控制火势、消灭火灾，也就尽可能越少地减少火灾造成的损失。遵循这一原则，各类灭火力量应分秒必争，迅速行动，勇于靠近火场，找准起火点，果断采取扑救措施。尤其是离火场最近的分管派出所民警或者专职、志愿消防队员，应抓住时机，不等不靠，争取迅速扑灭火灾或者有效控制火势，为继续开展全面的扑救工作打下基础。

三、扑救初起火灾的基本方法

在火灾初起阶段，因其燃烧面积小，火势较弱，现场人员如能及时采取正确的措施，就能在尚未形成灾难之前迅速将火扑灭。从消防的理论上讲，灭火的基本方法就是根据起火物质燃烧的状态，为破坏燃烧必须具备的条件而采取的一些措施。不管采取哪一种措施，只要能去掉燃烧条件中的一个，火就可以被扑灭。所以说，一切灭火方法都是破坏已经产生的燃烧条件。

（一）冷却灭火法

冷却灭火法是根据可燃物发生燃烧时必须达到一定的温度这个条件，将灭火剂直接喷射到燃烧着的物体上，使可燃物的温度降到燃点以下，从而使燃烧停止。这是灭火时最常用的办法。用水扑救火灾，其主要作用就是冷却灭火。一般物质如房屋、家具、木材纸张等着火都可以用水来冷却灭火。

在火场上，水除了可以用于灭火外，还可以用来冷却燃烧点附近未着火的可燃物，防止其达到燃点而着火；还可以用水冷却建筑构件、设备或者容器等，以防止其受热变形或者爆炸。

（二）隔离灭火法

隔离灭火法是根据发生燃烧必须具备可燃物这个条件，将正在燃烧的物质与附近未燃烧的可燃物隔开，中断可燃物的供给，使燃烧停止。采取隔离灭火的具体措施很多，如将火源附近的可燃、易燃或者助燃的物品搬走；关闭可燃气体、液体管路的阀门，以减少和中断可燃物进入燃烧区；设法阻拦流散的液体，拆除与火源毗连的建筑物，造成阻止火势蔓延的空间等。这也是一种常用的灭火方法，适用于扑救各种固体、液体和气体的火灾。

（三）窒息灭火法

窒息灭火法是根据可燃物发生燃烧时需要足够的空气（氧）这个条件，采取适当的措施阻止空气进入燃烧区，或者用惰性气体稀释空气中的氧含量，使燃烧反应因得不到足够的氧气而熄灭。这种方法适用于扑救封闭式的空间及容器内的火灾。

火场上运用窒息法扑救火灾时，可采用石棉被、湿麻袋、湿棉被、沙土或者泡沫等不燃烧或者难燃烧材料覆盖燃烧物或者封闭孔洞；用水蒸气、惰性气体（如二氧化碳、氮气等）充入燃烧区域；利用建筑物上原有的门窗来封闭燃烧区，阻止新鲜空气进入。此外，在无法采取其他扑救方法而条件允许的情况下，可采用水淹没（灌注）的方法进行扑救。

采用窒息灭火法时必须注意以下几点：

1. 燃烧范围较小，容易堵塞封闭，在燃烧区域内没有氧化剂时，适用于采取这种方法；

2. 在采用水淹没或者灌注方法灭火时，必须考虑到燃烧物质被淹没后会不会产生不良后果；

3. 采用窒息法灭火后，必须确认火已经熄灭时，方可打开孔洞进行检查，严防过早地打开封闭的房间或者容器，而使空气进入，造成复燃或者爆炸；

4. 采用惰性气体灭火时，一定要将大量的惰性气体充入燃烧区，迅速降低空气中的含氧量，以达到窒息灭火的效果；用沙土覆盖时，对忌水的燃烧物必须采用干燥的沙土。

（四）抑制灭火法

抑制灭火法就是根据游离基链锁反应机理，将有抑制作用的灭火剂喷射到燃烧区，并参加到燃烧反应过程中去，使燃烧反应过程中产生的游离基消失，形成稳定的分子或者低活性的游离基，从而终止燃烧反应。

面对已经发生的火灾，究竟采用哪种方法灭火，应根据燃烧物质的性质、火场现有的条件以及灭火器材装备的情况进行选择。有些火场往往需要同时使用几种灭火方法，如在采取隔离法时，又要同时采取冷却法或者窒息法灭火。另外，有时在采取一种灭火措施时，也会产生几种灭火的效应，如用水灭火时，既有冷却的效应，产生的蒸汽又有窒息的效应。二氧化碳灭火剂的灭火效应也是如此，它既能起到窒息的效果，同时在汽化时迅速吸收大量的热，也能降低燃烧区的温度，产生冷却的效应。

四、火场指挥

灭火工作不同于其他工作，它涉及面广、专业性强、时间紧迫、参战力量多，这就要求必须高效率地调动人力、物力，有条不紊地组织施救，容不得懈怠和失误。否则会造成火灾扑救工作的纷乱，甚至互相拥挤、互相践踏而造成人身伤亡，以致消防车进不了火灾现场，或者消防队员进了现场被人流围住而发挥不了作用。所以，《消防法》明确规定，火灾现场的扑救工作由公安机关消防机构统一组织和指挥。

火灾现场之所以要由公安机关消防机构统一指挥，还有以下几方面的因素：一是公安机关消防机构是法定的火灾预防和应急救援工作监督管理的实施机构，组织和指挥火灾现场的扑救工作是应尽的职责；二是火灾扑救工作属于“多兵种”作战，火灾现场既有公安消防队、专职消防队和志愿消防队，又有治安、交通民警和参加救援工作的医疗救护人员，需要统一组织指挥；三是火灾现场情况异常多变，为了避免重大损失，需要临战决策，采取各种非常规的紧急措施，别的机构和人员无法替代。

遇有燃烧面积大、参战力量多、灭火时间长等情况的复杂火场，还应当设立火场指挥部，以统一调动各方面的灭火力量。火场总指挥员一般由公安机关消防机构到场的最高领导担任。

火灾现场总指挥根据扑救火灾的需要，有权决定下列事项：

（一）使用各种水源

绝大多数的火灾需要用水扑救。灭火用水主要依靠城市公共消防设施（即消火栓）和消防水池以及江河湖泊的水源。为了就近占据水源，火场总指挥员有权要求所有水源单位和个人协助提供火场用水。

（二）截断电力、可燃气体和可燃液体的输送，限制用火用电

紧急情况下，及时截断电力、可燃气体和液体的输送，限制用火用电是防止灾害扩大、避免发生新的次生灾害的重要措施。

（三）划定警戒区，实行局部交通管制

在一些大的火场，一般调集的灭火车辆和围观的群众较多，加之过往车辆和参加灭火战斗的车辆交叉运行，如不采取措施，则很难保证火场秩序和扑救工作的顺利进行，火场总指挥员可以根据扑救火灾的需要划定警戒区，限制无关人员进入警戒区域。

（四）利用临近建筑物和有关设施

在火场附近的建筑物和有关设施可以作为灭火的水枪阵地，也可以作为抢救人员、疏散物资和扑救火灾的场所，火场总指挥员可以根据需要合理利用。

（五）为了抢救人员和重要物资，防止火势蔓延，拆除或者破损毗邻火灾现场的建筑物、构筑物或者设施等

在下列几种情况下可以实施合理破拆，一是为了查明火源、燃烧范围，以及抢救人员和疏散物资需要开辟通道时，可以进行局部破拆；二是火势燃烧猛烈难以控制并有向周围扩大的可能时，可以在火势燃烧蔓延的主要方向及两侧拆除毗邻建（构）筑物，开辟隔离带，阻止火势蔓延；三是燃烧的建（构）筑物有倒塌的危险，直接威胁人身安全、妨碍灭火战斗时，可以进行破拆；四是当燃烧建（构）筑物内部聚集了大量的烟雾时，应当选择不会引起爆炸和助燃的时机及部位进行破拆，以排除有毒气体

和烟雾，改变火势蔓延和烟雾流动的方向。

（六）调动供水、供电、供气、通信、医疗救护、交通运输、环境保护等有关单位协助灭火救援

一些火灾现场的处置，仅靠公安机关消防机构是不够的，需要政府有关部门和社会有关方面来协同作战。在灭火过程中，火场总指挥员可以根据需要，要求供水部门给消防给水管网加压、供电部门供电或者断电控制、医疗救护部门及单位到场实施急救、交通运输单位提供运输工具等应急救援协助。

根据扑救火灾的紧急需要，有关地方人民政府应当组织人员、调集所需物资支援灭火。

由于火灾以外的其他灾害或者事故的应急救援工作政策性强、危险性大、需要的专业救援力量多，如果处理不当，会造成更大的损失和一定的政治与社会影响，因此，《消防法》第46条规定："公安消防队、专职消防队参加火灾以外的其他重大灾害事故的应急救援工作，由县级以上人民政府统一领导。"

五、几种特殊情况下的火灾扑救

（一）缺水情况下的火灾扑救

绝大多数火灾的扑救都需要大量的水，可以说，水是灭火战斗的重要保证。如遇火场供水不足，在扑救工作中要做到：首先到场的水罐消防车直接由水罐向火场供水后，要尽可能停靠和使用就近的消火栓或者其他消防水源。根据实际情况，还可采取以下供水方法：

1. 组织消防车接力供水，以减少压力损失，增大供水距离，提高流量。

2. 组织车辆向火场运水。在距离水源较远的情况下，应组织水罐消防车向火场运水，还可以调用洒水车以及其他一切能够运水的车辆，有序地向火场供水。

3. 组织群众向火场供水。根据火场附近水源情况，因地制宜地组织采用一切可能的办法供水，有时还可组织群众用水或者沙土等直接参加灭火。

除采取有效的供水方法外，在灭火中还要合理用水。水枪手要射水准确，以最大限度地发挥射流的灭火作用；在火势迅猛发展，水源严重缺乏的情况下，应及时破拆建筑，建立空间地带，阻止火势蔓延；同时组织群众疏散物资。

（二）大风情况下的火灾扑救

在风力很大的情况下发生火灾后，由于高速气流的作用，增大了火场氧气供给量，使可燃物质的燃烧加剧，火势蔓延速度加快；燃烧着的可燃物会飘落远处，造成新的火点；大风还会造成有些建筑结构过早倒塌，威胁人员的安全；大风会吹散喷射出来的水流、泡沫和干粉，影响射程和准确性，妨碍灭火效果，增加灭火战斗行动的困难。在这种情况下应注意：

1. 遇大风天气应加强执勤备战，一旦接到报警，要根据起火对象，加强第一出动，迅速调派消防力量扑救火灾。

2. 要根据风向、火势蔓延的速度与可能延烧的范围，把灭火的主要力量部署在下风方向，同时将部分力量部署在侧风方向。在下风方向的人员要注意做好防护工作。

火场上还要备有一定的机动力量，以便风向突然变化时采取相应的措施。

3. 向火场不间断地供水，要尽可能地铺设大口径的水带干线，集中向下风方向的水枪阵地供水，必要时，要调集各种能够运水的车辆，发动群众向火场供水。

4. 要组织群众和志愿消防队利用水桶、脸盆、湿麻袋和铁锹等工具，在下风方向的易受飞火危害的部位，监视和扑救飞火。

5. 根据火场情况，及时组织疏散下风方向的物资，在灭火力量不足以控制火势发展的情况下，应及时破拆下风方向的易燃建筑，建立空间地带、阻止火势蔓延。

6. 火灾扑灭后，要认真检查火场，彻底扑灭隐蔽的燃烧和残火。还要组织人员对火场周围飞火可能波及的范围进行检查，必要时，留下一定的力量，继续值勤看守，直至全部扑灭残火为止。

（三）夜间的火灾扑救

从发生火灾的实际情况看，许多大火发生在夜间。这是因为夜间起火后，往往发现晚、报警迟，火势极易发展蔓延。夜间人们都已入睡，一旦发生火灾，容易惊慌失措，甚至造成伤亡。夜间灭火时，能见度低，行动不便，起火单位关门上锁，影响迅速接近火源，扑救比较困难。

根据夜间火灾的特点，公安消防队应该加强夜间值勤和火警瞭望工作，接到报警时，加强第一出动，及时将火场所需要的力量集中调往火场，同时要派出照明车。在火场上，要充分利用消防车的照明灯具和其他照明用具，必要时增配个人照明用具，以利于进行火情侦查、战斗展开、救人、疏散物资和供水等工作。

在夜间救火时，要搞好火场通信联络工作，加强前、后方之间的配合。在进攻、转移、铺设水带、架设消防梯和破拆建筑等战斗中，一定要谨慎行动，注意安全。

为了搞好夜间的火灾扑救工作，消防队平时应熟悉责任区有关情况，加强夜间操作训练，进行夜间战术演练，提高夜间灭火的作战技能。

（四）冬季的火灾扑救

冬季由于气候寒冷干燥，用火增加，火灾发生的次数和损失都比其他季节要多、要大。在寒冷气候条件下扑救火灾，增加了指战员行动上的困难，消防车辆、器材、装备也受到一定的影响。一些单位和居民住房入冬后将部分门窗、通道封堵起来，又增加了灭火救灾与疏散物资的困难程度。

在这种情况下的火灾扑救工作应注意：

1. 搞好入冬前的防冻准备工作，检查维修消火栓，掏干地下式消火栓井内的积水，捆上稻草等加以保温。消防车的冷却水应添加防冻液，发动机要罩上防寒被。路面上有积雪时，消防车的轮胎应套上防滑链。

2. 消防车和机动泵在火场上不要熄火，为了防止水泵、水带、分水器和水枪冻结，不要长时间关闭水枪或者分水器。在条件允许时，分水器尽量设置在建筑物内部，也可以用雪把水带和分水器掩埋起来。

3. 在灭火时，水枪手要注意避免把水流射在人的身上和消防梯上。在高空或者房顶上的战斗员要采取防滑措施，可以利用坚固的构件拴上安全绳并系在安全带上，还可以利用放倒的梯子和利用手斧辅助前进，防止滑落伤人。

4. 在气温很低的情况下，为了防止水带冻结，保证火场供水，在火场的主要方面可以铺设备用水带。战斗结束后，要放尽水带中的存水，对已经冻结的水带不能硬折，以防止损坏。

5. 在火场上要适时地组织消防人员的替换，并及时供应热水、饮食以及服装等。

（五）有毒气体的火灾扑救

火场上常见的毒气是可燃物质不完全燃烧时产生的一氧化碳，除此之外还有：硫化氢、乙炔、石油气、天然气、煤气、水煤气等各种工业用的气体；沥青和各种化学物品燃烧的产物；油脂、干性油和植物油的分解产物；醇、醚、醛、苯汽油、二氧化碳和其他类似液体或者蒸气；氟、氯、溴、碘及其他卤化物的蒸气以及酸的蒸气等。

有毒气体或者蒸气主要通过人的呼吸道或者皮肤进入人体，在人体内达到一定数量时，会使人头昏、恶心、全身无力、呼吸困难，严重时还会使人失去知觉，发生生命危险。因此，在疏散人员和进行各项扑救工作的过程中，必须重视这一问题，不可掉以轻心。在火灾的扑救工作中如遇这类情况，主要采取的措施有：

1. 接到报警后，估计火场会出现有毒气体，应通知所有参战人员做好准备，带上足够数量的氧气呼吸器及其他防护器材装备。到达火场后，要查明有毒气体的性质、扩散的范围，以及危害的程度，认真采取防毒措施。

2. 在扑救火灾时，要与着火单位的工作人员密切配合，迅速关闭通往室内有毒气体管道的闸门，堵塞跑漏有毒气体的管线和容器，阻止有毒气体进入燃烧区，根据实际情况，利用通风装置，或者采取破拆建筑结构，用雾状水驱散或者打开门窗等办法，排出室内有毒气体；正确使用灭火剂，以有效地扑灭火灾。

3. 在不影响扑救火灾的前提下，尽量把灭火力量部署在侧风或者上风方向；当火场缺乏防护器材时，可以用浸湿的毛巾或者口罩掩住口鼻，进行临时性防护，但工作时间不能过长；对能溶于水的氯气、氨气、酸类蒸气等有毒性或者刺激性的气体，可以用喷射雾状水流的方法，降低这些气体在空气中的含量。

4. 迅速与医疗单位取得联系，调派救护车辆和医务人员，做好预防和救护工作。

5. 对于受了毒气污染的消防车辆、器材、工具和装备，在灭火战斗结束后，必须彻底消毒处理，并对参战人员进行体检，以减少后患。

（六）带电情况下的火灾扑救

在灭火战斗中，经常会遇到电器设备或者电力线路燃烧等多种带电体的燃烧。一般在条件允许的情况下，应先断电后灭火，若等待断电会失去灭火的最佳时机，或者断电会造成更加不利的后果时，才可以采取带电灭火法。

无论是先断电还是带电灭火，都需要电业部门的技术人员的指导与协助。所以，遇到此类火灾时首先就是要通知电业部门，然后再做其他应急处理。

对初起的带电设备火灾，可以用二氧化碳、1211 或者干粉灭火剂扑救，这些灭火剂都是不导电的。为了保证消防人员和车辆的安全，应当使人体与带电体之间保持一定的距离，具体的距离要求见表 10－1。

表 10－1 带电作业时接地体与带电体之间最小距离参考值

电压（kV）	10	35	66	110	154	220	330
距离（cm）	40	60	70	100	140	180	240

当火势较大，用不导电的灭火剂难以扑救时，可以在保证人身安全的条件下用水流带电灭火。这时，一般要求水枪喷嘴至带电体的距离为：110kV 及以下电压应保持 3m 以上，220kV 及以上应保持 5m 以上。用水带电灭火时，还应注意以下问题：

1. 开始作业前，水枪手必须穿戴好绝缘手套、绝缘靴等个人防护用具，采取措施防止水滴流进手套和靴内，并站立在绝缘板上。把绝缘板接地线（铜质软线的截面不小于 5～10mm^2，长度约 20～30m）的一端牢固地接在水枪喷嘴上，另一端接在接地棒（长约 1m 的铜棒或者铁管）上，接地棒应钉入地下 50 ㎝左右深的地方（冬季地冻时，可以用水把接地棒冻在地上）。

2. 使用直流水枪带电灭火时，应注意喷射方法，如发现产生异声或者火花放电，可采取断断续续的点射方法或者改用喷雾水枪进行扑救。对架空的供电设备灭火时，人体与带电体之间的仰角不得大于 45°，以防突然下落的水流或者导线（设备）带电而危及人员安全。

3. 没有穿戴防护用具的其他人员不应接近带电的燃烧区。扑灭火灾后，当设备或者线路仍然带电时，应划出警戒区，并通知电业部门及早处理，以防止其他人员误入，造成触电事故。

六、关于灭火费用的规定

《消防法》第 49 条规定：“公安消防队、专职消防队扑救火灾、应急救援，不得收取任何费用。单位专职消防队、志愿消防队参加扑救外单位火灾所损耗的燃料、灭火剂和器材、装备等，由火灾发生地的人民政府给予补偿。”

公安消防队、专职消防队扑救火灾和应急救援不得收取任何费用，是由其性质和任务决定的。公安消防队和专职消防队都是同火灾作斗争的专业化队伍，是实施应急救援的重要力量，承担着保卫社会主义现代化建设和人民生命财产安全的重要任务。公安消防队和政府专职消防队日常的工作、训练经费，消防装备的配备，以及实施火灾扑救或应急救援的费用都由财政负担，企事业单位的专职消防队，也不是营利性的组织，因此它们进行扑救火灾和应急救援都不存在收费的理由。一旦有火灾或者其他灾害事故发生，公安消防队和专职消防队都必须依照命令立即出动，无条件地实施扑救或应急救援工作。这种扑救和应急救援都是无偿的，不能以各种名义向发生火灾或者请求救援的单位、个人收取费用。

单位专职消防队是由企事业单位建立的，志愿消防队则是由乡镇人民政府或机关团体、企事业单位以及村民委员会、居民委员会建立的，两者主要是为建立它的单位服务的，主要任务是做好本单位或地区的防火、灭火工作，日常的工作、训练费用和实施火灾扑救的费用也都由本单位或本地区的居民承担。因此，当单位专职消防队和志愿消防队参加扑救外单位火灾后，对其燃料、灭火剂，器材、装备等的损耗给予一定的补偿是合乎情理的。这里所称燃料，是指消防车、消防艇出动所消耗的油料；灭火剂主要是指泡沫灭火剂、干粉灭火剂等；器材和装备是指消防器材、装备，如消防车、消防艇的随车器材，消防员个人防护器材与装备等。值得注意的是，根据规定，由火灾发生地的人民政府给予补偿的只能是其参加扑救外单位火灾所耗损的燃料、灭火剂、器材、装备等，而不包括人工费用。

第二节　疏散、救助与自救

火灾是一种突发性的事件，同时又是一种严重危及人们生命财产安全的灾难性事故。当火灾降临时，很多人由于受到惊吓，往往会产生非理性的行为，做出错误的举止，所以，对于火场的疏散与救助工作的组织指挥是非常重要的。

一、疏散组织

在人员比较集中的场所，一旦发生火灾，极易造成在场人员的恐慌，使人的精神高度紧张，这种紧张和不安比火势的威胁更可怕，争先恐后地逃生极易造成死伤，并且影响逃生的速度。因此，有效地组织在场人员疏散，就显得非常重要。《消防法》第 44 条第 2 款规定：人员密集场所发生火灾，该场所的现场工作人员应当立即组织、引导在场人员疏散。

因为现场的工作人员熟悉现场环境特点，以及安全出口、疏散通道的位置等，发生火灾时，现场工作人员积极组织、引导群众转移、疏散，就能最大限度地避免或者减轻群死群伤的恶性后果。绝不允许在火灾面前临阵脱逃。

在进行这类火场的疏散工作中，应掌握以下几点基本方法：

（一）拟订疏散计划

人员集中的场所，如影剧院、礼堂、歌舞厅、商场等有关单位，平时应与公安机关消防机构共同研究人员疏散方法，结合本单位实际，制定出切实可行的疏散预案；对工作人员做好组织疏散的分工，划分责任区，规定每个区域的疏散路线和出口，并经常演练；一旦起火，各工作人员按预定方案立即组织辖区群众有序疏散，可有效缩短疏散时间，减少人员伤亡。

（二）保证安全疏散设施正常工作

火场中组织疏散必须以平时对消防设施的维护和管理为前提，只有保证安全出口和疏散通道的畅通，应急照明、事故广播和防排烟系统等安全设施的正常工作，才能在发生火灾时成功组织在场的人员安全疏散。很多重大、特大火灾中发生的群死群伤事故，都是由于安全出口被封锁、应急照明系统无法工作等原因造成的。

（三）正确通报情况，防止出现纷乱

组织疏散必须采取科学统一的指挥方法。如果场内的人员比较多，疏散条件相对有限，在火势发展比较缓慢的情况下，失火单位的工作人员应当首先通知出口附近或者最不利位置的人员进行疏散，然后视情公开通报，让全体人员疏散。在火势比较猛烈、疏散条件比较好时，可立即公开通报，但在通报时，应用镇定的语气，说明起火的部位、火势蔓延的情况以及正确的逃生路线和方法，防止引起在场人员的恐慌而导致纷乱，影响顺利疏散。

（四）进行疏散引导

疏散时一定要有序进行，一般应优先安排受火势威胁最为严重的区域内的人员进行疏散，因为该区域可利用的疏散时间最短。在疏散中要首先帮助逃生能力较差的老弱病残者撤离火场，其次是一般的观众、顾客等，最后是现场的工作人员。在疏散通道的拐弯、岔道等容易走错方向的地方，应设立“哨位”帮助指示方向，以防误入死胡同或者危险区域。

（五）防止脱险者回场

疏散出来的人员，要加强脱险后的管理。由于受困人员在脱离危险后，随着对自己生命威胁程度的减少，转而开始担心财物和未逃离危险区域的亲人的生命安全，极有可能重新返回火场去抢救自己的亲人或者财产，这样做是非常危险的。因此，一定要加强对已疏散出来的人员管理，可派专人负责，制止他们的危险行为，必要时在火场关键部位配备警戒人员。

在疏散过程中，始终应把维持秩序和安全作为重点，尤其要防止出现拥挤、践踏和摔伤等事故。遇到只顾自己逃生，不顾别人死活的不道德行为，要坚决予以遏止。同时，要阻止逆向人流的出现，保持疏散通道畅通。制止逃生中的乱跑乱叫行为，因为这种行为不但会消耗大量的体力，吸入更多的烟气，还会妨碍别人的正常疏散和诱导出纷乱。在出现前呼后拥的纷乱状态出现时，决不能贸然加入，这是逃生过程中的大忌，也是造成人员伤亡的主要原因。

二、救助他人

在火场上，若有人不能及时疏散而被围困时，要按照救人第一的原则，果断采取措施寻找被困人员并抢救出来。寻找的方法主要有：

一是询问。通过询问事发单位负责人和已脱险人员等知情人，了解被困人员的数量、性别、年龄、起火时所在的位置与动向以及火场内部地形结构等情况，以便确定救人的途径和方法。

二是呼喊。进入火场内部大声呼喊，以唤起被困人员的反应。同时，注意倾听、辨别呼救声、喘息声、呻吟声等，以便迅速找到被困人员所在位置，及时实施救助。

三是搜寻。搜寻人员通过手摸、耳听和照明等手段寻找被困人员。一般被困人员多停留在门窗等处；夜间寻人或者寻找老弱病残人员应重点注意床下及其周围；儿童多容易躲在桌子底下、大衣柜内、墙角等处；浴室、厕所、阳台和小隔间也应是搜寻的重点。

救人的具体操作方法，可根据火势发展和被困人员的实际情况而采取不同的措施：

1. 对能独立行走的人，给其指出正确的出口方向让其自行脱险；

2. 对行动不便的人，如老弱病残者、儿童或者伤员等采用背、抱、抬或者用在伤者身下垫毛毯、被单等物，再用手拖拉的方法将其抢救出火场；

3. 室内通道被火堵住无法通过时；可利用救生袋、缓降器、拉梯、挂钩梯或者登高车等架设至被困人员所在窗口、阳台或者屋顶等处，从外部将被困人员有序地接下来，必要时可破拆墙壁开辟抢救出路；

4. 无法架设登高车、拉梯等工具时，可将绳索射给被困人员，让其用绳索把缓降器或者救生梯等器材吊上去，并指导他们自救逃生；

5. 对欲跳楼逃生或者悬挂在建筑物外沿处境危险的人员，要通过喊话或者写大幅标语等方法告诫他们要坚持等待救援，千万不能盲目跳楼，同时，在地面布设救生网、救生垫等器材，做好接应准备；

6. 若火场发现被困人员较多，应组织他们互相搀扶、背抱，尽可能一次性救出火场，若不能一次救出，应将最需急救的受伤人员首先救出，将轻伤但不能行走的人员和伤情严重却已无法救治或者已经死亡的，安置于较安全的地带暂候；

7. 对已抢救出来的人员进行清点核对，确认被困人员是否全部救出，并严格进行管理，防止他们再次返回火场，将伤者清点登记后移交给医疗救护组或者转送医院；

8. 因为救人和灭火工作有时是很难分开的，在整个救人过程中，可视情采取用湿棉被、水枪等措施防烟降温，使救援工作顺利进行。

三、抢救财物

对被火势威胁的财物，可根据火场情况采取相应的措施，能就地保护的就不必转移、疏散，以节约人力和时间用于火灾的扑救，但有些财物最好及时抢救。例如，被火烧毁会造成重大损失的，必须及时搬运，包括银行的人民币和账本、国家机密档案、重要设备和历史文物等；遇火后会引起火势扩大的物资，包括易燃易爆品、液化石油气罐等；妨碍接近火源、影响灭火行动的物资也应转移。在实施这类财物的转移工作中，应注意：

1. 疏散应有组织、有秩序地采取流水作业方法进行，这样效率更高；

2. 先疏散被火势威胁最严重的财物；

3. 已疏散出来的财物应放在火场的上风方向或者地势较高处，并且不能妨碍灭火行动；

4. 派人看护已疏散出来的财物，防止哄抢、流失；

5. 搬运易燃易爆物品，应注意避震、避热、避明火，并做好标记，格外严加看管，如有遇水燃烧的物质，还应避免与水接触；

6. 可就地保护的物资按是否怕水区别对待，对不怕水的，可向这类财物上喷水保护；对遇水会影响其功能或者会造成一定损失的财物，可用防水篷布遮盖，再往上面射水。

四、自救逃生

火场逃生是有很多技巧的，当一场火灾降临时，一个人能否成为幸存者，固然与火势大小、起火时间、所处位置以及建筑物内的消防设施有关，然而主要还是与被困者的自救能力和逃生方法有密切关系。要想在火灾发生时能够顺利逃生，最重要的是平时就应经常了解一些防火和灭火的知识，想好几种不同的逃生方案，以便在特殊情况下脱险。特别是出门在外，每到一处都要在住下来之后，先观察一下自己所处的环境，记住出路在什么地方。不仅要记住平常的出入口、通道、楼梯的位置，还要记住应付紧急情况下的安全门、疏散楼梯、避难间的位置。只有养成了这样的习惯，才能在突发性的火场上遇事不慌，从容应付各种复杂的情况。在被困的火场上，一般可采取以下几种方法逃生：

1. 无论在什么情况下发现起火，都要保持头脑清醒，因为慌张是于事无补的，反而会导致做出错误的举止。

2. 火势不大时，要当机立断，披上湿毛毯、湿被褥，勇敢地冲出去。越是犹豫不决，越会失去逃生的机会。

3. 身上着了火千万不要随便奔跑，因为奔跑时形成的“风”，能提供新鲜空气的助燃物，导致火越烧越旺。这时，最重要的是设法把着火的衣服、帽子脱掉，也可卧倒在地上打滚，把身上的火苗压熄。若有其他人在场，可用湿毯子、湿棉被把身上着火的人包裹起来，将火熄灭。或者向着火的人身上浇水，或者帮助把着火的衣服撕下，但是，切不可用灭火器直接向人身上喷射，因大多数灭火剂会引起伤者创口感染。

4. 在浓烟中逃生时，要尽量放低身体的高度，若烟气太浓，则俯卧爬行，因烟气比空气轻，贴近地板的空气层中，一般比较清洁少烟。同时，用湿毛巾或者湿布块捂住口鼻，这样可防止高温烟气的侵袭。

5. 躲避烟火时决不能往阁楼、床底、大衣柜里钻，因为这些地方很容易遭到烟火的侵袭。而应往卫生间这样没有可燃物，或者阳台这样朝外敞开的地方去，这些地方既不容易受到烟火的侵袭，也容易向外求救。

6. 在室内时，关闭迎火面的门窗、打开背火面的门窗，但千万不要打碎玻璃，因为若有烟气进来还要关上。有条件时，还可向门窗上浇水，以延缓火势蔓延。或者用毛巾、床单弄湿后塞住门缝，并设法把门顶住。

7. 在楼房遇上火灾时，如果是本层起火，应向下层逃生，因为火灾是向上层发展的，人往上奔跑的速度没有火灾发展得快。如果处在起火楼层以上各层时，应向室外阳台或者楼顶逃生。值得一提的是，在向上下楼层逃生时切不可乘坐普通电梯，因为这种电梯不但不防烟火，而且在火场断电时将无法运行。

8. 不能盲目跳楼。如果楼梯已经烧断或者被封堵住，就应当利用门窗、阳台、水落管或者竹竿等逃生。也可将被单撕成布条代替。

在2楼的位置可采取先向地面扔一些棉被、床垫等柔软物体，然后用手扒住窗台或者阳台，使身体下垂自然落下，同时注意屈膝双脚着地，这样可以缩短距离，减轻伤害。而3楼以上往下跳的死亡概率极大，所以不到万不得已是不能跳楼的。目前，国内外相关资料中曾介绍过两种高楼跳楼法，一种是叫“休氏跳楼法”，即在沙发、席梦思等高楼上可以得到的家具，下面捆上重物，如哑铃、水泥板等，总之越重越好，然后人蹲在上面，两手紧紧抓住软家具从窗口或者阳台被人推下。这样，由于重心在下面而不会将人翻转，底下又有软物，因而获救的可能性较大。另一种叫“竿棒跳楼法”，因前一种方法存在三个缺陷，首先是重物一时找不到，其次是捆绑需要时间，最后是向下跳时需要几个人帮忙，这些在火灾发生时都难以办到。所以，又有人发明了这种“竿棒跳楼法”，它模仿撑竹竿过河的游戏，只要找到一根比人稍长的竿棒就行，竹竿、木棒、铁棍和钢管都可。如有条件，竿棒两头应捆上重物，没有时，不捆也行。下跳时，人应用双手抱住竿棒，用双腿交叉夹住，如爬山一样。但棍棒在头与手的上部和脚的下部必须各留出约50厘米的一段，这样，下跳时大多数是竿棒先着地，就可大大减轻身体受到的伤害程度。

9. 求救的方式应采用向室外抛掷沙发垫、枕头等轻软的物件或者其他小件作为求救信号，也可用竹竿挑起颜色鲜艳的服装，不住地摇晃等方法，夜间则用电筒发出求救的信号，这样救护人员就能及时发现。而因火场上一般都是人声鼎沸，大喊大叫是难以被人听到的。

10. 不要留恋财物，应尽快逃出火场，既已逃出，决不回头，否则就有生命危险。

在火场上的逃生方法有多种多样。可利用的救生器材也不同，光消防专用的器材就有缓降器、救生垫、救生网、救生袋和自救绳等多种。由于火场上的火势大小、被围困人员所处的位置和使用的救生器材不同，所采取的逃生方法也不一样。这就要求每个逃生者要因地制宜选择最简便、最安全的方法。

第三节　火灾现场保护

火灾现场，是指发生火灾事故、留有同火灾有关的痕迹以及物证的场所。保护火灾现场的目的主要是便于对火灾事故的调查处理。保护好火灾现场是关系到能否顺利查清火灾原因的重要前提条件，只有保护好了火灾现场，才能使火灾调查人员尽可能地观察到现场的原始状态，及时发现和提取痕迹物证，为顺利进行火灾调查工作创造有利条件。如果火灾现场遭到破坏，势必给调查工作带来困难。所以，不管在什么单位、什么地方发生火灾，在火灾被扑灭之后，都要及时采取有效的措施，把现场保护起来。

一、火灾现场保护的要求

按照《火灾事故调查规定》（2009年4月30日公安部令第108号）第5条第2款的规定：“公安派出所应当协助公安机关火灾事故调查部门维护火灾现场秩序，保护现场，控制火灾肇事嫌疑人。”

现场保护的中心任务是：在公安机关消防机构的火灾调查人员到来之前，不许任何人出入现场，维护火场原貌；在扑救火灾时，尽量避免破坏火场原始状态，防止或者减少人为因素和自然因素对现场的破坏。具体包括：

（一）明确现场保护责任

发生火灾地区的公安机关，企业、事业单位的保卫部门，基层治保会及志愿消防组织都有保护现场的责任。广大职工和群众也有义务协助各级公安机关以及保卫部门维护好火场的秩序。公安机关消防机构在接到火灾报警后，在迅速调集灭火队伍的同时，应及时组织火灾调查人员赶赴火场，协助部署现场的保护工作。

（二）确定保护范围

发现火情或者听到火灾报告后，单位的职工都应迅速赶到火场，并立即向公安机关消防机构和当地公安派出所报警，在组织扑救过程中，还要根据火场的具体情况，划定保护范围。保护范围应根据起火的性质和燃烧的特点等不同情况来决定，一般来说，应该是被烧的全部场所及与火灾原因有关的一切地点。但是，当遇到急于恢复生产或者查找贵重物品等情况，要求缩小保护火场的范围时，应本着可大可小、就小不就大的原则适当缩小保护范围。如果怀疑火灾是因电气设备故障或者爆炸引起的，就应根据现场条件和调查工作需要适当扩大保护范围。凡属与火场用电有关的线路和设备都应列为保护范围。对爆炸现场或者连烧带炸的现场，在确定保护范围时，宜大不宜小，一般来说，波及范围多大，保护范围也应多大，不管飞出的物体距离有多远，都应划为现场的保护范围。

保护范围一经确定，就应以各种有效方法，禁止任何无关人员进入保护区。火灾被扑灭后，所有人员都应撤离火场。执行火场保护任务的工作人员和其他参与现场保护的人员，也不得进入火场，更不得擅自移动火场上的任何物品。遇有下雨、刮风等不利的天气时，应对起火部位的痕迹、物品，采取遮挡、罩盖等措施，予以妥善保护。

（三）监视、抓获火灾责任嫌疑人

对火灾事故责任人，应当予以扣留和监视。在火场上若遇到纵火者或者重大犯罪嫌疑人，应立即抓获，派专人扭送至公安机关或者布置专人进行监视。无论执行扭送还是监视，都必须提高警惕，防止其逃跑、行凶、自杀或者毁灭证据。当发现有特别关心现场，反复打听消息，反复探视现场的重大犯罪嫌疑人时，应立即布置力量严密控制。当发现有人趁火打劫或者纵火者第二次纵火时，要发扬见义勇为的精神，及时抓获犯罪嫌疑人并将其扭送至公安机关。

（四）正确处理火灾现场的紧急情况

由于现场上有时会出现一些紧急情况，所以现场保护人员要提高警惕，随时掌握现场动态，发现问题，立即采取措施进行妥善处理，并及时向有关部门报告。

1. 当发现火场上有人受伤或者有生命危险时，不论是受害人还是纵火者，现场的救护人员都应该组织人力或者指定专人当场进行急救，或者送往就近的医院进行抢救，不能借口保护现场而不去实施救护。

2. 在抢救受伤人员时，要特别注意尽量使火场少受破坏。如果必须变动或者破坏某个部位、物品时，应事前详细记录现场原貌，如被救护人原来的躺卧位置、姿势、伤情以及与火场有关的物品分布的原始状况。对附着在受伤人员衣物、身体上的有鉴定、证明作用的物质，为防止搬抬时遗落，应该提取并做好记录。

3. 遇有爆炸、纵火等火灾现场时，参加火场保护的人员应在报警后，立即组织人力灭火，排除险情。

4. 发生在交通要道以及繁华地区道路范围的火灾，现场保护人员必须迅速根据火场上的实际情况，排除交通障碍，疏导围观的群众，防止聚集人员出现拥挤，造成第二灾害事故。

5. 当发现火场死灰复燃时，要迅速组织扑救，若火情较大，还应及时报警，防止发生第二次火灾。当发现被烧的建筑物有倒塌的危险时，应采取相应的安全措施，防止造成人员伤亡。

（五）抓住时机了解情况

负责现场保护的工作人员，在保护好火场的同时，还应不失时机地向事主、首先发现火灾人以及目睹者进行初步的调查了解，以便了解事故的发生经过，收集群众对火灾事故的意见和看法。在抢救伤员时，凡是有条件的，都应该尽可能从其口中了解有关火场情况。在现场保护过程中，还要注意记明起火部位、火焰颜色、烟雾颜色与气体、风向等，以便为判明火源和起火部位提供参考。

（六）及时向公安机关消防机构汇报情况

当公安机关消防机构的火灾调查人员到达现场后，保护现场的人员应将火灾的发现时间、发生经过，事主、周围群众和有关人员对事故的反映和意见，现场是否遭到破坏和变动，以及有关人员采取的保护措施等情况，如实地向公安机关消防机构的火灾调查人员进行汇报。

二、火灾现场保护的措施

1. 在扑救过程中，如需拆除某些构件时，要注意发现和保护有可能成为火灾起火点部位的物品和其他残留物，特别是清扫残火时，更不要轻易变动物品的位置，应尽量保持燃烧后的自然状态。清理火灾现场的工作，须在经过现场勘查后，得到有关部门的同意方可进行。

2. 对于室内的火灾现场，应在门窗洞口设立岗哨警戒，或者用木版等障碍物将出入口封住，勘查前禁止任何无关人员进入；对于露天火场中易被刮风下雨等自然条件破坏的痕迹、物证及尸体等，可用席子、毡布及盆类物品遮盖起来；对大型火场，可利用原有的围墙栅栏等封锁隔离，但尽量不要阻塞交通和影响居民的正常生活。

3. 火灾调查人员进入现场时，不要随便走动，特别是进入重点勘查区域的人员不宜过多，以防踩坏覆盖的痕迹和物件。

4. 清理现场堆积物、移动物品或者取下物证时，在动手之前必须从不同侧面拍摄或者录像，以保存现场的原貌。

无论是起火单位单独执行火场保护任务，还是与公安消防人员、公安派出所民警、保卫干部、治保人员共同担负现场的保护任务，都要严格遵守有关现场保护的原则，不得随意进入火场，不得触摸、移动、拿用现场上的物品。要服从现场指挥人员的统一指挥，做到不擅离职守。在保护现场的同时，要留心观察周围的动态，留心收集群众的反映。对现场的情况不准随便议论，更不得向无关人员泄露。

思考题：

1. 火灾发展一般经历哪几个阶段？
2. 如何组织火场疏散？
3. 如何抢救人员和物资？
4. 火场如何自救逃生？
5. 火灾现场保护的要求有哪些？

第十一章　火灾事故调查

火灾事故调查是公安消防机构的一项重要职责。其目的是为了查明火灾原因，明确火灾责任，依法处理火灾责任人员，并为其他部门处理火灾事故提供依据。火灾调查处理涉及火灾现场勘查、证据技术鉴定、火灾责任分析判定和对火灾事故责任者依法进行处理等，是一项技术性、政策性、法律性都很强的工作。

第一节　火灾事故调查概述

火灾事故调查，是公安消防机构以火灾现场为主体，运用归纳法，按照起火部位、起火点、起火原因的顺序，逆向寻找和追查着火源，查清什么是火源，引燃什么可燃物，确定形成的火灾原因，查清火灾造成的经济损失和人员伤亡情况，然后再查明火灾责任，以依法处理火灾责任人，并为研究火灾发生规律，预防和扑救火灾提供科学依据的工作。

一、火灾事故调查的任务

根据《火灾事故调查规定》第 3 条的规定，火灾事故调查的任务是调查火灾原因，统计火灾损失，依法对火灾事故作出处理，总结火灾教训。

调查、认定火灾原因是火灾事故调查的首要任务。一起火灾的发生，是多种因素共同作用的结果。在调查火灾原因中，不仅要查清是如何起火的，还要查清为何起火；不仅要查清起火原因中物的因素，还要查清人的因素，包括思想、技术、组织、制度等方面的因素；不仅要查清起火中各个方面的因素，还要查清上述因素是如何相互影响、相互作用的。只有这样，才能找出在消防管理、技术措施、消防设备和火灾扑救中存在的问题，不断总结经验，改善消防措施，做好消防工作。

二、火灾事故调查的管辖

根据公安部《火灾事故调查规定》第 5 条的规定，火灾事故调查由县级以上人民政府公安机关主管，并由本级公安机关消防机构实施；尚未设立公安机关消防机构的，由县级人民政府公安机关实施。公安派出所应当协助公安机关火灾事故调查部门维护火灾现场秩序，保护现场，控制火灾肇事嫌疑人。铁路、交通、民航、林业公安机关消防机构负责调查其消防监督范围内发生的火灾。第 9 条规定，公安机关消防机构接到火灾报警，应当及时派员赶赴现场，并指派火灾事故调查人员开展火灾事故调查工作。

（一）分工

根据《火灾事故调查规定》第 6 条的规定，火灾事故调查由火灾发生地公安机关消防机构按照下列分工进行：

1. 一次火灾死亡 10 人以上的，重伤 20 人以上或者死亡、重伤 20 人以上的，受灾

50户以上的，由省、自治区人民政府公安机关消防机构负责调查；

2. 一次火灾死亡1人以上的，重伤10人以上的，受灾30户以上的，由设区的市或者相当于同级的人民政府公安机关消防机构负责调查；

3. 一次火灾重伤10人以下或者受灾30户以下的，由县级人民政府公安机关消防机构负责调查。

直辖市公安机关消防机构负责前款第1项、第2项规定的火灾事故调查；直辖市的区、县公安机关消防机构负责前款第3项规定的火灾事故调查。

除上述所列情形外，其他仅有财产损失的火灾事故调查，由省级人民政府公安机关结合本地实际作出管辖规定，报公安部备案。

（二）跨行政区域火灾调查的情形

根据《火灾事故调查规定》第7条的规定，跨行政区域的火灾，由最先起火地的公安机关消防机构按照本规定第6条的分工负责调查，相关行政区域的公安机关消防机构予以协助。

对管辖权发生争议的，报请共同的上一级公安机关消防机构指定管辖。县级人民政府公安机关负责实施的火灾事故调查管辖权发生争议的，由共同的上一级主管公安机关指定。

《火灾事故调查规定》第8条规定，上级公安机关消防机构应当对下级公安机关消防机构火灾事故调查工作进行监督和指导。

上级公安机关消防机构认为必要时，可以调查下级公安机关消防机构管辖的火灾。

（三）公安机关刑侦部门参与调查的火灾情形

根据《火灾事故调查规定》第10条的规定，具有下列情形之一的，公安机关消防机构应当立即报告主管公安机关通知具有管辖权的公安机关刑侦部门，公安机关刑侦部门接到通知后应当立即派员赶赴现场参加调查；涉嫌放火罪的，公安机关刑侦部门应当依法立案侦查，公安机关消防机构予以协助：

1. 有人员死亡的火灾；

2. 国家机关、广播电台、电视台、学校、医院、养老院、托儿所、幼儿园、文物保护单位、邮政和通信、交通枢纽等部门和单位发生的社会影响大的火灾；

3. 具有放火嫌疑的火灾。

（四）其他

军事设施发生火灾需要公安机关消防机构协助调查的，由省级人民政府公安机关消防机构或者公安部消防局调派火灾事故调查专家协助。

三、火灾事故调查的程序

（一）简易程序

1. 同时具有下列情形的火灾，可以适用简易调查程序：

（1）没有人员伤亡的；

（2）直接财产损失轻微的；

（3）当事人对火灾事故事实没有异议的；

（4）没有放火嫌疑的。

直接财产损失具体标准由省级人民政府公安机关确定，报公安部备案。

2. 适用简易调查程序时，可以由一名火灾事故调查人员调查，并按照下列程序实施：

（1）表明执法身份，说明调查依据；

（2）调查走访当事人、证人，了解火灾发生过程、火灾烧损的主要物品及建筑物受损等与火灾有关的情况；

（3）查看火灾现场并进行照相或者录像；

（4）告知当事人调查的火灾事故事实，听取当事人的意见，当事人提出的事实、理由或者证据成立的，应当采纳；

（5）当场制作火灾事故简易调查认定书，由火灾事故调查人员、当事人签字或者捺指印后交付当事人。

火灾事故调查人员应当在2日内将火灾事故简易调查认定书报所属公安机关消防机构备案。

（二）一般程序

1. 一般规定。除依照本规定适用简易调查程序外，公安机关消防机构对火灾进行调查时，火灾事故调查人员不得少于两人。必要时，可以聘请专家或者专业人员协助调查。

公安部和省级人民政府公安机关应当成立火灾事故调查专家组，协助调查复杂、疑难的火灾。专家组的专家协助调查火灾的，应当出具专家意见。

火灾发生地的县级公安机关消防机构应当根据火灾现场情况，排除现场险情，初步划定现场封闭范围，并根据火灾事故调查需要，及时调整现场封闭范围；设置警戒标志，禁止无关人员进入现场，控制火灾肇事嫌疑人，并在现场勘验结束后及时解除现场封闭。

封闭火灾现场的，公安机关消防机构应当在火灾现场对封闭的范围、时间和要求等予以公告。

公安机关消防机构应当自接到火灾报警之日起30日内作出火灾事故认定；情况复杂、疑难的，经上一级公安机关消防机构批准，可以延长30日。

火灾事故调查中需要进行检验、鉴定的，检验、鉴定时间不计入调查期限。

2. 现场调查。

（1）询问。火灾事故调查人员应当根据调查需要，对发现、扑救火灾人员，熟悉起火场所、部位和生产工艺人员，火灾肇事嫌疑人和被侵害人等知情人员进行询问。对火灾肇事嫌疑人可以依法传唤。必要时，可以要求被询问人到火灾现场进行指认。

询问应当制作笔录，由火灾事故调查人员和被询问人签名或者捺指印。被询问人拒绝签名和捺指印的，应当在笔录中注明。

（2）火灾现场勘验。勘验火灾现场应当遵循火灾现场勘验规则，采取现场照相或者录像、录音，制作现场勘验笔录和绘制现场图等方法记录现场情况。

对有人员死亡的火灾现场进行勘验的，火灾事故调查人员应当对尸体表面进行观察并记录，对尸体在火灾现场的位置进行调查。

现场勘验笔录应当由火灾事故调查人员、证人或者当事人签名。证人、当事人拒绝签名或者无法签名的，应当在现场勘验笔录上注明。现场图应当由制图人、审核人签字。

（3）现场提取痕迹、物品，应当按照下列程序实施：

①量取痕迹、物品的位置、尺寸，并进行照相或者录像；

②填写火灾痕迹、物品提取清单，由提取人、证人或者当事人签名；证人、当事人拒绝签名或者无法签名的，应当在清单上注明；

③封装痕迹、物品，粘贴标签，标明火灾名称和封装痕迹、物品的名称、编号及其提取时间，由封装人、证人或者当事人签名；证人、当事人拒绝签名或者无法签名的，应当在标签上注明。

提取的痕迹、物品，应当妥善保管。

（4）制作现场实验报告。根据调查需要，经负责火灾事故调查的公安机关消防机构负责人批准，可以进行现场实验。现场实验应当照相或者录像，制作现场实验报告，并由实验人员签字。现场实验报告应当载明下列事项：

①实验的目的；

②实验时间、环境和地点；

③实验使用的仪器或者物品；

④实验过程；

⑤实验结果；

⑥其他与现场实验有关的事项。

3. 检验、鉴定。现场提取的痕迹、物品需要进行技术鉴定的，公安机关消防机构应当委托依法设立的鉴定机构进行，并与鉴定机构约定鉴定期限和鉴定检材的保管期限。

公安机关消防机构可以根据需要委托依法设立的价格鉴证机构对火灾直接财产损失进行鉴定。

有人员死亡的火灾，公安机关消防机构应当立即通知本级公安机关刑事科学技术部门进行尸体检验。公安机关刑事科学技术部门应当出具尸体检验鉴定文书，确定死亡原因。

对火灾受伤人员的人身伤害的医学鉴定由法医进行。

卫生行政主管部门许可的医疗机构具有执业资格的医生出具的诊断证明，可以作为公安机关消防机构认定人身伤害程度的依据。但是，具有下列情形之一的，应当进行医学伤害鉴定：

（1）受伤程度较重，可能构成重伤的；

（2）火灾受伤人员要求作鉴定的；

（3）当事人对伤害程度有争议的；

（4）其他应当进行鉴定的情形。

对受损单位和个人提供的由价格鉴证机构出具的鉴定意见，公安机关消防机构应当审查下列事项：

（1）鉴证机构、鉴证人是否具有资质、资格；

（2）鉴证机构、鉴证人是否盖章签名；

（3）鉴定意见依据是否充分；

（4）鉴定是否存在其他影响鉴定意见正确性的情形。

对符合规定的，可以作为证据使用；对不符合规定的，不予采信。

4. 火灾损失统计。受损单位和个人应当于火灾扑灭之日起 7 日内向火灾发生地的县级公安机关消防机构如实申报火灾直接财产损失，并附有效证明材料。

公安机关消防机构应当根据受损单位和个人的申报、依法设立的价格鉴证机构出具的火灾直接财产损失鉴定意见以及调查核实情况，按照有关规定，对火灾直接经济损失和人员伤亡进行如实统计。

5. 火灾事故认定。公安机关消防机构应当根据现场勘验、调查询问和有关检验、鉴定意见等调查情况，及时作出起火原因和灾害成因的认定。

对起火原因已经查清的，应当认定起火时间、起火部位、起火点和起火原因；对起火原因无法查清的，应当认定起火时间、起火点或者起火部位以及有证据能够排除的起火原因。

火灾成因的认定应当包括下列内容：

（1）火灾报警、初期火灾扑救和人员疏散情况；

（2）火灾蔓延、损失情况；

（3）与火灾蔓延、损失扩大存在直接因果关系的违反消防法律法规、消防技术标准的事实。

公安机关消防机构在作出火灾事故认定前，应当召集当事人到场，说明拟认定的起火原因，听取当事人意见；当事人不到场的，应当记录在案。

公安机关消防机构应当制作火灾事故认定书，自作出之日起 7 日内送达当事人，并告知当事人向公安机关消防机构申请复核和直接向人民法院提起民事诉讼的权利。无法送达的，可以在作出火灾事故认定之日起 7 日内公告送达。公告期为 20 日，公告期满即视为送达。

公安机关消防机构作出火灾事故认定后，当事人可以申请查阅、复制、摘录火灾事故认定书、现场勘验笔录和检验、鉴定意见，公安机关消防机构应当自接到申请之日起 7 日内提供，但涉及国家秘密、商业秘密、个人隐私或者移交公安机关其他部门处理的依法不予提供，并说明理由。

6. 复核。当事人对火灾事故认定有异议的，可以自火灾事故认定书送达之日起 15 日内，向上一级公安机关消防机构提出书面复核申请。复核申请应当载明复核请求、理由和主要证据。

复核申请以一次为限。

复核机构应当自收到复核申请之日起 7 日内作出是否受理的决定并书面通知申请人。有下列情形之一的，不予受理：

（1）非火灾当事人提出复核申请的；

（2）超过复核申请期限的；

（3）已经复核并作出复核结论的；

（4）任何一方当事人向人民法院提起诉讼，法院已经受理的；

（5）适用简易调查程序作出火灾事故认定的。

公安机关消防机构受理复核申请的，应当书面通知其他相关当事人和原认定机构。

原认定机构应当自接到通知之日起 10 日内，向复核机构作出书面说明，并提交火灾事故调查案卷。

复核机构应当对复核申请和原火灾事故认定进行书面审查，必要时，可以向有关人员进行调查；火灾现场尚存且未变动的，可以进行复核勘验。

复核审查期间，任何一方当事人就火灾向人民法院提起诉讼并经法院受理的，公安机关消防机构应当终止复核。

复核机构应当自受理复核申请之日起 30 内，作出复核结论，并在 7 日内送达申请人和原认定机构。

原火灾事故认定主要事实清楚、证据确实充分、程序合法，起火原因和灾害成因认定正确的，复核机构应当维持原火灾事故认定。

原火灾事故认定具有下列情形之一的，复核机构应当责令原认定机构重新作出火灾事故认定：

（1）主要事实不清，或者证据不确实充分的；

（2）违反法定程序，影响结果公正的；

（3）起火原因、灾害成因认定错误的。

原认定机构接到重新作出火灾事故认定的复核结论后，应当重新调查，在 15 日内重新作出火灾事故认定，并撤销原火灾事故认定书。重新调查需要委托检验、鉴定的，原认定机构应当在收到检验、鉴定意见之日起 5 日内重新作出火灾事故认定。

原认定机构在重新作出火灾事故认定前，应当向有关当事人说明重新认定情况；重新作出的火灾事故认定书，应当按照《火灾事故调查规定》第 33 条规定的时限送达当事人，并报复核机构备案。

（三）火灾事故调查的处理

1. 公安机关消防机构在火灾事故调查过程中，应当根据下列情况分别作出处理：

（1）涉嫌失火罪、消防责任事故罪的，按照《公安机关办理刑事案件程序规定》立案侦查；涉嫌其他犯罪的，及时移送有关主管部门办理；

（2）涉嫌消防安全违法行为的，按照《公安机关办理行政案件程序规定》调查处理；涉嫌其他违法行为的，及时移送有关主管部门调查处理；

（3）应当给予处分的，移交有关主管部门处理。

对经过调查不属于火灾事故的，公安机关消防机构应当告知当事人处理途径并记录在案。

2. 公安机关消防机构向有关主管部门移送案件的时限及附带材料。公安机关消防机构向有关主管部门移送案件的，应当在本级公安机关消防机构负责人批准后的24小时内移送，并根据案件需要附下列材料：

（1）案件移送通知书；

（2）案件调查情况；

（3）涉案物品清单；

（4）询问笔录，现场勘验笔录，检验、鉴定意见以及照相、录像、录音等资料；

（5）其他相关材料。

构成放火罪需要移送公安机关刑侦部门处理的，火灾现场应当一并移交。

公安机关其他部门应当自接受公安机关消防机构移送的涉嫌犯罪案件之日起10内，进行审查并作出决定。依法决定立案的，应当书面通知移送案件的公安机关消防机构；依法不予立案的，应当说明理由，并书面通知移送案件的公安机关消防机构，退回案卷材料。

3. 对公安机关消防机构及其工作人员的处理。公安机关消防机构及其工作人员有下列行为之一的，依照有关规定给予责任人员处分；构成犯罪的，依法追究刑事责任。

（1）指使他人错误认定或者故意错误认定起火原因、灾害成因的；

（2）瞒报火灾、火灾直接经济损失、人员伤亡情况的；

（3）利用职务上的便利，索取或者非法收受他人财物的；

（4）其他滥用职权、玩忽职守、徇私舞弊的行为。

第二节　火灾原因调查

火灾原因调查是一项技术性很强的工作，火灾调查人员在工作时，必须遵循一定的程序，利用科学的方法才能准确查明火灾原因。从事火灾原因调查工作的人员应具备特定的专业技能和消防监督岗位资格，能按照火灾原因调查的程序和方法，对不同类型的火灾进行调查并认定火灾原因。

一、火灾原因调查的基本方法

（一）火灾现场保护

火灾现场保留着能证明起火点、起火时间、起火原因等的痕迹物证，如不及时保护好火灾现场，现场的真实状态就可能受到人为的或自然原因的破坏，不但增加了火灾调查的难度，甚至可能永远查不清起火原因。

公安消防机构接到火灾报警后，应当立即派人赶赴火灾现场，做好现场保护工作，确定火灾调查管辖后，由负责火灾调查管辖的公安消防机构组织实施现场保护。火灾现场保护人员在现场保护期间要服从统一指挥，遵守纪律，不能随便进入现场，不准随便触摸、移动、拿用现场物品。保护人员要有高度的责任心，坚守岗位，尽职尽责，保护好现场的痕迹物证，自始至终地保护好火灾现场。

（二）火灾原因调查中的询问

火灾调查中的询问就是对证人的查访。通过对当事人、证人、受灾人员、周围群众以及其他相关人员的询问，获取有关起火时间、起火点、起火原因等信息，为分析起火原因提供线索和证据。

1. 现场询问基本要求。火灾现场勘验人员到达火灾现场后，应立即开展调查询问工作，收集调查线索，确定调查方向和重点。现场询问应及时、合法、全面、细致、深入、准确。

火灾现场勘验人员进行现场询问时应出示证件，告知被询问人必须依法履行如实作证的义务和作伪证或者隐匿罪证应承担的法律责任。

现场正式询问时，询问人不应少于2人，并应首先了解证人的身份及与火灾有无利害关系。询问结束后，被询问人和询问人应分别在询问笔录上签名。

询问不满16周岁的未成年人时，应有其父母或者其他监护人在场。其监护人确实无法通知或者通知后未到场的，应在询问笔录中注明。

2. 现场询问基本方法。现场询问根据火灾调查需要，有选择地询问火灾发现人、报警人、最先到场扑救人、消防员、火灾发生前最后离开起火部位人、熟悉现场周围情况和生产工艺人、值班人、火灾肇事人、火灾受害人、围观群众中议论起火原因和火灾蔓延情况的人以及其他知情人。

3. 现场询问的主要内容是：

（1）发现起火的时间、起火部位、起火特征、火灾蔓延过程；

（2）异常气味、声音；

（3）火灾发生时现场人员活动情况以及是否发现有可疑人员；

（4）用火、用气、用电、供电情况；

（5）机器、设备运行情况；

（6）物品摆放情况；

（7）火灾发生之前是否有雷电过程发生等。

进行询问的人员应查看现场，熟悉火灾现场情况。现场询问得到的重要情况，应和火灾现场进行对照，必要时可以带领证人、当事人到现场进行指认或进行现场实验。

（三）火灾现场勘验

1. 火灾现场勘验的主要任务。火灾现场勘验的主要任务是发现、收集与火灾事实有关的证据、调查线索和其他信息，分析火灾发生、发展过程，为火灾认定，办理行政案件、刑事诉讼提供证据。

2. 火灾现场勘验的工作。主要包括：现场保护、实地勘验、现场询问、物证提取、现场分析、现场处理，根据调查需要进行现场实验。公安机关消防机构勘验火灾现场由现场勘验负责人统一指挥，勘验人员分工合作，落实责任，密切配合。

3. 现场勘验负责人的职责。火灾现场勘验负责人应具有一定的火灾调查经验和组织、协调能力，现场勘验开始前，由负责火灾调查管辖的公安机关消防机构负责人指定。现场勘验负责人应履行下列职责：

（1）组织、指挥、协调现场勘验工作；

（2）确定现场保护范围；

（3）确定勘验、询问人员分工；

（4）决定现场勘验方法和步骤；

（5）决定提取火灾物证及检材；

（6）审核、确定现场勘验见证人；

（7）组织进行现场分析，提出现场勘验、现场询问重点；

（8）审核现场勘验记录、现场询问、现场实验等材料；

（9）决定对现场的处理。

4. 现场勘验人员应履行的职责：

（1）按照分工进行现场勘验、现场询问；

（2）进行现场照相、录像，绘制现场图；

（3）制作现场勘验记录，提取火灾物证及检材；

（4）向现场勘验负责人提出现场勘验工作建议；

（5）参与现场分析。

5. 火灾现场勘验步骤。火灾现场勘验应遵守“先静观后动手、先照相后提取、先表面后内层、先重点后一般”的原则，按照环境勘验、初步勘验、细项勘验和专项勘验的步骤进行，也可以由火灾现场勘验负责人根据现场实际情况确定勘验步骤：

（1）环境勘验。在观察的基础上拟定勘验范围、确定勘验顺序，主要内容是：

①现场周围有无引起可燃物起火的因素，如现场周围的烟囱、临时用火点、动火点、电气线路、燃气、燃油管线等；

②现场周围道路、围墙、栏杆、建筑物通道、开口部位等有无放火或者其他可疑痕迹；

③着火建筑物等的燃烧范围、破坏程度、烟熏痕迹、物体倒塌形式和方向；

④现场周围有无监控录像设备；

⑤环境勘验的其他内容。

（2）初步勘验。通过观察判断火势蔓延路线，确定起火部位和下一步的勘验重点，主要内容是：

①现场不同方向、不同高度、不同位置的烧损程度；

②垂直物体形成的受热面及立面上形成的各种燃烧图痕；

③重要物体倒塌的类型、方向及特征；

④各种火源、热源的位置和状态；

⑤金属物体的变色、变形、熔化情况及非金属不燃烧物体的炸裂、脱落、变色、熔融等情况；

⑥电气控制装置、线路位置及被烧状态；

⑦有无放火条件和遗留的痕迹、物品；

⑧初步勘验的其他内容。

（3）细项勘验。根据燃烧痕迹、物品确定起火点。主要内容是：

①起火部位内重要物品的烧损程度；

②物体塌落、倒塌的层次和方向；

③低位燃烧图痕、燃烧终止线和燃烧产物；

④物体内部的烟熏痕迹；

⑤设施、设备、容器、管道及电气线路的故障点；

⑥尸体的位置、姿态、烧损部位、特征和是否有非火烧形成的外伤，烧伤人员的烧伤部位和程度；

⑦细项勘验的其他内容。

（4）专项勘验。查找引火源、引火物或起火物，收集证明起火原因的证据。主要内容是：

①电气故障产生高温的痕迹；

②机械设备故障产生高温的痕迹；

③管道、容器泄漏物起火或爆炸的痕迹；

④自燃物质的自燃特征及自燃条件；

⑤起火物的残留物；

⑥动用明火的物证；

⑦需要进行技术鉴定的物品；

⑧专项勘验的其他内容。

6. 火灾现场勘验方法。现场勘验时应注意准确确定挖掘的范围，明确挖掘目标，确定寻找对象，要耐心细致，注意物品与痕迹的原始位置和方向，发现物证不提取。

主要勘验方法有：

（1）剖面勘验法：在拟定的起火部位处，将地面上的燃烧残留物和灰烬分开一个或多个剖面，仔细观察残留物每层燃烧的状况，辨别每层物质的种类；

（2）逐层勘验法：对火灾现场上燃烧残留物的堆积层由上到下逐层剥离，观察每一层物体的烧损程度和烧毁的状态；

（3）筛选法：这是对需要详细勘验、范围比较大，只知道起火点大致的方位，但又缺乏足够的材料证明确切的起火点位置的火灾现场采用的一种方式；

（4）复原勘验法：在询问证人的基础上，将残存的建筑构件、家具等物品恢复到原来位置和形状，以便于观察分析火灾的发生、发展过程；

（5）水洗法：是指用水清洗起火点底面或其他一些特定的物体和部位，发现和收集痕迹物证的方法。

（四）调查记录

在火灾现场的勘验过程中，应把调查过程、发现的线索和痕迹物证、证人提供的证言等如实记录下来。现场勘验主要包括火灾现场勘验笔录、现场照相、现场绘图、现场录像、现场录音和现场询问笔录等。

火灾现场勘验结束后，现场勘验人员应及时整理现场勘验资料，制作现场勘验记录。现场勘验记录应客观、准确、全面、翔实、规范描述火灾现场状况，各项内容应协调一致，相互印证，符合法定证据要求。现场勘验记录包括现场勘验笔录、现场图、现场照片和现场录像等。

1. 现场勘验笔录的制作。现场勘验笔录应与实际勘验的顺序相符，用语应准确、规范。同一现场多次勘验的，应在初次勘验笔录基础上，逐次制作补充勘验笔录。现场勘验笔录主要包括以下内容：

（1）发现火灾的时间、地点，发生火灾单位的名称、地址、起火部位，勘验时的气象情况，现场勘验工作开始和结束时间，记录人等；

（2）现场勘验负责人、勘验人员姓名、单位、职务；

（3）现场勘验的过程和勘验方法；

（4）现场的位置、建筑结构，主要存放物品、设备、主要烧毁物品、燃烧面积等情况；

（5）整体燃烧程度，尸体、重要物品的位置、状态、数量和燃烧痕迹；

（6）提取的痕迹物证名称、数量、特征、地点及提取方式；

（7）其他与起火部位、起火点、引火源、引火物有关的痕迹物品；

（8）现场勘验人员及见证人或者当事人签名。

2. 现场图的制作。火灾现场勘验人员应制作现场方位图、现场平面图，绘制现场平面图应标明现场方位照相、概貌照相的照相机位置，统一编号并和现场照片对应。根据现场需要，选择制作现场示意图、建筑物立面图、局部剖面图、物品复原图、电气复原图、火场人员定位图、尸体位置图、生产工艺流程图和现场痕迹图、物证提取位置图等。

绘制现场图应符合以下基本要求：

（1）重点突出、图面整洁、字迹工整、图例规范、比例适当、文字说明清楚、简明扼要；

（2）注明火灾名称、过火范围、起火点、绘图比例、方位、图例、尺寸、绘制时间、制图人、审核人，其中制图人、审核人应签名；

（3）清晰、准确反映火灾现场方位、过火区域或范围、起火点、引火源、起火物位置、尸体位置和方向。

3. 现场照相。

（1）现场照相的步骤，宜按照现场勘验程序进行。勘验前先进行原始现场的照相固定，勘验过程中应对证明起火部位、起火点、起火原因物证重点照相。

现场照相分为现场方位照相、概貌照相、重点部位照相和细目照相。现场照片应与起火部位、起火点、起火原因具有相关性，并且真实、全面、连贯、主题突出、影像清晰，色彩鲜明。制作档案应采用冲印或者专业相纸打印的照片，照片底片或者原始数码照片应妥善保管。

（2）现场照相还应遵循如下原则：

①现场方位照相应反映整个火灾现场和其周围环境，表明现场所处位置以及与周

围建筑物等的关系；

②现场概貌照相应拍照整个火灾现场或火灾现场主要区域，反映火势发展蔓延方向和整体燃烧破坏情况；

③现场重点部位照相应拍照能够证明起火部位、起火点、火灾蔓延方向的痕迹、物品，重要痕迹、物品照相时应放置位置标识；

④现场细目照相应拍照与引火源有关的痕迹、物品，反映痕迹、物品的大小、形状、特征等，照相时应使用标尺和标识，并与重点部位照相使用的标识相一致；

⑤现场照片及其底片或者原始数码照片应统一编号，与现场勘验笔录记载的痕迹、物品一一对应。

（五）火灾物证鉴定

火灾现场中残留的能够证明起火原因、火灾责任等的证据，并不都是能够直接地或直观地作为证据而起证明作用的，有的需要经过有鉴定资质的单位或专家进行鉴定，鉴定结论可以作为法定的证据。

二、火灾原因分析认定基本方法

火灾调查人员在对现场勘验、调查访问、物证鉴定等获取的线索、资料、证据进行综合分析和研究后，通过分类排队、比较鉴别，排除来源不实、似是而非的材料，对查证属实的因素、条件和证据进行科学的分析和推理，进而认定起火原因。

（一）火灾原因分析认定的内容

1. 起火时间。起火时间是火灾过程中起火物发出明火的时间，对于自燃、阴燃则是发热、发烟量突变的时间。

确定起火时间的目的是帮助区分火灾的性质和划定调查范围。如果存在人为因素，就要以确定的时间为基础，采用定人、定时、定位的方法进行查证，以便从中发现可疑线索。

2. 起火部位和起火点。起火部位和起火点是认定起火原因的出发点和立足点。

火灾现场勘验中，需要由火灾现场的客观情况来决定起火部位的范围。一般燃烧痕迹比较集中，特征比较清楚，能够看出火源的位置和火势蔓延方向，起火部位的范围可缩小，相反则需扩大。

起火点通常只有一个，但如果存在多个起火点时，应考虑放火、电气线路故障、爆燃起火和飞火等。

3. 起火前的现场情况。查明起火前的现场情况的目的是为了从起火前和起火后现场情况相对照的过程中发现可疑点，找出可能引发火灾的因素。主要应查明以下几方面的情况：

（1）建筑物平面布置、建筑物耐火等级、用途、室内陈设情况等。

（2）火源、电源情况：火源所处的部位以及可燃材料、物体的距离，有无不正常的情况，是否采取过防火措施；敷设电气线路的部位，电线是否合格、是否超过使用年限，有无破旧漏电现象，负荷是否正常，近期检查修理情况；机械设备的性能、使用情况和发生过的故障都应了解清楚，以便推断出可能引起着火的物质和设备。

（3）储存物资情况：要了解起火房间或库房内是否存有化学物品或自燃性物品；可燃物与电源、火源的接触情况；物质的性质及存放条件。

（4）有关防火安全规定、操作规程等情况。

（5）以前是否发生过火灾，以及发生地点、火灾原因，采取的预防措施等。

（6）有无灯光闪烁、异响、异味、升温和机械运转不正常等现象。

4. 火灾后的现场情况。起火后的现场情况主要应查明以下几方面的情况：

（1）起火时气象条件及火势蔓延方向；

（2）遭受火灾破坏比较严重的部位及其周围的情况；

（3）现场上有哪些同火灾有关的痕迹和物证；

（4）当事人或其他人中有无反常现象。

5. 灭火行动对现场的影响。灭火行动往往对火灾现场产生很大的影响，尤其是灭火过程中的疏散财物、抢救人员和破拆将使火灾现场的面貌发生很大的变化。为了对火灾现场有一个正确全面的认识，必须弄清灭火的全部过程，并分析灭火行为对火灾现场产生的影响。

6. 群众对火灾发生的反映。本单位的职工以及附近的群众对发生火灾的场所比较熟悉，他们对有关火灾发生的反映常常能提供很多可参考的线索，收集他们的反映，对查明火灾原因有很大的帮助，有时，群众的反映也会有不准确的成分，调查询问时，一方面应听取群众的反映，另一方面也应结合其他材料进行全面的分析印证。

（二）火灾原因分析认定的基本方法

1. 直接认定法。直接认定法就是在现场勘验、调查询问和物证鉴定中所获得的证据比较充分，起火点、起火时间、引火源、起火物与现场影响起火的客观条件相吻合的情况下，直接分析判定起火原因的方法。

2. 间接认定法。如果在现场勘验中无法找到证明引火源的物证，可将起火点范围内的所有可能引发火灾的火源依次列出，根据调查到的证据和事实进行分析研究，逐个加以否定排除，最终认定一种能够引发火灾的引火源。使用间接认定法时应注意如下事项：

（1）应将起火点范围内的所有可能引发火灾的火源全部列出，对每种可能的起火原因分别与现场的调查事实进行比较，逐个排除与现场情况不相符的可能性；

（2）应更加注重其他证据材料，如专家意见、调查询问、调查实验、技术鉴定结论等；

（3）对最终剩下的唯一起火原因要反复验证，一旦发现认定错误则要重新开始，并查出问题的所在；

（4）当存在以下情况时，可以认定起火原因不明：

①有两种或两种以上的起火原因无法排除；

②现场遭到严重破坏或者已经被清理，无法收集能够证明起火原因的痕迹物证。

三、火灾原因分析认定的具体方法

（一）分析认定起火方式

1. 阴燃起火。阴燃起火具有如下特征：

（1）物质燃烧不充分，发烟量大，在现场往往能够形成浓重的烟熏痕迹。

（2）起火点处经历了长时间的阴燃受热过程，容易形成以起火点为中心的炭化区。

（3）阴燃物质会产生烟气或者是水分蒸发而产生白色烟气，有的物质阴燃时会产生一些味道。

2. 明火引燃。明火燃烧具有如下特征：

（1）可燃物燃烧比较完全，发烟量比较少。

（2）火灾现场中起火部位周围的物体受热时间差别不大，物质的烧毁程度相对均匀。

（3）容易产生明显的蔓延痕迹。

3. 爆炸起火。爆炸起火具有如下特征：

（1）由于能量释放，往往伴随着爆炸的声音，同时迅速形成猛烈的火势；

（2）由于冲击波的破坏作用，常常导致设备和建筑物被摧毁，产生破损、坍塌等，其现场破坏程度比一般火灾更严重；

（3）爆炸中心处的破坏程度较重，容易形成明显的爆炸中心。

（二）分析认定起火时间

1. 根据证人证言分析认定。通过调查询问最先发现起火的人、报警人、接警人、当事人、扑救人员、火灾现场周围群众等人员，分析认定起火时间。

2. 根据相关事物的反应分析认定。根据某些设备的反应状态或记录，可以用来分析起火时间。主要有：照明灯熄灭和用电设备的异常、停电时间；自动报警、自动灭火设施的报警及报警记录；摄像机及防盗报警装置的记录，等等。

3. 根据建筑构件烧损程度分析认定。不同的建筑构件有不同的耐火极限，根据建筑构件的烧损程度，结合其耐火极限，可以判断这种构件的受热时间，进而分析起火时间。

4. 根据通电时间或点火时间分析认定。由电热器具引起的火灾，其起火时间可以通过通电时间、电热器种类、被烤着物种类来分析判定。火炉、火炕等烤燃可燃物引起的火灾，可以根据火炉、火坑等点火时间和被烤着物的种类作为基础，分析起火时间。蜡烛、蚊香引起的火灾，可以根据点着时间分析起火时间。

5. 根据中心现场尸体死亡时间分析认定。如果中心现场存在尸体，可以利用死者死亡的时间分析起火时间。例如，根据死者到达事故现场的时间、进行某些工作或活动的时间、所戴手表停摆的时间或其胃中内容物消化程度分析死亡时间，进而分析判定起火时间。

（三）分析认定起火点

1. 根据蔓延痕迹。蔓延痕迹主要包括：

（1）被烧轻重程度。物质被烧的轻重程度往往具有明显的方向性，这种方向性，与火源和起火点有密切的关系。

（2）受热面。物体的受热面具有明显的方向性，物体朝向火源的一面比背向火源的一面烧得重，形成明显的受热面和非受热面的区别。通常将火灾现场中不同部位物体上形成的受热面综合起来观察，可以判定起火点的位置。

（3）倒塌掉落痕迹。倒塌掉落痕迹具有方向性和层次性，物体通常会面向火源一侧倒塌或掉落并根据不同位置的引火源可以形成不同燃烧物的层次。

（4）电路中的熔痕。在火灾中，短路熔痕形成的顺序与火势蔓延的顺序相同，起火点在最早形成的短路熔痕部位附近。

（5）热烟气的流动痕迹。空间内的热烟气在其流动路径中的物体上会形成烟熏痕迹。依据烟熏痕迹的方向性，可以找出火灾蔓延的途径，并找出起火点的位置。

（6）燃烧图痕。燃烧图痕能够直观简便地指明起火部位和火势蔓延的方向。它们主要以烟熏、炭化、火烧、熔化、颜色变化等痕迹形式出现。

2. 根据证人证言。根据证人证言可以获得如下信息：

（1）最早发现火光、冒烟的部位和时间、燃烧的范围和燃烧的特点以及火焰、烟气的颜色、气味及冒出的先后顺序；

（2）出现异常响声和气味的部位；

（3）电气设备、电气控制装置、电气线路、照明灯具等电气系统的停电、跳闸、熔丝熔断等异常现象；

（四）分析认定引火源

1. 认定引火源的方法。

（1）直接认定。虽然在火灾过程中作为引火源的物体往往已经被烧毁，但如果在起火点处发现了这些引火源的残留物时，就可以直接认定。例如，发生短路的导线的焊渣，电热器具、燃气具等残留物。

（2）间接认定。对于烟头、火柴杆、飞火火星、静电放电、自燃等火源，无法直接认定，就只能通过取得证明引火源引起起火物着火的间接证据来认定。

2. 引火源的认定条件。

（1）引火源要能够产生足够的能量，并能够向可燃物传递能量。当传递的能量使可燃物的温度升高到燃点时，便会将可燃物引燃。即作为引火源的引燃过程必须包括如下三个要素：产生温度、传递温度和升高温度。

（2）引火源的特性与起火方式相吻合。引火源的特性应符合现场的起火物的起火方式，当认定的引火源作用到起火物上不能形成现场的起火特征时，不能将其认定为引火源。

（3）有直接目击证人。如果在起火点处发现证明某种火源存在的证据，而且有证人证明，则可以认定这种火源为引火源。

（4）排除其他火源。认定的火源必须具有唯一性，即排除其他火源引发火灾的可能性。

（五）分析认定起火物

1. 认定起火物的条件。在认定起火物时，应满足如下条件：

（1）起火物应在起火点处。

（2）起火物应与引火源相互印证。引火源的温度应等于或大于起火物的自燃点，引火源提供的能量应等于或大于起火物的最小点火能量。

（3）起火物一般被烧或被破坏程度更严重。

2. 起火物的分析认定方法。起火点处的可燃物质是否为起火物，一般可以从以下几个方面分析认定：

（1）应查明起火点处或起火部位处所有可燃物是否属于一般可燃物、易燃液体、自燃性物质还是混触着火（或爆炸）性物质等；

（2）根据起火物的物理化学性质，如自燃点、闪点、最小点火能量、爆炸极限等，分析判断在认定的火源作用下能否起火；

（3）分析起火物是否为起火点处原有的物品，如果不是，应查明其来源；

（4）不同的可燃物燃烧后残留在火灾现场痕迹的特征是不相同的，根据其燃烧特征确定是否为起火源；

（5）查明并分析起火物在运输、储存和使用时被晃动、碰撞、日照、受潮、摩擦、挤压等情况，对于分析是否增加了其危险性或破坏了其稳定性，进而分析起火物是否能发生自燃或产生静电而起火的可能性等具有重要作用。

（六）分析起火时现场的环境因素

1. 氧浓度或其他氧化剂。在大多数情况下，火灾现场的氧气浓度（约21%）是保持不变的，但是在氧气厂的某些部位、氧气瓶泄漏处以及医院高压氧舱内，氧气浓度大大提高，这种环境下的可燃物的自燃点、最小点火能量、可燃性液体的闪点、可燃性气体的爆炸浓度下限都将降低，在这种情况下可燃物更容易起火和燃烧。例如，正常情况下烟头只是阴燃，在氧气厂富氧区阴燃的烟头可以发出明火；若危险品仓库储存强氧化剂高锰酸钾、重铬酸钾、氯等物质，与还原剂混触，就有着火和爆炸的可能。

2. 温度条件。现场通风条件好，散热好，现场就不易升温、不易起火。但在燃烧过程中，良好的通风条件有时可以提供充足的氧气，促进燃烧。

3. 湿度条件。如果温度、湿度适宜于植物产品发酵生热，有利于自燃的发生；空气的相对湿度小于30%，容易导致静电聚集和放电，可能引起静电火灾。

第三节 火灾统计

火灾统计是公安消防机构的一项专门工作，是公安消防管理的基础工作。火灾统计资料反映火灾在一定时间、地点和原因条件的一些量的相互关系，反映在一定情况下火灾的规律、特点。它可以为公安消防机构了解和掌握火灾统计规律与特点，有针对性地指导、监督消防工作，科学制定管理决策提供客观依据，还可以为政府的管理和决策提供依据，并对社会和群众有宣传和警示作用。

一、火灾统计的任务

火灾统计的任务是对火灾进行统计调查、统计分析，提供火灾统计资料，实行火灾统计监督。通过统计管理，保障火灾统计资料的准确性和及时性，充分发挥火灾统计在消防工作中的作用。

二、火灾统计的范围

《火灾统计管理规定》第 5 条规定："所有火灾不论损害大小都列入火灾统计范围。以下情况也列入火灾统计范围：

（一）易燃易爆化学物品燃烧爆炸引起的火灾；

（二）破坏性试验中引起非实验体的燃烧；

（三）机电设备因内部故障导致外部明火燃烧或者由此引起其他物件的燃烧；

（四）车辆、船舶、飞机以及其他交通工具的燃烧（飞机因飞行事故而导致本身燃烧的除外），或者由此引起其他物件的燃烧。"

三、火灾统计的要求

由于火灾统计要从大量现象中寻找规律，因此，火灾统计标准必须规范统一，必须按照国家规定的统计范围、统计项目、规定标准、计算方法、报告时间等进行统计，以保证火灾统计资料的准确性、统一性和及时性。

1. 准确性。统计资料的准确可靠是统计工作的生命，保证统计数字的真实是对统计工作的起码要求。进行火灾统计工作时，决不能虚报、瞒报、推报，更不能伪造，推卸责任、自欺欺人。根据《火灾统计管理规定》第 10 条第 1 款的要求，发生火灾后，受灾单位及其主管部门必须如实提供统计资料，报当地公安部门审核。

2. 统一性。火灾统计工作中的规范统一，是指火灾统计的基本资料，即各种数据的填写，统计项目、分类、标准、计算方法、处理方式以及专业术语，图形、表册式样、报表的方式、时间等都要有统一的要求。

3. 及时性。火灾统计要强调及时性、灵敏度。各种报表除及时填写按全国统一规定期限向上级领导部门呈送之外，特别是特大火灾、重大火灾、新型火灾，应反应灵敏，及时统计并迅速提请领导和管理者关注。

四、火灾伤亡与损失统计

（一）统计、计算标准

1. 人员伤亡、损失。凡在火灾和火灾扑救过程中因烧、摔、砸、炸、窒息、中毒、触电、高温、辐射等原因所致的人员伤亡都列入火灾伤亡统计范围。其中死亡以火灾发生后 7 日内死亡为限，伤残标准按劳动部门的有关规定认定。

火灾直接财产损失，是指被烧毁、烧损、烟熏、辐射和在灭火中破拆、碰撞、水渍以及因火灾引起的污染等所造成的外观、结构、使用功能、精确度的损坏程度。

2. 每起火灾直接财产损失应当包括建筑物、构筑物、设备和其他财产的损失，具体核定时，应当按标准逐项计算。

(二) 几种常见的直接财产损失计算公式

1. 在用房屋、构筑物财产计算公式(以人民币为单位):

损失额(元) = 重置价值(元) × [1 - (1/折旧年限(年) × 已使用时间(年)] × 烧损率(%)

式中:重置价值、折旧年限、烧损率按《火灾直接财产损失统计方法》(GA 185 - 1998)附表查得。

2. 在建房屋、构筑物财产损失计算公式:

损失额(元) = 在建工程造价(元/m^2) × 受灾房屋、构筑物建筑面积(m^2) × 烧损率(%)。

式中:在建工程造价(元/m^2)依据在建工程受灾时已投入资金确定。

3. 房屋装修财产损失计算公式:

损失额(元) = 重置价值(元) × [1 - (1/折旧年限(年) × 已使用时间(年)]

(1) 烧损后能够修复的,按实际修复费计算;

(2) 烧损后不能够修复的,按全部烧损计算。

4. 设备(含房屋、构筑物内配套设备及施工设备)财产损失计算公式:

损失额(元) = 重置价值(元) × [1 - (1/折旧年限(年) × 已使用时间(年)] × 烧损率(%)

5. 房屋构筑物及设备类财产的使用时间达到或超过规定折旧年限80%,但仍有使用价值的,其财产损失计算公式:

损失额(元) = 重置价值(元) ×20% × 烧损率(%)

6. 城乡居民财产损失计算公式:

损失额(元) = 重置价值(元) × [1 - (1/10) × 已使用时间(年)]

(1) 家电、家具、文体用品等财产按当地当时重置价值,以折旧年限 10 年计算。

(2) 使用时间达到或超过 8 年,但仍有使用价值的,其财产按重置价值的 20% 计算。

(3) 衣物、日常生活用品等财产损失按其烧损前财产总量价值的 30% 计算。

五、火灾统计资料的分析与管理

(一) 火灾统计资料的分析

火灾统计资料的分析,就是通过火灾统计计算,取得了大量的数据资料之后,将已调查整理的资料进行科学的分析,揭示出火灾现象的内在联系及其规律的过程。

1. 分析的内容。主要有四个方面:一是研究火灾发生后造成的伤亡,物质财富的损失,以及对社会造成的危害;二是研究在扑灭火灾中如何减少人力、物力的消耗,提高扑救火灾的效果;三是研究火灾产生的原因,影响扑救的客观因素以及火灾与社会经济发展、管理体制、科学技术应用的关系;四是研究火灾发生、发展、蔓延的客观规律。

2. 分析的种类。按照统计整理分组和指标，火灾统计分析大体上有五种：一是火灾总分析；二是火灾原因分析；三是火灾分布情况分析；四是各系统、行业火灾情况分析；五是重大、特大火灾分析。火灾统计分析的种类和内容不一定局限在上述几个方面，还要根据当地当时的火灾实际情况和突出问题进行统计分析。归纳起来，火灾统计分析不外乎综合分析、方面分析和专题分析。

3. 分析的基本方法。火灾统计资料分析的基本方法主要有以下几种：一是动态分析法，是对各种现象的数量关系，运用相对指标，特别是总量相对指标，研究火灾的发展变化。二是平均分析法，是运用平均指标指数分析研究火灾某些方面的特点。三是相关分析法，是从数量上研究种种现象的依据关系。四是对比分析法，这种方法就是分析各类现象的多少、大小的比例关系。

（二）火灾统计资料的管理

1. 火灾统计资料的管理首先应建立健全统计资料的管理制度。各级公安消防监督机构应根据火灾统计工作的实际需要配备专职或兼职统计人员，监督有关单位和个人如实提供火灾统计资料。

2. 加强统计计算和数据传输技术的现代化建设，利用电子计算机，提高火灾统计资料管理的准确性和及时性。

3. 建立健全火灾统计资料档案。火灾统计资料是在火灾统计工作中形成的反映火灾现象的原始调查资料和经过整理编印的各种火灾统计年报、月报等统计资料，这些资料均应建立档案。

4. 火灾统计资料的公布。火灾统计资料由公安消防机构负责向有关部门通报或公布。全国和各地的火灾统计资料尚未公布前，任何单位和个人不得擅自向外提供和公布。

六、公安消防机构火灾统计监督管理职责

1. 监督有关单位和个人如实提供火灾统计资料。

2. 调查、收集和核实有关火灾统计资料，检查各种原始记录和台账，监督改正不实的火灾统计资料。

3. 如实向上级公安消防机构报告火灾统计调查和分析的资料。

4. 检查、监督火灾统计法规和火灾统计工作制度的执行情况，提出改进工作的意见和建议。

5. 报告和检举火灾统计工作的弄虚作假行为。

七、火灾统计管理工作的法律责任

火灾发生后隐瞒不报，故意拖延报告期限，故意伪造、篡改统计账目，干扰、阻碍火灾统计调查，或者无正当理由拒绝提供有关情况和资料的，公安、统计部门依照《中华人民共和国统计法》的有关规定追究法律责任。

思考题：

1. 哪些火灾情形适用于简易程序，如何实施？

2. 火灾事故调查的一般程序包括哪些实施步骤?

3. 火灾原因调查的基本方法有哪些?

4. 从哪些方面来分析认定起火原因?

5. 火灾统计的程序和要求有哪些? 进行火灾统计有什么实际意义?

第十二章　消防行政违法案件与刑事案件的办理

第一节　消防行政违法案件的办理

一、消防行政违法案件概述

（一）消防行政违法与消防行政处罚

消防行政违法，是指单位、个人违反消防法律、法规和规章，扰乱消防管理秩序，危害公共安全，尚不够刑事处罚，应当给予消防行政处罚的行为。

消防行政处罚，是指公安机关及消防机构依法对消防行政违法行为给予违法行为人的一种行政法律制裁。根据《消防法》和其他有关法律、法规和规章的规定，消防行政处罚的种类有：警告、罚款、责令停止施工、停止使用、停产停业、没收产品和违法所得、拘留等。

（二）消防行政违法案件的概念和特征

消防行政违法案件，是指单位、个人违反消防法律、法规和规章，扰乱消防管理秩序，危害公共安全，应当给予消防行政处罚，并由公安机关及其消防机构依法予以查处的法律事实。这类案件具有如下特征：

1. 违法行为人包括各类单位和个人。消防违法行为人主要是机关、团体、企业、事业单位，住宅区管理单位、居民委员会、村民委员会，也包括公民个人。单位违法行为，在对单位进行处罚的同时，有关责任人员也应承担相应的法律责任。

2. 违法行为人主观上有过错。大多数情况下，违法行为人违反消防法律、法规是明知故犯，也有部分是对相关法律和法规不了解、不清楚。而造成火灾尚未发生严重后果的，只能是过失。

3. 违法行为客观上主要表现为违反消防法律、法规，危害公共安全。一般情况下，只要有违反消防法律、法规的行为，即构成案件。所谓对公共安全的危害，不一定是现实危害，有的只是一种可能。另外，过失造成火灾，尚未发生严重后果的，应当作为行政案件处理。

（三）消防行政违法案件的种类

为了保证正确、统一执法，按照公安部 2009 年 2 月 27 日，以公通字〔2009〕11 号文件的形式下发的《消防安全违法行为名称规范》的规定，对《消防法》规定的公安机关消防机构管辖的消防安全违法行为名称（即消防行政处罚案件案由）规范为 51 种，具体名称为：

1. 未经消防设计审核擅自施工（第 58 条第 1 款第 1 项）；
2. 消防设计审核不合格擅自施工（第 58 条第 1 款第 1 项）；
3. 消防设计抽查不合格不停止施工（第 58 条第 1 款第 2 项）；

4. 未经消防验收擅自投入使用（第58条第1款第3项）；
5. 消防验收不合格擅自投入使用（第58条第1款第3项）；
6. 投入使用后抽查不合格不停止使用（第58条第1款第4项）；
7. 未经消防安全检查擅自投入使用、营业（第58条第1款第5项）；
8. 消防安全检查不合格擅自投入使用、营业（第58条第1款第5项）；
9. 未进行消防设计备案（第58条第2款）；
10. 未进行竣工消防备案（第58条第2款）；
11. 违法要求降低消防技术标准设计、施工（第59条第1项）；
12. 不按照消防技术标准强制性要求进行消防设计（第59条第2项）；
13. 违法施工降低消防施工质量（第59条第3项）；
14. 违法监理降低消防施工质量（第59条第4项）；
15. 消防设施、器材、消防安全标志配置、设置不符合标准（第60条第1款第1项）；
16. 消防设施、器材、消防安全标志未保持完好有效（第60条第1款第1项）；
17. 损坏、挪用消防设施、器材（第60条第1款第2项）；
18. 擅自停用、拆除消防设施、器材（第60条第1款第2项）；
19. 占用、堵塞、封闭疏散通道、安全出口（第60条第1款第3项）；
20. 其他妨碍安全疏散行为（第60条第1款第3项）；
21. 埋压、圈占、遮挡消火栓（第60条第1款第4项）；
22. 占用防火间距（第60条第1款第4项）；
23. 占用、堵塞、封闭消防车通道（第60条第1款第5项）；
24. 门窗设置影响逃生、灭火救援的障碍物（第60条第1款第6项）；
25. 不及时消除火灾隐患（第60条第1款第7项）；
26. 易燃易爆危险品场所与居住场所设置在同一建筑物内（第61条第1款）；
27. 易燃易爆危险品场所未与居住场所保持安全距离（第61条第1款）；
28. 其他场所与居住场所设置在同一建筑物内不符合消防技术标准（第61条第2款）；
29. 违法生产、储存、运输、销售、使用、销毁易燃易爆危险品（第62条第1项）；
30. 非法携带易燃易爆危险品（第62条第2项）；
31. 虚构事实扰乱公共秩序（谎报火警）（第62条第3项）；
32. 阻碍特种车辆通行（消防车、消防艇）（第62条第4项）；
33. 阻碍执行职务（第62条第5项）；
34. 违反规定进入生产、储存易燃易爆危险品场所（第63条第1项）；
35. 违反规定使用明火作业（第63条第2项）；
36. 在具有火灾、爆炸危险的场所吸烟、使用明火（第63条第2项）；
37. 指使、强令他人冒险作业（第64条第1项）；

38. 过失引起火灾（第 64 条第 2 项）；
39. 阻拦、不及时报告火警（第 64 条第 3 项）；
40. 扰乱火灾现场秩序（第 64 条第 4 项）；
41. 拒不执行火灾现场指挥员指挥（第 64 条第 4 项）；
42. 故意破坏、伪造火灾现场（第 64 条第 5 项）；
43. 擅自拆封、使用被查封场所、部位（第 64 条第 6 项）；
44. 人员密集场所使用不合格、国家明令淘汰的消防产品逾期未改（第 65 条第 2 款）；
45. 电器产品的安装、使用不符合规定（第 66 条）；
46. 燃气用具的安装、使用不符合规定（第 66 条）；
47. 电器线路的设计、敷设、维护保养、检测不符合规定（第 66 条）；
48. 燃气管路的设计、敷设、维护保养、检测不符合规定（第 66 条）；
49. 不履行消防安全职责逾期未改（第 67 条）；
50. 不履行组织、引导在场人员疏散义务（第 68 条）；
51. 消防技术服务机构出具虚假、失实文件（第 69 条第 1 款、第 2 款）。

上述案由中列举多个行为、对象的，实践中在表述案由时可以根据具体消防安全违法行为及对象，选择进行表述。如“埋压、圈占、遮挡消火栓”，实践中可以根据消防安全违法行为人的具体行为，选择“埋压消火栓”、“圈占消火栓”或者“遮挡消火栓”作为案由；“消防技术服务机构出具虚假、失实文件”，选择“消防技术服务机构出具虚假文件”或者“消防技术服务机构出具失实文件”作为案由。

二、消防行政违法案件的管辖

（一）消防行政处罚的处罚权

处罚权是案件管辖权的前提，按照《消防法》第 70 条的规定，公安机关及其消防机构有实施消防行政处罚的处罚权，因此，公安机关消防机构对各种消防行政违法案件具有管辖权。

（二）消防行政违法案件的属地管辖

属地管辖，是指同级机关在各自管辖区域内处理案件，实施行政处罚的权限分工。《行政处罚法》第 20 条规定：“行政处罚由违法行为发生地的县级以上地方人民政府具有行政处罚权的行政机关管辖。法律、行政法规另有规定的除外。”因此，消防行政违法案件应当由违法行为发生地的公安机关消防机构管辖。如果由违法行为发现地公安机关消防机构管辖更为适宜的，可以由违法行为发现地公安机关消防机构管辖。

（三）消防行政违法案件的其他管辖

对管辖权发生争议的，报请共同的上级公安机关消防机构指定管辖。上级公安机关消防机构在必要的时候，可以依法查处下级公安机关消防机构管辖的案件。下级公安机关消防机构认为案情重大、复杂，需要由上级公安机关消防机构查处的，可以请求移送上级公安机关消防机构查处；上级公安机关消防机构对下级公安机关消防机构申请移送的案件，应当在 24 小时内作出审查决定，并通知其办理移交手续或者由其继续办理。

对不属于自己管辖的案件，应当在24小时内经本机构负责人批准，移送有管辖权的机关或者机构处理。

三、办理消防行政违法案件的一般程序

（一）消防行政违法案件的受理与立案

公安机关消防机构对单位和个人报案或者违法嫌疑人投案的，应当接受，并登记备查。对不属于公安机关消防机构管辖的案件，不予受理，但应当告知报案人或者违法嫌疑人向有管辖权的机构或者机关报案或者投案。对报案人提供的有关证据材料、物品等应当登记，并妥善保管。报案人不愿意公开自己的姓名和报案行为的，应当为其保密。

公安机关消防机构对接到的消防行政案件或者在消防监督检查等执法过程中发现的违法线索，认为有违法事实，需要追究行政法律责任，且属于自己管辖的，应当立为消防行政违法案件，予以调查处理。对没有违法事实，或者违法情节轻微，不需要追究行政责任，或者有其他不追究行政责任情形的，经办案部门以上负责人批准，不予立案处理；其中，对受害人报案的，应当制作不予处理决定书，在3日内送达报案人；无法送达的，应当注明。

（二）消防行政违法案件的调查

消防行政违法案件的调查，是指公安机关消防机构为查明案件真实情况，获取证据而进行的专门调查活动。为查明案件真实情况，获取充分确实的证据，确认违法嫌疑人，公安机关消防机构依法采取各种调查措施和强制措施。公安机关消防机构的调查活动，必须严格遵守相关法律、法规，特别是有关公安机关办理行政案件的程序法律、法规和规章。

（三）行政处罚的适用与决定

消防行政违法案件经过调查，违法事实清楚，证据确凿，并已经确认违法嫌疑人的，应当依法予以行政处罚。对违法行为人适用行政处罚，要严格遵守相关法律法规，做到不偏不倚、不枉不纵。对违法行为不成立的，不得给予行政处罚；违法行为轻微，依法可以不予行政处罚的，不予行政处罚。

确有违法行为，应当给予行政处罚的，根据其情节和危害后果的轻重，作出行政处罚决定。

公安机关消防机构实施警告、罚款、责令停止施工、停止使用、停产停业以及没收产品和违法所得等处罚时，应当制发行政处罚决定书，加盖公安机关消防机构印章。对违法行为人处以行政拘留的，由县级以上公安机关决定。

公安机关消防机构需要传唤消防安全违法行为人的，依照《中华人民共和国治安管理处罚法》的有关规定执行。

被责令停止施工、停止使用、停产停业的，应当在整改后向公安机关消防机构报告，经公安机关消防机构检查合格后，方可恢复施工、使用、生产、经营。

当事人逾期不执行停产停业、停止使用、停止施工决定的，由作出决定的公安机关消防机构强制执行。

责令停产停业，对经济和社会生活影响较大的，由公安机关消防机构提出意见，并由公安机关报请本级人民政府依法决定。本级人民政府组织公安机关等部门实施。

四、消防行政违法案件的处理

消防行政违法案件经过调查，作出处理，案件终结。

（一）消防行政违法案件有下列情形之一的，应当予以结案

1. 情节显著轻微，危害不大，决定不予行政处罚的；

2. 作出行政处罚等处理决定，且已执行完毕的；

3. 违法行为涉嫌构成犯罪，转为刑事案件办理，或者已经移送有关机关或部门处理的。

（二）消防行政违法案件经过调查，发现有下列情形之一的，经办案部门以上负责人批准，终止调查

1. 没有违法事实的；

2. 违法行为已过追究时效的；

3. 违法嫌疑人死亡的。

终止调查时，违法嫌疑人已被采取行政强制措施的，应当立即解除。

五、简易程序

我国《行政处罚法》规定的简易程序，是指具有行政处罚权的行政机关执法人员，对执法过程中发现的符合法定条件的违法行为，依法当场作出处罚决定的特殊处罚程序。公安机关消防机构执法人员在依法执行职务过程中，对符合法定条件的消防行政违法行为，可以当场依法决定予以法定种类和幅度内的处罚。

（一）适用条件

《行政处罚法》第33条规定："违法事实确凿并有法定依据，对公民处以五十元以下、对法人或者其他组织处以一千元以下罚款或者警告的行政处罚的，可以当场作出行政处罚决定。"明确规定了适用简易程序的对象和条件。公安机关消防机构的执法人员适用简易程序作出处罚决定，必须严格执行这一规定，保证处罚的违法行为事实确凿，处罚的决定有明确法定依据，并在法律规定的处罚种类和幅度以内。具体适用时应着重把握以下几个问题：

1. 必须是公安机关消防机构执法人员依法执行职务过程中当场发现的消防行政违法行为。不是在依法执行职务过程中，涉及管辖和处罚权，不能适用简易程序；不是当场发现的，而是事后发现，或者事后有人举报等，不能保证事实确凿，不能适用简易程序。

2. 必须是违法行为人承认违法事实，被侵害人对认定的事实无异议，无须进一步查证的。如果违法行为人不承认违法事实，被侵害人对认定的事实有异议，则要采取调查措施进一步进行调查取证，必须适用一般程序。

3. 适用简易程序作出的处罚决定必须是在法律规定的处罚种类和幅度以内，即对公民处以50元以下、对法人或者其他组织处以1000元以下罚款或者警告的行政处罚。

只要其作出的处罚决定在法律规定的处罚种类和幅度以内，就可以适用简易程序。

（二）简易程序的内容

简易程序是对一般程序的简化，但是并不是没有程序，它也有严格的方法、步骤。根据有关法律、法规的规定，简易程序的内容主要有：表明身份、告知、听取陈述和申辩、填写处罚决定书并交付被处罚人、收缴罚款和备案等方法与步骤。

第二节　消防刑事案件的办理

一、消防刑事案件概述

（一）消防刑事犯罪

消防刑事犯罪，是指违反国家消防管理法律、法规方面的刑事犯罪行为。根据我国《刑法》的规定，这一方面的犯罪主要有放火罪、失火罪和消防责任事故罪。消防刑事犯罪属危害公共安全犯罪，对公民生命、财产和社会公共财产安全危害较大，对社会治安秩序稳定的影响也很大。

（二）消防刑事案件的概念、种类和特征

消防刑事案件，是指由公安机关立案侦查，依法追究刑事责任的违反国家消防管理法律、法规方面的犯罪事实。由于公安机关内部刑事案件管辖分工，公安机关消防机构只管辖失火案件和消防责任事故案件两种案件。

在2008年6月25日，最高人民检察院和公安部以公通字〔2008〕36号文件的形式印发了司法解释：《最高人民检察院公安部关于公安机关管辖的刑事案件立案追诉标准的规定（一）》。

1. 失火案。失火案，是指行为人过失引发火灾，导致严重后果的案件。《刑法》第115条规定：“放火、决水、爆炸、投放毒害性、放射性、传染病病原体等物质或者以其他危险方法致人重伤、死亡或者使公私财产遭受重大损失的，处十年以上有期徒刑、无期徒刑或者死刑。过失犯前款罪的，处三年以上七年以下有期徒刑；情节较轻的，处三年以下有期徒刑或者拘役。”这一规定明确了失火案的特征：第一，失火案的犯罪嫌疑人为一般主体。即任何达到刑事责任年龄并具有刑事责任能力的自然人，均可成为此案件的犯罪嫌疑人。第二，案件的犯罪嫌疑人主观表现为过失。犯罪嫌疑人主观上的过失是其负刑事责任的主观基础。第三，客观上犯罪嫌疑人的过失行为引发火灾，造成了严重后果。这一严重后果主要是指致人重伤、死亡或者使公私财产遭受重大损失。

公通字〔2008〕36号文件第1条规定：［失火案（刑法第115条第2款）］过失引起火灾，涉嫌下列情形之一的，应予立案追诉：

（1）造成死亡1人以上，或者重伤3人以上的；

（2）造成公共财产或者他人财产直接经济损失50万元以上的；

（3）造成10户以上家庭的房屋以及其他基本生活资料烧毁的；

（4）造成森林火灾，过火有林地面积2公顷以上，或者过火疏林地、灌木林地、未成林地、苗圃地面积 4 公顷以上的；

（5）其他造成严重后果的情形。

本条和本规定第 15 条规定的“有林地”、“疏林地”、“灌木林地”、“未成林地”、“苗圃地”，按照国家林业主管部门的有关规定确定。

2. 消防责任事故案。消防责任事故案，是指违反消防管理法律、法规，经公安机关消防机构通知采取改正措施而拒绝执行，因而发生火灾，造成严重后果，危害公共安全的案件。《刑法》第 139 条规定：“违反消防管理法规，经消防监督机构通知采取改正措施而拒绝执行，造成严重后果的，对直接责任人员，处三年以下有期徒刑或者拘役；后果特别严重的，处三年以上七年以下有期徒刑。”根据这一规定，消防责任事故案有以下特征：第一，案件的犯罪嫌疑人为特殊主体，即对消防安全负有直接责任的人员。包括机关、团体、企业、事业单位的法定代表人、分管消防工作的负责人及负有消防工作职责的直接责任人员等。第二，案件的犯罪嫌疑人主观表现为过失。犯罪嫌疑人主观上的过失是相对于发生火灾造成严重后果而言的。犯罪嫌疑人经消防监督机构通知采取改正措施而拒绝执行则是故意的。第三，客观上犯罪嫌疑人有经消防监督机构通知采取改正措施而拒绝执行，并引发火灾，造成了严重后果。

公通字〔2008〕36 号文件第 15 条规定：[消防责任事故案（刑法第 139 条）] 违反消防管理法规，经消防监督机构通知采取改正措施而拒绝执行，涉嫌下列情形之一的，应予立案追诉：

（1）造成死亡 1 人以上，或者重伤 3 人以上；

（2）造成直接经济损失 50 万元以上的；

（3）造成森林火灾，过火有林地面积 2 公顷以上，或者过火疏林地、灌木林地、未成林地、苗圃地面积 4 公顷以上的；

（4）其他造成严重后果的情形。

二、消防刑事案件的办理

（一）管辖

根据 1998 年 11 月 23 日发布的公通字〔1998〕30 号文件《公安部刑事案件管辖分工规定》的要求，公安机关消防机构负责办理失火案和消防责任事故案。县级公安机关消防机构负责侦查本辖区内的失火案、消防责任事故案；地（市）级以上公安机关消防机构主要承担重大涉外犯罪和下级公安机关消防机构侦查有困难的重大刑事案件的侦查，并负责组织、协调和指导侦查工作。其他有关管辖的问题，按照《公安机关办理刑事案件程序规定》的有关规定执行。

（二）受理与立案

公安机关消防机构受理消防刑事案件主要是通过“119”火警电话接警途径。发生火灾，人们总是要拨打电话报警，公安机关消防机构接警赶赴火灾现场，通过对火灾现场的勘查，初步认定火灾原因、火灾损失后果，对符合刑事案件立案标准的，应当立为消防刑事案件。其他途径受理的火灾警情，符合刑事案件立案标准的，也应当立为消防刑事案件。

（三）侦查

对消防刑事案件的侦查，是指公安机关消防机构依法对消防刑事犯罪进行的一系列调查取证，追究刑事责任的专门活动。由于消防刑事犯罪的特点，侦查活动从火灾扑救时就已经开始，直至案件侦查终结。

1. 配合现场扑救，封闭保护现场。火灾事故发生后，公安机关消防机构的火灾调查人员应当迅速赶赴现场，根据火场总指挥部的统一部署，协助有关灭火和救助人员扑灭火灾，救助遇险人员。同时，火灾调查人员应当密切注视现场情况，注意发现有关情况，并视火灾扑救情况及时封闭保护现场。

2. 询问现场人员，了解火灾经过。通过对火灾发现人员、报警人员、当事人等进行调查询问，可以了解火灾发生情况，为现场勘查提供线索，帮助发现、判断痕迹和物证，有利于分析案件真实情况。开展现场调查询问，要严格按照法律规定，及时、全面、细致、客观地问清火场各方面的情况，既要收集明显的线索，也要注意发现容易被忽视的细枝末节，使调查询问和了解的情况具有完善性、联系性与逻辑性。

3. 开展现场勘查，发现提取物证。火灾现场勘查的任务是查明火灾经过、原因及事故的性质，发现、收集和保全与火灾有关的痕迹与物证，查明火灾事故造成的经济损失和人员伤亡情况。其重点是确定起火部位、起火点、起火原因，并为查明火灾责任、核查火灾损失、验证证言收集证据。现场勘查的方法应当根据火灾现场的具体情况予以确定。勘查中，应尽可能多地发现、提取有助于分析认定事故发生的时间、原因和经过的有关痕迹、物证，并及时对现场状态、有关的痕迹和物证认真做好现场勘查笔录、现场制图和现场照相、录像工作。

4. 认定火灾原因，确定事故责任。对火灾原因进行准确认定，是消防刑事案件侦查工作的重点。公安机关消防机构依据现场勘查、调查访问等现有的调查材料能够准确认定火灾原因的，应当及时出具火灾原因认定结论。如果由于现场破坏严重，或者火灾原因复杂的，应当及时进行相关痕迹、物证的技术鉴定，以准确认定火灾事故原因。在认定火灾事故原因的基础上，根据获得的材料对案件情况进行深入分析，进而确定事故性质和事故责任人。

5. 积极开展讯问，完善证据体系。在认真勘查现场和深入调查，获取充分证据的情况下，应当积极开展对犯罪嫌疑人的讯问。对犯罪嫌疑人的讯问，应当根据案件具体情况，责任人的责任情况和个性特点，有针对性地选择突破口。要充分利用获取的有关书证、物证、证人证言、鉴定结论等证据突破对方的心理防线。在案件侦查结束前，侦查人员应当将案件的所有材料汇集在一起，对案件中的各种物证、书证、证人证言、被告人供述和辩解、被害人陈述、现场勘查材料、鉴定结论及视听资料等，逐一进行审查。重点审查这些证据材料的来源是否清楚，获取手段是否合法，材料内容之间是否存在矛盾；获得的材料是否充分、是否有遗漏，能否形成证实犯罪的、无懈可击的证据链条等，最终形成该案件的证据体系。

6. 依法对犯罪嫌疑人采取强制措施。侦查过程中，应当根据犯罪嫌疑人的具体情况和案件侦查工作的需要，依法对犯罪嫌疑人采取刑事强制措施。防止犯罪嫌疑人逃跑、自杀、串供、毁灭证据，给侦查工作造成困难，影响案件侦查工作的顺利进行。对犯罪嫌疑人采取刑事强制措施，应当经县级以上公安机关负责人批准，逮捕犯罪嫌疑人还要经同级人民检察院批准，并以县级以上公安机关的名义执行。

（四）案件处理

对侦查终结的案件，要视不同情况作出相应的处理。

1. 经过侦查，对于犯罪事实清楚，证据确实、充分，犯罪性质和罪名认定正确，法律手续完备，依法应当追究刑事责任的案件，应当制作《起诉意见书》，经县级以上公安机关负责人批准后，连同案卷材料、证据，一并移送同级人民检察院审查决定提起公诉，追究犯罪嫌疑人的刑事责任。

2. 被害人提出附带民事诉讼的，应当记录在案；移送审查起诉时，应当在《起诉意见书》末页注明。

3. 在侦查过程中，发现不应对犯罪嫌疑人追究刑事责任的，应当撤销案件；犯罪嫌疑人已经逮捕的，应当立即释放，发给释放证明，并且通知原批准的人民检察院。

发现犯罪嫌疑人不够刑事处罚需要行政处理的，经县级以上公安机关批准，对犯罪嫌疑人依法予以行政处理或者移交其他有关部门处理。

思考题：

1. 消防行政违法案件的概念和特征有哪些？
2. 消防行政违法案件终结的情形有哪些？
3. 消防刑事案件的处理有哪些情形？

参考文献

1. 王精忠、徐明吉主编：《消防管理学概论》，中国人民公安大学出版社1995年版。
2. 马红梅、万修梁主编：《消防管理学》，中国人民公安大学出版社2003年版。
3. 宋春红主编：《建筑工程防火技术》，山西科技出版社2009年版。
4. 郑端文、刘海辰主编：《消防安全技术》，化学工业出版社2004年版。
5. 王学谦著：《建筑防火安全技术》，化学工业出版社2006年版。
6. 《建筑设计防火规范》GB 50016－2006。
7. 《高层民用建筑设计防火规范（2005年版）》GB 50045－95。
8. 《建筑火灾逃生避难器材第1部分：配备指南》GB 21976.1－2008。
9. 《火灾自动报警系统设计规范》GB 50116－2008。
10. 《住宿与生产储存经营合用场所消防安全技术要求》GA 703－2007。
11. 《防火门》GB 12955－2008。
12. 《重大火灾隐患判定方法》GA 653－2006。
13. 《消防监督检查员岗位资格条件》GA/T 707－2007。
14. 刘盛等主编：《消防安全知识教育读本》，中国法制出版社2009年版。
15. 刘宇豪主编：《中华人民共和国消防法实务全书》，中国建材工业出版社1998年版。
16. 《消防产品现场检查判定规则》（中华人民共和国公共安全行业标准GA 588－2005）。
17. 《消防产品身份信息管理》（中华人民共和国公共安全行业标准GA 846－2009）。
18. 《火灾原因调查指南》（中华人民共和国公共安全行业标准GA/T 812－2008）。
19. 《火灾现场勘验规则》（中华人民共和国公共安全行业标准GA 839－2009）。
20. 《火灾直接财产损失统计方法》（GA 185－1998）。
21. 白马京等主编：《消防管理教程》，江西科学技术出版社2001年版。
22. 《建筑材料及制品燃烧性能分级》GB 8624－2006。